面向“十三五”教学课程改革立项教材
会计与财务管理专业规划系列教材

财政与税收

CAIZHENG YU SHUISHOU

主　编　陈　晶　王友莲
副主编　李　薇　丁小龙

内容立意新、整体性强
总体结构巧妙、较强前瞻性

中国商业出版社

图书在版编目(CIP)数据

财政与税收/陈晶,王友莲主编.—北京:中国商业出版社,2018.9

ISBN 978-7-5044-6228-2

Ⅰ.财… Ⅱ.①陈…②王… Ⅲ.①财政学②税收理论 Ⅳ.F810

中国版本图书馆 CIP 数据核字(2008)第 112833 号

责任编辑:刘洪涛

中国商业出版社出版发行

010-63180647 www.c-cbook.com

(100053 北京广安门内报国寺 1 号)

新华书店经销

北京世嘉印刷有限公司印刷

* * * * *

787×1092 毫米 开本:1/16 印张:13.5 字数:300 千字

2018 年 9 月第 2 版 2018 年 9 月第 2 次印刷

定价:36.80 元

* * * *

(如有印装质量问题可更换)

总　序

当今世界科学技术在高速发展，随着我国新会计准则、新税法的颁布和实施，我国的会计与国际会计惯例基本接轨，我国即将建立起社会主义市场经济体制和与它相适应的中国会计核算规范体系。从会计教育改革与发展的大环境考虑，现在许多老版的会计教材都不能适应当前教学所需，改革和建立会计教育的教学内容与课程体系，不仅非常紧迫而且十分重要，它关系到我们应培养什么样的会计人才，才能适应我国快速发展及对世界开放不断扩大的需要。为此，我们及时组织全国三十多所会计专业教学实力比较强的院校代表汇聚北京，针对当前社会对会计人才的需求，对会计专业职业教育如何改革进行了研讨，与会代表从中小企业人才需要的教育目标和人才培养定位出发，编写了这套教材。

本套教材有以下特点：

第一，"新"：该套系列教材，在内容和体系上立意新、整体性强，不仅是按新会计准则编写的，而且又专门针对中小企业会计的需要设计了一门课程——《中小企业会计实务》，这是过去会计类教材很少有的。

第二，"强"：该套教材具有较强的前瞻性，由于中国经济体制改革越来越深入，金融、证券等资本市场越来越规范，财务与会计改革的节奏日益加快，会计专业教材的"经济寿命"越来越短。本套教材在课程设计时，尽量使课程之间相互递进、相得益彰，符合教学规律，并且有一定的后续性。

第三，"巧"：该套教材总体结构比较巧妙，本着"必需、够用、可教、可学"的原则构思，以案例模块的方式编写，同时穿插具有趣味的会计小知识，力求改变会计教学中的"数字教学"方式，提高学生的学习兴趣，丰富教学内容。

新会计专业教材编写组

前 言

随着我国市场经济的发展，我国的财政理论体系日趋得到完善，税收制度也发生了重大调整。尤其是2011年我国对个人所得税的税率作出了重大调整，本次修订特邀请国家注册会计师山东省职业技术学院张世体教授，结合最新的财税理论和制度对本教材进行了全面修改，为更好地适用实用型会计人才的培养目标，我们本着“必需、够用、可教”的原则编写了此书，力求语言精炼、通俗易懂。

本教材注重财政和税收理论与实践的结合，密切关注国家财政与税收政策的变化，把最新的政策和制度编排到教材之中。为了改变以往财政学教材中税收知识分量偏轻的状况，加强了税收部分的分量；在结构上，每章开篇编有“学习目标”、“案例导入”；结尾安排了学习指导，包括小结、复习思考、练习、计算（或案例分析），加强了教材的可读性和趣味性。

本书由江西旅游商贸职业学院教授陈晶、山东城市服务技术学院高讲王友莲主编，负责写作大纲、审阅修改及最后定稿；江西旅游商贸职业学院讲师李薇、黑龙江商业职业学院讲师丁小龙、徐州技师学院商贸系会计师薛艳副主编。具体分工如下：第一章由兰州商业学校讲师阎永彬编写，第二、三章由薛艳老师编写，第四章由王友莲老师编写，第五章由丁小龙老师编写，第六章由陈晶、王友莲和丁小龙老师编写，第七、八章由陈晶老师编写，第九章由李微老师编写。

鉴于编者的水平，加之时间仓促，书中不当或错误之处请专家与读者指正。

编　者

2018年9月

目 录

1 第一章 财政概述

● **学习目的**

通过本章学习,使学生对财政有一个感性认识,弄清财政的一般概念及特征,能从分配形式方面把握财政的本质,了解市场经济中政府与市场的关系,公共产品与公共财政理论及其借鉴意义,对社会主义市场经济下的财政职能有较深入的理解。

◇ **案例导入**

亲爱的读者,当你翻开这本书时,请先思考这样一个问题:不管是作为一名学生,还是作为一名工人、农民、教师、企业家等等,我们每个人和我们的国家(政府)有着什么样的关系?每个家庭或每个企、事业单位又同国家(政府)有什么关系呢?我们的国家政府,在哪些方面、通过什么方式对我们的社会生活进行影响和作用呢?为了回答这一问题,请看下面案例:

“政府缺钱关门”与“红绿灯欠费断电”

近日,最引人眼球的新闻要算“美国新泽西州政府关门”。根据新泽西州宪法,州议会必须在7月1日前通过一项平衡预算方案,否则州政府将无权使用任何财政开支。然而,议会议员并未就预算案达成一致,无奈之下,州长科尔津下达了“关门令”,周内所有非特殊领域的政府部门将停止运行:约四五万名政府雇员将处于“待业”状态。但包括警察局、监狱、精神病所和儿童福利机构等在内的关键部门仍然照常运行。

无独有偶,当天陕西渭南也爆出一件类似的事:红绿灯被断电了——不过断电不是因为政府缺钱关门,而是因为红绿灯电费无人缴纳,累计已欠75万元,交警部门称只负责运行管理,花费应由城建部门承担,19年的马拉松推诿中无部门愿付电费,供电部门只好断电,城市交通陷入无序。

美国新泽西的政府虽缺钱关门,但属于公共需要的职能部门却照常运行,而陕西渭南市政府虽未关门,但属于公共需要的的红绿灯却欠费断电,上述正反案例不仅让我们形象的看到了两种公共财政公共财政供给的“保障重点”泾渭分明,更能让我们认识到,政府作出的每一项重大政策的安排，每一个重要制度的实施，乃至每一道法令的施行，即为了实现其职能，其实都离不开财政为它作出足够和必要的经济保障。如没有财政保障，政府的一切举措都犹如纸上谈兵。因此，在本书中，我们将向读者详细介绍和财政有关的种种概念和理论。

第一节　财政的概念及特征

一、财政的一般概念

财政现象是一个非常古老并且普遍存在于我们日常的现实生活之中的一个非常重要的社会现象，几乎所有的部门组织和个人都会同财政产生各种直接或间接的关系。从国家机关政府部门的各种政治经济活动、企事业单位的收入支出情况到每一个居民或家庭的衣食住行的各个方面，都与财政密不可分。例如城市或乡村的公路、桥梁、码头、港口或其他基础设施的修建、安装、维护和管理；公立学校、医院、科研单位的举办和经费的获得；军队、警察的维持；发生地震、洪涝等自然灾害之时需要对灾民进行救助；解决公民失业、养老、医疗等重要民生问题的制度安排等等，这些重大问题的解决都有离不开国家政府的参与。与此同时，国家政府每年可能会因此形成一笔极为庞大的开支，而政府则可以通过依法向企业、公民无偿征税，或收取各种费用，或从国有企业获得上交利润，以及向社会发行政府债券等方式来取得收入，以维持政府的存在且有效发挥作用。以上这些现象都属于财政问题，因此财政是一个同国家或政府紧密相连的概念。

中国古代称财政为“度支”、“国用”、“岁计”、“国计”。“度支”、“国用”指国家的费用开支；“岁计”指国家年度收入和支用的计算；“国计”指国家财政。三国魏以后，常置“度支尚书”，掌财户。隋始改称“民部尚书”。唐朝避太宗讳，改称户部，为尚书省六部之一，掌管全国土地、户籍、赋税、财政收支等事务，长官为户部尚书。《新唐书 百官志一》：“户部。尚书一人，正三品；侍郎二人，正四品下，掌天下土地、人民、钱谷之政，贡赋之差，其属有四：一曰户部、二曰度支、三曰金部，四曰仓部。”可见户部为中国古代主要的国家财政机关。

日本于1868年明治维新后从西欧引入public finance一词，并借用汉语的“财”、“政”二字，译作财政。“财政”一词于19世纪末从日本传入中国。清朝光绪二十四年(1898)年在戊戌变法《明定国事》诏书中有“改革财政，实行国家预算”的条文，这是政府文件中最初使用“财政”一词。光绪二十九年(1903)清政府设立财政处，为中国官方采用财政一词之始，此后这一称谓被固定沿用至今。

下面，我们从财政与国家的本质联系出发，依照目前在财政学界占主流地位的“国家分配论”的观点，对财政的定义进行表述：财政是一种以满足国家需要为目的，凭借国家的政治权力对部分社会产品或国民收入进行的分配和再分配。

二、财政的基本特点

从上述概念表述中我们可以总结出财政包含了以下几层重要特征：

（一）财政分配的主体是国家，这是财政的本质特征

财政分配体现的是以国家为主体的分配关系，财政和国家相互依存，不可分离。财政分配以国家的存在为前提，伴随国家的产生而产生，由国家来组织和支配。国家决定财政收支的方式、渠道、规模和比例，国家在一定时期内的政治、经济政策措施通常利用财政分配方式来进行，财政是国家对经济进行宏观调控的最有力最直接的手段和保证之一。这也是财政与其他形式的分配如企业理财（enterprise finance）和个人家庭理财（individual finance）相区别的最主要因素。

"国家是阶级矛盾不可调和的产物和表现"，具体表现为由军队、警察、监狱、法庭、政府官吏等统治工具组成的统治机构，国家为了维护自己的统治和实现其职能的需要，凭借其手中的政治权力，强制地无偿地占有和支配一部分社会财富和产品，形成以国家为主体的分配，这种分配形式就是财政。至于原始社会以氏族部落公社为主体也形成一种对社会财富的分配，有人认为也应属于财政分配形式，这个问题值得商榷。但是就现代财政理论来说，国家是普遍被认可的财政分配的主体。从这个意义上讲，财政学也被视为是研究个人与国家之间关系的最深刻的课程。

（二）财政分配的目的是为了保证国家实现其职能的需要

国家所要实现的职能的需要，以马克思称之为"一般的社会需要"，由社会产品中的剩余产品来满足。西方财政理论则将其定义为社会公共需要，与私人需要相对应。其范围相当广泛，主要包括实现国家政权的职能和执行某些社会职能的需要，以及一些大型的公共设施、某些基础产业建设等的需要。在不同的历史时期，国家的职能是各不相同的，因而为满足国家实现其职能的需要也不一致。因此，财政分配要适应国家在不同时期的政治、经济职能的需要，为国家实现其职能提供财力保障。

（三）财政的分配对象是社会产品或国民收入

依据传统的财政理论，财政的本质是为建立合理的国民经济结构和社会结构，实现以最少劳动耗费取得最大经济效益，不断满足人们需要，对社会产品和国民收入进行的有计划分配与再分配。因此，财政分配的对象是社会产品，且主要是剩余产品。就现实的财政分配情况来看，财政收既包括有剩余价值 M 部分，又包含有劳动者报酬收 V 部分，其中，剩余产品价值部分是财政收入的主要来源。当然，随着经济的发展和国民收入的提高，V 部分构成财政收入来源的比例会逐渐提高。

（四）财政本质上是一种社会分配关系

马克思认为，社会再生产过程是由生产、分配、交换和消费四个统一的环节组成的。其中，生产是起点，消费是终点，而分配和交换是连接生产和消费的中介环节。这四个环节之间的关系是："一定的生产决定一定的消费、分配、交换和这些不同要素相互间的一定关系。当然，生

产就其片面形式来说也决定于其他要素。”在社会再生产中，生产对其他环节是决定因素。因为没有生产，就没有可供消费物，也就没有分配和交换。另一方面，没有消费，也就没有生产。因为只有在消费中，产品才能成为现实的产品，生产才能得到实现。同时，消费还为生产创造出新的需要，即创造出生产的动力，推动生产发展。而没有分配和交换的中介，自然也不会有消费和生产。因此，分配和交换也制约着消费和生产。分配同交换的区别在于，分配是解决社会产品在价值量上分割的份额、比例问题的。具体来说，包括这样两个相互联系的过程和内容：

第一，社会产品在价值量上归谁占有和占有多少的问题，也即是社会产品分别归各地区、各部门、各单位以及个人占有的份额、比例问题。

第二，社会产品在价值量上用在哪些方面和使用多少的问题。社会产品从最终用途来看，要形成补偿、积累、消费三种基金。

分配和交换之间的关系，是相互制约、互为前提的。因为，从一个角度看，只有通过交换实现了产品价值才能进行分配；而从另一个角度看，只有通过分配形成各种货币收入以后才能用于购买，进行产品交换。分配，作为再生产的中介环节，对再生产发挥着调节器的调节和总枢纽的控制作用。因此，凡是调节经济的杠杆都属于分配范畴或手段。

社会总产品是由物质生产部门创造的，因此，社会产品首先要在物质生产部门和企业里进行初次分配。然后，通过财政再在社会范围内进行再分配。财政通过参与社会产品的分配过程而与国民经济（即社会再生产）活动的各个方面发生联系。

在市场经济条件下，企业生产的社会产品（W），以销售收入总和表现为社会总产品，在企业的初次分配中，先要扣除补偿生产资料的耗费（相当于 C 的部分），而后形成国民收入。国民收入中，一部分以工资的形式支付职工的劳动报酬（相当于 V 的部分）；另一部分是企业的纯收（相当于 M 部分）。企业纯收入中，一部分以税收的形式上缴国家，部分国有企业还要上缴利润或国有资产收益，形成国家的财政收入；另一部分留归企业支配，形成盈余公积金、未分配利润。盈余公积金属于积累基金，用于企业投资，进行扩大再生产；属于消费基金，用于发放奖金和改善职工福利。事业单位不创造产品，其开支主要靠政府经费拨款，但也有程度不同的各种形式的事业收入，根据财务管理办法的规定形成财政收入的一部分，或上缴财政，或抵补自身的支出。居民的收入来源主要是企业和事业单位发放的工资和奖金，其使用方向主要用于居民消费支出，形成消费基金；另外，作为居民整体，总有一部分收入形成居民储蓄，通过金融中介转化为积累基金，用于投资；此外，居民还向国家纳税，以及购买公债（国库券），从而形成财政收入。

财政除了通过上述税收、企业利润、事业收入、公债等形式从企业、事业单位、居民那里取得收入外，在实行开放政策的市场经济条件下，还可以取得国外借款收入，这些收入的总和形成财政总收入。财政收入形成之后，要在全社会范围内进行再分配，这是通过财政支出进行的。财政支出按照补偿、积累、消费的性质划分，大部分用于消费性支出，包括对文教、科学、卫生、行政、国防等事业单位的政府经费拨款；对居民的补贴和社会保险、抚恤、救济等转移性支出；对居民认购公债和国外借债的还本付息等。财政支出中的积累性支出，通常以政府投资的形式最终形成国有资产。此外,财政支出中还有属于补偿基金性质的挖潜改造支出,用于企业固定资产的更新改造。

社会总产品的价值形态是各种货币收入和资金,通过分配和再分配,最终形成补偿基金、积累基金和消费基金。其中,前两种基金主要形成对投资品(即生产资料)的需求;后一种基金形成对消费品(即生活资料)的需求。社会总产品的使用价值形成是为社会提供的投资品和消费品的供给。显然,只有当社会总供给和总需求在总量和结构上都相适应的条件下,国民经济才能正常运行。在这个过程中财政分配处于重要地位,起着重要作用。主要表现在:第一,剩余产品的大部分是通过财政分配的;第二,财政分配直接调节积累与消费的比例关系;第三,财政通过其分配手段制约C、V和M之间的分配比例;第四,财政分配还制约价格、工资、信贷等分配。

第二节　公共产品与公共财政

在上一节中我们主要采用"国家分配论"观点来描述财政,除此之外,财政理论界对财政的本质还有其他一些不同的认识,具代表性的主要观点有:

1."价值分配论"。这种观点认为财政是国家以价值形式进行社会产品的分配而形成的分配关系。国家参与价值的分配,必然在社会的各个方面,首先是在各个阶级之间形成一系列的分配关系,而这些分配关系——分配价值所发生的分配关系,就是财政的本质。

2."国家资金运动论"。认为财政是国家资金运动,体现了国家同各方面的经济关系。

3."剩余产品分配论"。这种观点认为财政分配的本质特征是剩余产品的分配。与一般分配过程不同,财政分配的对象不是社会总产品和国民收入,而是包含在社会总产品和国民收入中的剩余产品,这是财政分配的质的规定性。

4."公共需要论",也称"公共财政理论"。这种观点认为财政的本质是社会为满足公共需要而进行分配所发生的分配关系。公共财政是政府进行的分配活动或经济活动,这是它与自然经济和计划经济下的财政所共同具有的性质。但是,公共财政只能为市场提供公共服务,这又使得它不同于只为君主和私人服务的自然经济下的财政,或只为"国家"自己服务的计划经济下的财政。这样,"公共"就是市场经济所给予市场型财政的根本性质。在这一节中我们将对这种财政理论进行介绍。

一、公共财政理论的起源和发展

迄今为止,人类社会存在的经济体制形态有三种,即自然经济、市场经济和计划经济。相应地,财政也就形成了不同的类型,即自然经济状态下的、计划经济状态下的"国家财政"及市场经济下的"公共财政"。

"家计财政"是指自然经济状态下,以个人、私人的财政安排为主的财政类型。自然条件下的财政,虽然也以国家名义进行活动,形式上也具有某些社会性特征,但是,"普天之下,莫非王土;率土之滨,莫非王臣"的状况,决定了自然经济条件下整个国家都属于私人所有,处于

“家天下”状态，而财政收支活动在本质上很自然地也就具有个人或私人的性质。

在传统的计划经济体制下，国家直接掌握和控制了社会经济生活几乎所有的方面，而财政作为国家直接计划配置社会资源的手段，就主要表现为国家满足实现自身职能需要而采用的一种分配手段。与此相适应，企业只是国家和政府行政附属物，个人只是企业或单位的行政附属物，整个社会和国家以政府为中心形成一个大企业，财政也就很自然地成为这个大企业的总财务。此时的企业和个人不是独立的经济主体，社会经济活动从总的方面看就是国家和政府的活动，企业和个人的活动只是服从与围绕国家和政府的经济计划来开展，从而财政也只是服从与围绕着国家的需要而活动，这就使传统的计划经济体制下的财政具有为国家服务的“国家”财政的特征。

“公共财政”这个说法来源于西方经济学，与现实社会一样，公共财政理论的发展同样经历过两个阶段：第一阶段为古典学派和庸俗学派，其代表人物是亚当·斯密和大卫·李嘉图，18 世纪中期亚当·斯密《国富论》的发表创立了财政学，首次提出了 public finance 概念，探讨了与政府活动直接联系的税赋、支出和公债，强调了政府本身所具备的“公共”属性，并指出政府只是经济活动的“守夜人”。第二阶段是现代资产阶级学派，将财政又赋予了三重含义：一是福利经济学派，认为国家财政应以增加社会公共福利为目标，考虑财政收支对社会公共福利造成的影响；二是凯恩斯主义从理论上阐述了国家干预经济的必要性，国家干预经济的主要手段就是财政政策，这一理论被认为是公共财政的思想基础和理论发端；三是马斯格雷夫的财政定义，将财政看作是公共部门经济。在经历了数百年的实践过后，西方发达国家已形成了较为完善的公共财政体制。

公共财政实质上是市场经济财政，作为一种与市场经济相适应的一种财政理论，它随着市场经济的逐步形成完善，经过了其特有的产生、发展和完善的过程。

一般而言，市场经济的主体有三个：企业、居民和政府。作为市场经济主体的政府，指的是政府的经济活动，即政府经济，又称公共经济或公共部门经济。而与之相对应的以企业和居民为主体的经济活动，则称为私人经济。公共经济为社会提供公共产品，私人经济为社会提供私人产品。无论是提供公共产品，还是提供私人产品，都离不开资金的筹集，因此，在市场经济条件下，企业的经济活动主要表现为企业的收支活动，居民的经济活动主要表现为居民的收支活动，政府的经济活动主要表现为政府的收支活动。而政府的收支活动就是财政。因此，财政即公共财政是政府经济即公共经济的主要内容，其理论基础是“公共产品”和“市场失灵”理论。

在我国，伴随着我国社会主义市场经济体制的建立和逐步完善，我国财政体制改革的步伐不断加快，1998 年国家宣布建立符合中国市场经济环境的公共财政体制的改革目标，中国正式开始进入“公共财政”时期。因此，学习、借鉴西方公共财政理论，为界定转型时期的财政职能提供理论依据成为一项重大课题。

二、市场失灵理论

在完全竞争条件下，市场经济能够在自发运行的过程中，仅仅依靠自身力量的调节，使社会上现有的各种资源得到充分、合理的利用，达到社会资源的有效配置状态。但是，市场经济并不是万能的。由于价格信号并非总是能有效地反映社会边际效益和边际成本,因此在自由放任基础之上的市场竞争机制,并非在任何领域、任何状态下都能够充分展开;而在另外一些领域或场合,市场机制即使能够充分发挥,也无法达到符合整个社会要求的正确的资源配置结果。这些问题就是市场经济自身所无法克服的固有的缺陷或不足,西方经济理论将它们统称为"市场失灵",也称为"市场失效"。

市场失灵主要包括以下几个方面:

(一)公共产品问题

所谓的公共产品,通俗地讲是指其利益为社会成员所共享,而不能为任何个人所独占的产品或劳务,如国防设施和义务教育,它是相对于"私人产品"而言的,所谓私人产品是指其利益为购买它的个人所独占,而不产生外在经济利益的产品或劳务,如食品和服装。美国经济学家萨缪尔森给公共产品下的定义是"公共产品是指那种不论个人是否愿意购买,都能使整个社会每一成员获益的物品"。

公共产品理论同时也是公共财政理论的另一大理论基础,我们将在后面讲到它的主要特征。

(二)外部效应问题

外部效应是指在提供一种产品或服务时,社会成本或利益与私人成本或利益之间存在的偏差。就是一些经济主体在生产、消费过程中对其他经济主体所产生的附加效应,也可称为对旁观者福利的影响。其关键方面是指某一个人或企业的行为活动影响了他人或企业,却没有为之承担应有的成本费用或没有获得应有的报酬。外部效应可以是好的,也可以是坏的。如果对旁观者的影响是有利的,如上游植树造林,保持水土,下游农民得到灌溉用水,则被称为正的外部效应。如果对旁观者的影响是不利的,如上游农民使用农药,影响下游渔民的捕鱼,则被称为是负的外部效应。当出现外部效应时,需要政府部门以非市场的手段去矫正,如法律手段和财政手段等等。

财政在解决外部效应问题时的一般做法是:对从事具有负外部经济效应的产品生产经营行为征税,从而使该产品的生产成本提高到实际的社会成本的水平,以克服该产品在生产经营时由于企业或个人负担的社会成本过低,而导致社会资源过多地配置到这类产品的情况;反之,对从事具有正外部经济效应的产品生产经营行为则予以财政补贴,使该产品的个人收益能够与其所产生的社会效益对等,鼓励该产品的生产经营者将生产经营规模扩大到正常水平,克服社会在该产品上配置过少的弊病。当然,政府对外部效应问题的干预还可以有其他的政策手段,如制定排污标准,实行限价措施等,但是,财政仍不失为其中最重要的手段之一。

(三)自然垄断问题

自然垄断是指某些行业或产品并非由于人为的限制,而是由于资源条件或规模经济的原因,无法竞争或不适宜竞争,形成的一个产业由一家或少数几家企业独占的经济现象。自然垄断大多由技术方面的原因形成的，常见于电力、自来水、燃气、通信等公用企业事业及航空，铁路、城市公交等交通运输业。

自然垄断否定了充分竞争，也就导致了市场价格机制在资源配置上的扭曲和低效。对这种垄断，如果听之任之，则自然垄断者就会通过垄断价格获取超额利润，这是以全社会成员的利益牺牲为代价，来增加少数几个或惟一的垄断者的利益。这样不仅危害着经济效率，而且还产生严重的社会分配不公问题。并且，这些具有自然垄断性质的行业，往往是与人们生活关系最息息相关的。

在市场经济生活中，国家往往对某些行业或产品的价格和进入资格实行管制，一般只允许一家或少数几家企业采取由国家经营或国有民营的方式垄断全部产品供给。显然，自然垄断与市场经济中的自由竞争背道而驰。那么，国家为什么要允许甚至制造自然垄断呢？这是因为与其他市场垄断不同，对于自然垄断行业来说，竞争反而会造成低效率。从生产的角度看，由一个企业大规模地生产比几个较小规模的企业同时生产能够更有效地利用资源，有利于各个社会效益的提高。

为了克服由自然垄断这一市场失灵问题带来的社会伤害，那么就需要由政府出面，对具有自然垄断性质的行业进行市场准入限制，维持其独家经营的局面。但同时，为了避免该行业依靠其垄断地位进行牟利，政府又需要对其服务收费制订标准，实行限价政策。进一步说，由于自然垄断行业大多与居民的日常生活和生产有着密切的关系，因此又都具有一定的公共服务性。这样，政府出于提供社会福利方面的考虑，通常对自然垄断行业的服务制订较低的价格，其结果往往造成企业连正常的利润水平也无法保证，以至于陷入亏损的境地。当企业的生产经营只能获得低利微利时，企业和行业的发展往往需要依靠财政贷款的支持，而企业的亏损则需要财政补贴来弥补。

（四）收入分配不公问题

收入分配不公是在特定时期内所存在的与当时所公认的公平准则不相符合的收入、财富和社会福利的分布状态。一般说来，市场能促进经济效率的提高和生产力的发展.但不能自动带来社会分配结构的均衡和公正。奉行等价交换、公平竞争原则的市场分配机制却由于各地区、各部门（行业）、各单位发展的不平衡以及各人的自然禀赋、教养素质及其所处社会经济条件的不同，造成其收入水平的差别，产生事实上的不平等，而竞争规律往往具有强者愈强，弱者愈弱，财富越来越集中的“马太效应”，导致收入在贫富之间、发达与落后地区之间的差距越来越大。此外，市场调节本身不能保障充分就业，而失业现象更加剧了贫富悬殊，这对经济持续增长是个极大的威胁：少数巨富控制经济命脉；潜在的资金外流；众多的贫困者导致社会总消费的不足，从而市场难以发育等等。更严重的是，过度的贫富分化不仅削弱了社会的内聚力，而且培养了不公正，因而不可避免地破坏了维系社会的政治纽带。社会民众进而可能要求发生激烈的政治、社会和经济的变动。经济比较落后、收入偏低的一些少数民族聚居地区还可能会造成民族矛盾的激化。

在市场经济条件下，解决社会分配不公问题，一般要依靠财政手段进行。其主要做法是，通过征收个人所得税、财产税和遗产税等，大幅度削减高收入阶层的收入和财产；同时通过实行社会福利政策，为低收入阶层提供各种补助和津贴。这样，在社会福利分布的高峰和低谷之间，通过削平峰尖、填补谷底的办法，缩小收入差距，缓解分配不公的状态。当然，各国政府往往还通过制订最低工资标准等方法，在一定程度上防止贫富悬殊状况的出现，但无论是在广度还是在深度上，其在解决社会分配不公方面所起的作用是远不及财政手段的。

（五）宏观经济总量失衡问题

宏观经济总量失衡指的是市场经济在自发运行过程中所必然产生的失业、通货膨胀等经济现象。在完全的经济中，存在着大量的由自发性必然带来的盲目性，经济运行容易出现波动和失衡，从而导致社会资源配置出现结构性失衡和经济运行效率降低。这就是说，自发的市场机制并不能使宏观运行自动趋向于充分就业、物价稳定、国际收支平衡和经济增长适度等目标。这种现象也属于市场失灵范畴。

对宏观经济实施间接调控，是市场经济中政府经济干预职能的一个重要内容。为了解决宏观经济失衡以及由此而直接导致的失业、通货膨胀和经济剧烈波动等后果，政府通常必须运用多种政策手段进行干预，而财政政策与货币政策则是其中最基本的两大政策工具。就财政政策来说，政府可以通过增税或减税措施，加大或压缩政府支出总额，或者通过公债的发行、购买和偿还等活动，使得社会总需求和社会总供给相适应，间接调控社会的就业状况、通货膨胀上涨的幅度和外汇收支的平衡状况等，从而尽可能熨平宏观经济运行的波动幅度，保持经济的稳定发展。

以上我们对“市场失灵”的理论进行了解释。西方经济学和公共财政学的理论认为，在市场经济条件下，社会资源的主要配置方式是通过市场的“看不见的手”进行的，政府不应该进行干预，。只有在出现上述“市场失灵”的情形下，政府部门才有介入的必要。也就是说，“市场失灵”决定着公共财政的产生。

三、公共产品理论

我们在前面已提到了公共产品的有关概念。而公共产品的问题是和西方经济学的公共需要理论相联系的。

（一）公共需要

公共需要是与私人需要或个人需要相对应的。公共需要一般由公共产品来满足，公共产品一般又由政府来提供或满足，并且具有非竞争性和非排他性的特征。而私人需要则一般由个人和企业在市场机制作用下通过市场提供私人产品来满足，具有竞争性和排他性特征。

公共需要具有以下特征：

(1)公共需要是社会公众在生产、生活中的共同需要，它不是普通意义上的人人有份的个人需要或个别需要的数学加总。而是就整个社会而言，为了维持一定的社会经济生活，为了维持社会再生产的正常运行，也为了维持市场经济的正常秩序，必须由政府集中执行和组织社会职能的需要。

(2)公共需要是每一个社会成员可以无差别地共同享用的需要,一个或一些社会成员享用并不排斥其他社会成员享用。

(3)社会成员享用公共需要要付出代价。

(4)满足公共需要的物质手段只能来自社会产品的剩余部分,但并不是全部的剩余产品都用于公共需要。

(二)公共产品的特征

如前所述,公共需要与私人需要相对应,而分别用来满足这两种需要的公共产品与私人产品也是相互对应的。二者相比较,我们可以总结出公共产品具有以下一些明显的特征:

1. 消费的非排他性。消费的非排他性是指产品在消费过程中所产生的利益不能为某个人或某些人所专有,要将一些人排斥在消费过程之外,不让他们享受这一产品的利益是不可能的。例如,一部分人对某一产品的消费不会影响另一些人对该产品的消费,一些人从这一产品中受益不会影响其他人从这一产品中受益,受益对象之间不存在利益冲突。例如国防保护了所有公民,其费用以及每一公民从中获得的好处不会因为多生一个小孩或出国一个人而发生变化。消除空气中的污染是一项能为人们带来好处的服务,它使所有人能够生活在新鲜的空气中,要让某些人不能享受到新鲜空气的好处是不可能的。而私人产品则具有排他性,当消费者为私人产品付钱之后,他人就不能享用该产品或服务所带来的利益。

2. 取得方式的非竞争性。这里的非竞争性是指公共产品的价值不会因其消费者的增加而减少,如路灯的照明,这表明公共产品的消费者无须通过市场采取竞争的方式来获取。而私人产品的消费者一般必须通过市场采用出价竞争的方式来获取产品的消费权,如我们的日常生活用品,在市场经济条件下应通过市场化的运作方式来获得。

3. 效用的不可分割性。公共产品是为整个社会提供的,如安全、秩序、国防等,不可能将它们分割成若干部分或分别归于由某一个人或组织来消费。当然,依据受益范围的大小,可以将公共产品划分为全国性的和地区性的公共产品。尽管如此,公共产品的效用仍然是不可分割的,它总是向全国或某个地区的所有成员提供其效用。而私人产品的效用则具有可分割性,市场商品的效用发挥必须分割给具体的"个人"才能得以实现,并由具体的"个人"来支付相关费用。

4. 提供目的的非盈利性。公共产品的提供不能以盈利为目的,它追求社会效益和社会福利的最大化;而私人产品的提供则一般是以盈利为目的的,追求的是私人市场利润的最大化。

公共产品的以上四个特征是密切联系的,其中最核心的是其非排他性和非竞争性,其他两个特征是它们的延伸。

(三)准公共产品

在实际生活中,完全符合以上特征的纯粹的公共产品比较少,如国防、外交、法律法规和收入分配,这类产品一般称之为纯公共产品。而大量存在的是兼有私人产品特征和公共产品特征的准公共产品,亦称为半公共产品。

准公共产品是指在供给上具有公共性质，在消费上具有私人性质的产品。如教育尤其是非义务教育、水电气供应等，这种产品一方面具有公共产品的特征，即非排他性和非竞争性，但由于提供服务的范围有限，因此在另一方面又具有排他性和竞争性；再如公园、体育场、公共图书馆等，本来是任何人都能享受的，但因名额、座位、面积等条件有限，如果人人共享则可能造成拥挤和容量短缺，享用就受到限制，有的就采取先到先坐，额满为止；有的则采取发许可证（如门票）等办法。因此不能完全视之为公共产品。

准公共产品是政府和市场均可提供的商品和劳务，但对公众影响大的或由政府提供更为有利的商品和劳务则应由政府财政出资，或由政府财政补助，如医疗补助、基础设施、公共工程、公共事业、社会福利等。

（四）公共产品的满足和政府的职责

通过以上对公共需要和公共产品的特性分析，我们知道公共产品不具有排他性，因此“搭便车者（即得到一种物品的利益但避开为此付费的人）”的现象会普遍存在，从而使通过市场资源配置方式在提供公共产品方面是失灵的，大部分公共产品必须由政府财政直接参与提供。那么公共产品和公共服务的提供应是政府的基本职责和政府实施公共政策的主要内容和边界范围，主要包括国家安全、社会治安、基础教育、社会保障、公共医疗卫生服务等。

综上所述，市场机制是一种有效的社会资源配置方式，但仍存在着“市场失灵”的领域和“公共产品”的无法满足。只有通过政府利用各种方式、手段，克服和纠正和弥补各种市场失灵现象，才能促进市场经济更为有效地运转。而“公共财政”恰恰是为市场提供“公共”服务并能弥补市场失灵的财政。同时，公共财政的作用范围也只能被限定在市场失灵的领域。所以说“市场失灵”决定着公共财政存在的必要性及其职能范围。也只有公共财政，才能适应于、服务于并有利于市场经济的存在和发展，提供公共产品，满足社会的公共需要。

通过以上介绍，我们已经明确，在市场经济中，以克服和纠正种种市场失灵问题为出发点的政府干预行为都可以看作是政府为社会经济的正常运转提供公共产品的行为，这样，公共产品构成了市场经济中政府（财政）活动的对象。事实上，政府（财政）活动可以定义为提供公共产品的活动。因此，从财政活动的对象看，西方财政理论可以称为“公共产品论”。该理论是西方财政理论的核心。

四、公共财政理论的借鉴意义

目前，在我国财政基础理论领域，主要形成是一个以传统主流理论即“国家分配论”理论与以“公共财政论”理论为代表的西方财政理论并存的格局。我们应该认识到，其实这两种理论之间其实是并非截然相对，两者的观点有许多的相同之处。同时，随着我国经济改革的发展，财政制度转向公共财政体制进行转变成为大势所趋，因此如何更好地借鉴与吸收西方财政理论成为当前的必然要求，也是我国财政理论与学科发展的必然要求。

西方公共财政理论认为，财政在社会再生产关系中不仅仅处于分配环节。同样，政府在市场经济中不是单纯的消费部门，它也向市场提供某种产品或某种服务，社会成员通过纳税等方式向政府购买这种产品或服务，从而满足社会公共需要，这种产品或服务就是公共产品或服务。这是公共财政理论与国家分配论的一个重要区别，这种观点的理解运用，对我国当前政府适应社会主义市场经济的职能转变的要求尤其具有借鉴意义。

总之，西方公共财政理论把市场失灵作为财政存在的根本理由，把提供公共产品作为财政活动的对象，把满足社会的公共需要作为财政活动的目的，把公共财政作为财政运行的模式，而把公共选择作为财政决策的政治过程，构建起一整套关于财政理论的基本分析框架。总体说来，除了其中少数观点带有片面性外，其他各方面都有值得我国借鉴的地方，对于进一步更好地发展"国家分配论"也很有裨益。实际上，我国财政理论界和实际部门在这方面已经做了很大努力，取得了很大成就。诸如在强调财政在资源配置中应发挥的职能作用，正确界定政府与市场的关系等重大问题上基本上取得了共识，一些相应的措施已付诸实施。

第三节　财政的职能

财政职能是指财政自身固有的功能和职责，是财政规律的具体体现，是财政这一经济范畴的本质的反映，具有客观必然性。财政的职能可以概括为三个方面：资源配置职能、收入分配职能、经济稳定与发展职能。

一、资源配置职能

（一）资源配置的含义

所谓资源配置，是指将社会资源（人的知识、智力、劳动力、资本、土地、财产等）在社会需要的众多领域、部门、行业、地区、产品和劳务之间的分配和组合。由于资源具有稀缺性，就有必要对社会资源在各种可能的用途之间进行选择，尽可能使一切资源被有效利用，以获取最大可能的配置效益，最大限度满足社会需求。这就是资源的合理配置。

在市场经济体制下，经济社会资源的配置有两种方式来实现，即市场机制和政府机制。市场对资源的配置起基础性作用，但由于存在着公共产品、垄断、经济活动的外在性等情况，仅仅依靠市场机制并不能实现资源配置的最优化，还需要政府在市场失灵领域发挥资源配置作用。

财政作为政府调控经济社会运行的主要杠杆，是政府配置资源的主体。因为，在经济体系中，市场提供的商品和服务数量有时是过度的，有时是不足的，整个社会的资源配置缺乏效率。财政的资源配置职能就表现在对市场提供过度的商品和劳务数量进行校正，而对市场提供不足的产品和服务进行补充，以实现社会资源的有效配置。

（二）资源配置职能的主要内容

财政对资源配置职能的主要内容表现在以下三方面：

1. 调节资源在地区之间的配置。由于历史、地理、自然资源禀赋差异和政策体制等方面的原因，不同国家、地区之间经济发展不平衡现象极为普遍，这一现象在我国当前尤为严重。要解决这一问题，一方面是要完善社会主义市场经济体制，在产权制度、银行制度、投资融资制度和政府管理等方面进行比较彻底的市场化改造，加强制度建设、消除地方封锁和地方保护、完善基础设施、提供信息服务等方法，促进要素市场的建设和发展，推动生产要素在区域间的合理流动，实现资源配置的优化。但单靠市场机制来解决经济发展不平衡的问题是不可能的，甚至可能造成现有的地区差距进一步扩大的趋势，有时还可能产生逆向调节，所以在另一方面要由政府作出必要的干预。财政在这方面的作法是由政府进行投资倾斜和政策倾斜，采取转移支付制度和区域性的投资、税收等优惠政策，扶持落后地区的经济发展，及时抑制地区差距过分拉大的势头。从而实现资源的地区之间的合理配置。

2. 调节社会资源在不同产业和行业之间的合理配置。合理的产业结构，对于促进国民经济的协调发展具有重要的意义。产业结构的调整主要是通过调整投资结构和改变现有企业的生产方向而进行的。财政在这两个方面都能发挥调节作用。财政通过调整投资结构，形成新的生产能力，实现优化产业结构的目标。如交通、能源等基础产业项目的资金和技术"门槛"高，政府就可通过产业政策指导和集中性资金支持，防止规模不经济的产生。除了政府直接投资外，还可利用财政税收政策引导企业投资方向，以及补贴等方式调节资源在国民经济各部门之间的配置，形成合理的产业结构。

3. 调节全社会资源在政府部门和非政府部门之间的配置。财政收入在国民生产总值或国民收入中所占份额的高低，直接决定着社会资源在政府部门和非政府部门之间的配置。国家提高财政收入的份额，意味着社会资源中归政府部门支配使用的部分增大，非政府部门支配使用的部分减小；反之，则意味着政府部门支配使用的部分减小，而非政府部门支配使用的部分增大。社会资源在政府部门和非政府部门之间的配置比例不是固定不变的，而是随着经济的发展，国家职能和活动范围的变化而变化的。国家财政调节这一配置比例的原则是使政府部门支配使用的资源与其承担的责任相适应，政府部门使用的资源过多或过少都不符合优化资源配置的要求。

二、收入分配职能

收入分配是现代市场经济中财政的三大职能之一，也是财政调节收入分配差距的主要政策手段。收入分配在经济学中有两重含义：从广义上讲，收入分配是指国家、企业、个人三者利益的分配，这是宏观的国民收入总量分配；从狭义上讲，收入分配仅指个人收入分配，亦即国民收入在个人之间的分布配置。西方公共经济学把财政收入分配职能理解为"把一些人的钱分配给另一些人"。这种理解实际上是把收入分配职能视为在社会阶层之间进行转移支付，即居民收入再分配，因此倾向于对狭义意义收入分配。

一般而言，即市场机制是收入分配的主要形式。比如，在生产要素市场上，各市场主体作为分配的参与者，企业和个人分别取得利润（或利息）、租金和工资、补贴和福利等收入，国家则主要以税收、收取国有资产收益等形式获得收入。但是，由于市场机制缺陷可能造成收入和财富的分配不公平，就企业和个人而言，必然要在市场中追求效率，但由于各经济主体或个人所提供的生产要素不同、资源的稀缺程度不同以及各种非竞争因素的干扰，各经济主体中个人获得的收入会出现较大的差距，整个社会可能面临分配不公、利益关系失衡、贫富分化悬殊等问题，严重影响社会的公平。由于收入分配的相对稳定性，企图在分配范畴内容达到社会公平目标没有可能，甚至可能会不断加深不公平的趋势。要打破分配不公格局，使之趋于优化，有效的办法只有靠政府施加外力，运用财政的分配收入职能来调控和解决。

财政的收入分配职能是政府为了实现公平分配的目标，对市场经济形成的收入分配格局予以调整的职责和功能。主要是通过调节企业的利润水平和居民的个人收入水平来实现的。

在各种不同的财政手段中，实现再分配的最直接的手段有：

(1)税收转移支付，即对高收入家庭课征累进所得税并对低收入家庭给予补助二者相结合的方法。

(2)用累进所得税的收入，为使低收入家庭获益的公共服务提供资金。

(3)对主要由高收入消费者购买的产品进行课税，并同时对主要为低收入消费者使用的其他产品给予补贴二者相结合的方法。

(4)完善社会福利制度，使低收入者实际收入增加，个人收入差距缩小。

三、经济稳定职能

在市场经济中，实现充分就业、稳定物价水平、平衡国际收支三大目标，是财政的经济稳定增长职能的三个方面。充分就业是指有工作能力且愿意工作的劳动者能够找到工作。这里的“充分”就业，并非指可就业人口百分之百的就业，而是指就业率(已就业人口占全部可就业人口的比率)达到了某一社会认可的比率，比如95%、97%等等。物价稳定也不意味着物价冻结，上涨率为零，而是指物价上涨幅度维持在不至于影响社会经济正常运行的范围内。一般来说年物价上涨率在3%～5%或其以下的幅度可视为物价水平稳定)。国际收支平衡指的是在进行国际经济交往时，其经常性项目和资本项目的收支保持大体平衡，它是在开放经济条件下一国经济稳定的一个重要内容和标志。

一般而言，稳定经济和经济增长是市场经济的职能，即市场机制在此方面发挥着基础性的作用。市场能够随着“看不见的手”的推动作用，在一定程度、范围、对象、内容方面调节和稳定经济。但是，由于市场存在着缺陷和消极方面，市场经济活动是有周期的，会出现经济波动的状态，会导致供给和需求总水平的不稳定，而市场竞争又可能受其外部干扰出现不足、不充分的问题，无法完全自动调节并稳定经济，并使经济波动的幅度日趋变大。

财政实现经济稳定与发展职能的机制和手段主要有以下几种：

(一)通过财政政策进行调节

财政政策手段是指为了实现既定的财政政策目标而选择的具体工具或方式方法。财政政策手段的选取以有明确可行的财政政策目标为前提，而且必须以政策目标为转移，即它必须是既定政策目标所需要的，否则它就失去了意义。

一般说来，财政政策手段主要包括预算、税收、公债、财政支出等。其中国家预算是财政政策手段中的基本手段，它全面反映国家财政收支的规模和平衡状况，综合体现各种财政手段的运用结果,制约着其他资金的活动。国家预算对经济的调控主要是通过调整国家预算收支之间的关系实现的。当社会总需求大于社会总供给时,可以通过实行国家预算收入大于预算支出的结余预算政策进行调节,预算结余可在一定程度上削减社会需求总量;反之,社会总需求小于社会总供给时,可以实行国家预算支出大于预算收入的赤字预算政策来扩大社会总需求,刺激生产和消费。另外,通过调节国家预算支出结构还可调节社会供给结构与产业结构,例如,调整预算支出方向和不同支出方向的数量,促使形成符合国家要求的供给结构与产业结构;或者调整预算支出结构,形成相应需求结构以影响供给结构与产业结构的发展变化等。

对财政政策进行分类,主要划分为三种类型:扩张性财政政策、紧缩性财政政策和中性财政政策。

所谓扩张性财政政策是指通过减少财政收入或扩大财政支出刺激社会总需求增长的政策。由于减少财政收入、扩大财政支出的结果往往表现为财政赤字,因此,扩张性财政政策亦称赤字财政政策。在上世纪30年代经济危机以前,经济学家都强调预算平衡的重要性,把年度预算的平衡视为财政是否健全的标志。30年代经济大萧条之后,许多国家通过大量增加财政支出以恢复经济,使得财政赤字逐渐取得合法地位,赤字财政政策亦成为一些国家经济政策的重要内容。

所谓紧缩性财政政策是指通过增加财政收入或减少财政支出以抑制社会总需求增长的政策。由于增加财政收入、减少财政支出的结果往往表现为财政结余,因此紧缩性财政政策也称盈余性财政政策。紧缩性财政政策是作为反通货膨胀的对策出现的。由于一些国家实行赤字财政政策,造成巨额财政赤字,推动了通货膨胀。为了避免通货膨胀对国民经济的破坏性影响,一些国家开始实行紧缩性财政政策,力图通过缩小财政赤字来缓和通货膨胀及其对国民经济的冲击。

中性财政政策是指通过保持财政收支平衡以实现社会总供求平衡的财政政策。这里所讲的财政收支平衡,不应局限于年度预算的平衡,而是从整个经济周期来考察财政收支的平衡。在经济周期下降的阶段上,政府扩大财政支出和减少税收,以增加消费和促进投资。这样从财政收支的对比关系上看,一定是支大于收,从年度预算来看必然会出现赤字。当经济已经复苏,在投资增加和失业减少的情况下,政府就可以适当减少财政支出或增加税收,从一个年度预算看会出现盈余。

要保证社会经济的正常运转,保持经济稳定发展,就必须采取相机抉择政策,即根据经济形势的变化,即时变动财政收入政策。如积极的财政政策、消极的财政政策、稳健的财政政策以及扩张的财政政策。财政政策以可具体分为税收政策、投资政策、补贴政策、国债政策等几种。

(二)通过财政收入和支出制度性安排发挥“自动稳定器”作用来调节

“自动稳定器”亦称内在稳定器,是指财政制度本身存在的一种会降低经济的波动幅度的机制。西方财政制度的自动稳定功能是通过财政收入、支出两方面发挥作用的。从财政收入方面来看,当经济衰退时,国民收入水平下降,个人收入减少,相应地政府税收会自动减少,税收减少导致总需求增加,因而将会促使经济回升;反之,当经济过热时,失业率下降,收入增加,税收会随个人收入增加而自动增加,从而起到抑制经济繁荣的作用。从财政支出方面来看,政府支出中的转移支付也具有自发稳定作用。

财政收入和支出发挥的作用与经济变化的作用恰好相反,财政收入对经济有收敛作用,而财政支出则对经济有扩张作用。国家采用“自动”稳定装置,以不变应万变,减缓经济的波动。

在政府税收方面,主要体现在累进的所得税上。当经济处于高峰期时,个人和公司收入增加,政府征收的所得税率也自动上升,使个人和公司的消费和投资受到抑制,物价上涨得到控制,经济趋于稳定。可抑制需求;当经济处于低谷时,政府征收的个人所得税和公司利润税自动下降,个人和公司保留的可支配收入增多,从而使消费和投资增加,刺激需求,促使经济复苏。

在政府支出方面,主要体现在社会保障支出上,用以控制在不同经济发展时期失业人口的数量。如在经济萧条时,工人失业增加,政府的失业补助及其他福利开支则自动增加,从而维持了失业工人的支出,有利于克服生产过剩;在经济上升时期,失业减少,从而失业救济及其他补助也自动减少,而征收作为失业补助的资金来源的税收却自动增加。同时还有政府的农产品价格支持制度。这些都是促进经济发展,实现经济稳定发展的重要措施和手段。

内在稳定器自动地发生作用,调节经济,无需政府作出任何决策,但是,这种内在稳定器调节经济的作用是十分有限的。它只能减轻萧条或通货膨胀的程度,并不能改变萧条或通货膨胀的总趋势;只能对财政政策起到自动配合的作用,并不能代替财政政策。因此,尽管某些财政政策具有内在稳定器的作用,但仍需要政府有意识地运用财政政策来调节经济。

小　结

●财政是古往今来普遍存在的一种经济行为或经济现象,这种经济行为是同国家或政府紧密相连的。

财政是一种以满足国家需要为目的,凭借国家的政治权力对部分社会产品或国民收入进行的分配和再分配。因此财政的主体是国家或政府,国家与财政紧密相联,不可分割。国家经营财政的目的是为了实现社会公共需要。财政是对社会产品中的剩余产品进行的一种分配和再分配,财政的本质体现为一种社会分配关系。

●西方财政理论主要是“公共财政理论”,这种理论被视为是适应市场经济体制下的一种财政理论。主要建立在“市场失灵”和“公共产品”理论基础之上。

社会资源的主要配置方式是通过市场进行的,只有在市场失灵的领域,政府才介入对资源的配置。“市场失灵”包括“公共产品”、“外部效应”、“自然垄断”、“收入分配不公”和“宏观经济总量失衡”五个方面,国家财政对这些方面均可进行干预,以弥补市场机制的不足。

公共产品是与私人产品相对的,具有“非排他性”和“非竞争性”特征。它的产生是建立在“公共需要”基础上的。所谓公共需要,是指社会作为一个整体或以整个社会为单位而提出的对社会公共安全、秩序、公民基本权利和经济发展等社会条件方面的需要。这种需要是现实存在但通过市场难以得到满足，亦属于市场失灵范畴。只有通过政府利用各种方式、手段，克服和纠正和弥补各种市场失灵现象，才能促进市场经济更为有效地运转。而“公共财政”恰恰是为市场提供“公共”服务并能弥补市场失灵的财政。因此，西方财政理论可以称为“公共产品论”。该理论是西方财政理论的核心。

公共财政理论对我国当前的财政体制改革过程中提出的建立公共财政模式具有较强的理论借鉴意义。

●财政职能是指财政自身固有的功能和职责，是财政规律的具体体现，是财政这一经济范畴的本质的反映，具有客观必然性。财政的职能可以概括为三个方面；资源配置职能、收入分配职能、经济稳定与发展职能。

财政的资源配置的职能主要包括三个方面：一是调节资源在地区之间的配置；二是调节资源在产业部门之间的配置；三是调节全社会资源在政府部门和非政府部门之间的配置。

财政的收入分配职能是政府为了实现公平分配的目标，对市场经济形成的收入分配格局予以调整的职责和功能。主要是通过调节企业的利润水平和居民的个人收入水平来实现的。

财政的收入分配职能是政府为了实现公平分配的目标，对市场经济形成的收入分配格局予以调整的职责和功能。主要是通过调节企业的利润水平和居民的个人收入水平来实现的。

在财政发挥对经济的稳定与发展职能时，主要通过不同的财政政策的配套运用和财政的“自动稳定器”的作用来调节。

※ 思考题

1. 为什么说财政分配主体是国家?
2. 怎样理解财政分配的目的?
3. 怎样理解市场失灵与政府活动的有效性?
4. 公共产品的特征是什么?
5. 财政资源配置职能的内容?
6. 财政收入分配职能的内容?
7. 财政经济稳定职能的内容?

※ 练习题

一、名词解释

1. 财政
2. 公共产品
3. 私人产品
4. 公共需求

5. 外部效应

6. 财政资源配置职能

二、单项选择题

1. (　) 是财政产生和赖以生存的基础。

A. 国家　　B. 政治制度　　C. 剩余产品　　D. 自然资源

2. 财政分配的主体是 (　)。

A. 企业　　B. 集体　　C. 政府　　D. 国家

3. 财政分配的对象是社会总产品中的(　)。

A. C　　B. m　　C. v　　D. v + m

4. 财政学界对财政概念有不同的认识,其中强调财政与国家之间的本质联系的理论是(　)。

A. "国家分配说"　　B "价值分配论"

C. "剩余产品分配论"　　D. "社会共同需要说"

5. 与国家作为社会管理者的身份相适应的财政形式是(　)、

A. 国有资本财政　　B. 公共财政

C. 国家财政　　D. 家计财政

6. 市场经济条件下公共财政的职能是以(　)界定的。

A. 利润　　B. 外部性　　C. 竞争性　　D. 市场失灵

7. 分配不公平现象(　)。

A. 在完全竞争市场上将不存在

B. 是由市场失灵造成的

C. 是市场机制下资源无法正确配置产生的

D. 能不能依靠市场本身来解决

8. "免费搭车现象"产生的原因在于(　)。

A. 公共产品消费的非竞争性

B. 公共产品消费的非排他性

C. 公共产品的成本与收益不对称

D. 公共产品供应量不足

9. 外部效应导致的后果是(　)。

A. 负外部效应产品供应不足

B. 正外部效应产品供应过量

C. 价格机制不能完全发挥其信号作用

D. 必须通过政府政府干预,才能得以解决

10. 政府在矫正负外部性行为时适宜采用的财政手段是(　)。

A. 财政补助　　B. 收收税收

C. 取缔　　D. 颁发许可证

三、辨析题

1. 财政分配的对象主要是剩余产品。

2. 消费是社会再生产的最终环节,也是包括财政分配在内的各种分配形式的直接目的。

3. 在市场机制配置资源无效的范围内,国家应通过计划配置手段来加以调节。

4. 社会成本大于私人成本称为正外部效应。

5. 公共产品是在消费过程中具有非竞争性和非排他性的产品和劳务。

6. 即使存在市场失灵问题,市场仍对资源配置发挥基础性作用。

7. 西方财政是从经济与财政的关系入手探讨财政理论的,其理论的起点是公共产品。

四、案例分析题:

请阅读下面的新闻报道,然后回答问题:

财政部:农村义务教育成为国家教育投入重中之重

(新华网北京2007年9月9日电)

我国从2006年开始率先在西部地区和中部部分试点地区实施农村义务教育经费保障机制改革,2007年这项改革在全国农村全面推开。财政部有关负责人表示,农村义务教育已经成为国家教育投入的重中之重,当前重点要落实好深化农村义务教育经费保障机制改革所需资金。

财政部教科文司有关负责人介绍说,这项改革按照"明确各级责任、中央地方共担、加大财政投入、提高保障水平、分步组织实施"的基本原则,逐步将农村义务教育全面纳入公共财政保障范围,建立中央和地方分项目、按比例分担的农村义务教育经费保障机制。中央重点支持中西部地区,适当兼顾东部部分困难地区。

改革主要内容包括全部免除农村义务教育阶段学生学杂费,对贫困家庭学生免费提供教科书并补助寄宿生生活费;提高农村义务教育阶段中小学公用经费保障水平;建立农村义务教育阶段中小学校舍维修改造长效机制;巩固和完善农村中小学教师工资保障机制等。

财政部表示,按照5年的改革目标,到2010年各级财政用于这项改革的新增经费累计将达2182亿元(不含教师工资因素),其中,中央财政将新增约1254亿元。

财政部提供的数据显示,2006年全国共安排改革资金361亿元,其中中央财政安排150亿元。免去了5200万名学生的学杂费,为3730万名贫困学生免费提供了教科书,对780万名寄宿学生补助了生活费。

2007年,改革在全国农村地区全面推开,中央和地方计划安排资金600亿元,其中中央财政280亿元,地方财政320亿元。今年截至目前,中央财政已经下达免学杂费和提高公用经费保障水平资金184.3亿元,中西部地区校舍维修改造长效机制资金27.5亿元,免费教科书资金28.5亿元。"农村中小学特设岗位计划"工资性支出5.47亿元。

财政部教科文司有关负责人表示,2007年免学杂费政策全部到位后,将惠及40多万所农村中小学校,近1.5亿名农村中小学生。

这位负责人强调,新机制实施后,农村义务教育投入大量增加,农村中小学运转水平大幅度提高，教育乱收费问题得到有效遏制，农民的教育负担大大减轻，其中西部农村地区仅免除学杂费一项，平均每个小学生年减负140元、初中生年减负180元；享受免费教科书的贫困生，小学生平均年减负210元、初中生320元。

这位负责人还指出，新机制从制度上理清了各级政府对农村义务教育的经费保障责任，这是贯彻落实新《义务教育法》的重大制度创新，涉及到各级政府的责任和广大人民群众的切身利益，意义重大，影响深远。

依照上文，请回答：

1. 结合一句名言“多建一所学校，就等于少建一所监狱”，从外部效应的角度描述政府跟基础教育之间的关系。

2. 从我国加大对中西部农村地区教育投入的实例入手，谈谈财政的主要职能。

2 第二章 财政收支

◆ 学习目标

了解我国财政收入的具体内容；理解组织财政收入的原则；掌握我国财政收入的主要来源；了解财政收入的分类、作用及形式。了解我国财政支出的概念分类及支出的形式；熟悉具体内容和安排财政支出的原则；掌握我国财政在社会主义市场经济条件下支出的重点和范围；理解财政支出效益评价的内容和方法。

◇ 案例导入

根据《中国统计年鉴》及2005年、2006年政府工作报告有关资料整理：

年份	财政收入（亿元）	财政支出（亿元）	收支差额（亿元）	增长速度（%）	
				财政收入	财政支出
1950	65.19	172.07	-106.88		
1978	1132.26	1122.09	10.17	29.5	33.0
1980	1159.93	1228.83	-68.90	1.2	-4.1
1985	2004.82	2004.25	0.57	22.0	17.8
1990	2937.10	3083.59	-146.49	10.2	9.2
1995	6242.20	6823.72	-581.52	19.6	17.8
2000	13 395.23	15 886.50	-2491.27	17.0	20.5
2005	31 627.98	33 708.12	-2080.14	19.8	18.3
2006	39 342.62	40 123.16	-780.54	24.3	18.79

由以上资料我们可以看到：我国财政收入的总额由1950年的65.19亿元人民币，到2006年的39342.62亿元人民币，57年间增长了603.50倍，说明我国财政收入的绝对规模呈现出随经济发展而不断增长的趋势。与此对应，财政支出规模也表现出稳定增长的态势，由1950

年的172.07亿元人民币，到2006年的40123.16亿元人民币，57年间增长了233.17倍。国家作为财政分配的主体，是财政分配活动的组织者，在财政分配中处于主导和支配地位。那么国家应如何合理组织财政收入及安排财政支出，以达到满足社会公共需要的基本要求？在此过程中又将遵循何种原则？带着这些问题我们一起来了解财政收支的有关内容。

第一节　财政收入

一、财政收入的概念。

财政收入首先可以理解为是一个过程，它是财政活动的第一阶段，即组织收入、筹集资金阶段。财政收入是政府为满足支出的需要，依据一定的权力原则，通过国家财政集中一定数量的社会财富形成的收入。在市场经济条件下，财政收入是以一定的权力原则，通过国家财政集中一定的社会财富形成的收入。在市场经济条件下，财政收入是以货币来度量的，从这个意义上理解，财政收入又表现为一定的货币资金，即政府为履行其职能的需要而筹集的一切货币资金的总和。财政收入通常有两方面的含义：一方面，财政收入是一定量的公共性质的货币资金，即财政通过一定筹集形式和渠道集中起来的由国家集中掌握使用的货币资金，是国家占有的以货币表现的一定量的社会产品价值，主要是剩余产品价值。另一方面，财政收入又是一个过程，即财政收支中组织收入、筹集资金的阶段，它是财政分配的第一阶段或基础环节。

二、财政收入的构成形式及来源。

1.财政收入的构成形式。财政收入的构成形式是指不同形式的财政收入在财政总收入中是怎样构成的，它们各自占有多大的比重。政府对财政收入形式的选择将受到下列因素的影响：

(1)基于社会经济制度的特定约束。

(2)基于公共产品供给的特殊性。

(3)基于调节社会经济平衡的需要。

(4)出于短期融资的需要。

2.财政收入的构成来源。财政收入的来源结构可以从三个方面加以分析。

(1)财政收入的所有制构成

财政收入的所有制构成是指来自不同经济成分的财政收入在财政收入总量中所占的比重。这种结构分析的意义在于说明国民经济所有制构成对财政收入规模和结构的影响及其变化趋势，从而采取相应的增加财政收入的有效措施。目前我国财政收入所有制构成大致包括来自国有经济的收入、来自集体经济的收入、来自私营经济的收入等。

(2)财政收入的价值构成。财政收入无论以什么形式去取得，最终都表现为政府对一部分社会产品价值的占有。在市场经济中，从生产成果分配的角度来看，社会产品的价值可以被分解为资本转移价值和国民收入(新增价值)两个部分。而国民收入则又可被分解为劳动者工资和企业利润两个部分。分析财政收入的价值构成,就是分析财政对这三部分价值的征收状况。

首先,从转移价值部分来看,理论上讲资本的转移价值部分是社会维持简单再生产的基础,如果政府对其进行征收势必造成资本的萎缩,从而使简单再生产无法正常进行。因此,原则上,政府财政是不可以对社会产品的转移价值部分进行征收的。

其次,从劳动者的工资部分来看,工资能否成为政府财政收入征收的对象,关键是要看劳动工资中剩余劳动的含量,以工资中剩余劳动含量的多少来确定财政的征收程度和征收方式(直接征收或间接征收)。这样既可以获取财政收入又可以在收入构成中贯彻政府的再分配政策。

第三,从企业利润部分来看,在市场经济条件下,国民收入在扣除劳动工资后,总是首先表现为企业利润。政府财政能否参与企业利润的分配以及能分配多少,主要应考虑企业利润在国民收入中所占的比重、企业利润被分解在分配的程度、企业在扩大在生产中的地位。

一般认为,在国民收入初次分配主要倾向于个人收入为主的分配制度下,且市场运行基本正常,平均利润率规律也在起作用,则企业利润不应当成为财政收入的主要征收对象,而各种形式的个人收入才是财政收入的主要来源。这样既可以更好的在财政收入过程中贯彻政府的收入再分配政策,又可以避免因对企业利润课征不当造成对扩大在生产和投资的影响。

(3)财政收入的产业部门构成。财政收入的产业部门构成是指国民经济各部门对财政收入的贡献程度,即财政收入是从哪些部门集中的,集中的比例有多大。从财政收入的部门构成分析,我国财政收入主要来自农业、工业、商业、交通运输业和建筑业等部门。研究财政收入的部门构成,有利于掌握国民经济各部门的发展及其结构变化对财政收入的影响,从而使财政收入构成与国民经济的部门构成相适应。

以上三种分析的侧重点虽各有不同,但都能从不同的侧面为政府合理制定和调整收入政策提供理论依据。

三、财政收入的分类

1. 按取得收入的依据,可将财政收入分为政府公共财政收入和国有资产经营收入。

政府公共财政收入是指政府以社会公共事务管理者的身份,依据政治权力,主要以税收形式筹集的财政资金,包括对各种商品、劳务、所得、财产、土地、资源等征收的税款以及行政性收费收入。国有资产经营收入是指政府以国有资产所有者身份,依据财产权力,参与资产收益分配所筹集的财政资金,主要包括国有企业上缴利润、从政府参与控股的股份制企业中分享的股息和红利、国有资产租赁和产权转让收入。

2. 按取得收入的稳定程度,可将财政收入分为经常性收入和临时性收入。

经常性收入是指每个财政年度都能连续不断、稳定取得的财政收入,如税收、经常性收费等。临时性收入是指在财政年度内不经常或不很规律地取得的财政收入,如国债收入、出卖公产收入、罚款、捐款等。

3. 按收入的管理权限,可将财政收入分为中央财政收入和地方财政收入。

中央财政收入和地方财政收入是指按照财政预算法律和财政管理体制规定，分别由中央政府和地方政府筹集、使用的财政资金。

4. 按经济成分，可将财政收入分为来自国有经济、集体经济以及各种非国有制经济的收入。

5. 按财政收入的部门构成分类，可将财政收入划分为来自农业、工业、交通运输业、建筑业、金融业、旅游业和商业服务业的收入。

6. 除上述分类形式外，财政收入还可根据其他标准，分为国内收入与国外收入，直接收入与派生收入以及强制性收入与非强制性收入等。

四、财政收入的作用

财政收入作为政府财政活动的组成部分，对政府而言有着十分重要和不可或缺的作用，其作用主要从两个方面表现出来：

1. 收入作用。政府从事财政收入活动的首要目的就是获取财政资金。这使取得收入成为政府财政收入活动的主要作用。

2. 调节作用。在政府组织财政收入的过程中，社会经济的方方面面都将会与政府发生关系，他们各自的利益会因为政府选择不同的收入政策和收入手段而发生改变，从而可能影响他们的行为选择，这使财政收入可以成为调节社会经济的一种重要工具，并用以体现国家对收入再分配、改善资源配置、稳定经济等方面的政策取向。

五、财政收入的形式

所谓财政收入形式，是指政府通过哪些方式或渠道来取得财政收入。如在自然经济条件下，政府通过征收实物或劳务而取得财政收入，我国封建社会的“粟米之征”、“布帛之征”、“徭役之征”等都是财政收入的具体形式。在商品货币经济条件下，财政收入则表现为国家占有支配一定量的货币资金。目前我国财政收入的形式，主要包括税收、国有资产经营收益、国债、政府收费等。

（一）税收收入

税收是国家为满足社会公共需要，依据其社会管理职能，按照法律规定，参与国民收入分配的一种规范形式。是国家为了行使其职能，而取得财政收入的一种方式。税收是国家依据其政治权力向纳税人强制征收的收入。税收是最早出现的财政范畴，是国家取得财政收入的基本形式，是国家机器赖以存在的经济基础，是财政收入最主要、最稳定的来源。税收具有强制性、无偿性和固定性三大特征。除组织收入的职能外，税收对经济社会运行、资源配置和收入分配都具有重要的调节作用。

（二）国有资产经营收益

国有资产的经营收益是指国家凭借对国有资产的所有权，从国有资产经营收入中所获得的经济利益。其来源是国有企业或国家参股企业的劳动者在剩余劳动时间内为社会创造的剩余产品价值。目前我国国有资产的收益表现为：股息、国有股红利收入、上缴利润收入、租金收入、其他收入形式等。

(三)国债

国债收入是中央政府以国家信用的方式取得的一种收入。国债具有有偿性、自愿性、灵活性和广泛性等特点,在弥补财政赤字、调节经济运行等方面发挥着十分重要的作用。

(四)政府收费

政府收费是指国家机关及其授权事业单位在行使国家管理职能中,按照国家规定对特定管理对象为部分地补偿管理成本而收取的费用。政府收费包括规费和使用费两种,前者是政府部门为公民个人或单位提供某些特定服务或实施特定行政管理所收取的工本费和手续费,如工商执照费、商标注册费、户口证书费、结婚证书费、商品检验费等;后者指政府部门对其所提供的公共设施的使用者按一定的标准收取的费用,如高速公路使用费、桥梁通过费等。

(五)其他收入

其他收入是指除税收、国有资产经营收益、国债和政府收费项目以外的收入。其他收入在财政收入中所占的比重不大,但包括的项目多,政策性强,主要包括事业收入、规费收入、各种罚没收入、国家资源管理收入、公产收入等。

六、组织财政收入的原则

组织财政收入的原则也就是筹集财政资金所依据的基本准则。筹集财政资金的过程,实质上是财政利用价值形式参与国民收入分配和再分配的过程。组织财政收入不仅关系到社会经济发展和人民生活水平的提高,也关系到正确处理国家、单位和个人三者之间和中央与地方两级利益的关系,还关系到不同对象的合理负担问题。为了处理好这些关系,在组织财政收入时,必须掌握好以下几项原则:

(一)发展经济,广开财源原则

发展经济,广开财源是指在筹措财政资金时必须以促进经济发展为出发点,以经济效益损失最小化为前提,扩大财源,努力增加财政收入。从增产节约中发展经济,从发展经济中寻求获得财政收入的来源。

只有最大限度的扩大经济发展规模、加快经济发展速度、努力提高经济效益,才能从根本上保证财政来源充裕,财政收入才有坚实的基础。因此在制定财政收入政策时,应更多地考虑如何促进经济的发展、调动生产经营者增产创收的积极性。

(二)兼顾三者和两级利益原则

在筹措财政资金时,必须从实际出发,正确处理需要与可能之间的矛盾。所谓"兼顾三者利益"是指财政在处理国民收入分配,并相应取得自身收入的过程中,既要保证筹措到足量的财政资金满足财政支出的需要，还应考虑到生产经营单位生产经营状况，提高积累的能力和满足自我改造、自我发展、自我积累的需要，将必要的财力留给单位和个人，以调动和发挥他们的积极性。从而推动生产的发展，从根本上保证财政收入的来源。利益兼顾的实质就是要在筹措财政资金时正确处理国家、企业与个人之间的物质利益关系。

“兼顾两级利益”中的两级是指中央与地方，国家财政在处理国民收入分配，并相应取得自身收入的过程中，应该同时兼顾中央财政和地方财政的利益关系。按目前的财政管理体制，我国的国家财政是分别由中央预算和地方总预算构成的两级财政。两级财政有各自的具体职能，也形成各自的利益关系，因此在组织财政收入时应兼顾两级利益关系。

（三）区别对待、合理负担原则

“区别对待、合理负担”是指国家在制定财政收入政策时不能“一刀切”，必须区别不同的情况进行合理负担。即国家财政收入的取得要使交纳者承受的负担与其经济状况相适应，并使每个交纳者之间负担水平保持平衡。财政收入的公平原则对矫正收入分配不公，弥补市场运作的缺陷，维护社会稳定是不可缺少的。该原则主要体现在税收中，具体地说就是指在组织财政收入时，按纳税人收入的多少，采取不同的征收比例，实行负担能力强的多负担，负担能力弱的少负担的方针。它通常通过采取不同的征税范围，不同的税率，减免税的方式来实现。实行合理负担，是实现企业公平竞争的需要，也是保证国家财力的需要。

社会主义市场经济条件下财政收入原则

1. 充足原则：指税收要满足国家财政的需要，以避免产生财政赤字，该原则认为财政支出会随着人均收入的提高，国家职能的扩大而提高，即财政支出呈扩张趋势，因此要求税收要不断满足财政支出增长的需要。

2. 弹性原则：指征税要有弹性，要随着财政需要的变动而增减。

3. 经济原则：使筹集财政收入的活动能够发挥调节优化经济结构的作用，引导经济的良性运行，尽量避免使经济结构扭曲或失衡，减少效率损失，尤其要减少税收的超额负担。

4. 公平原则：该原则主要体现在税收政策中。税收公平原则中公平的概念包括两种：一为横向公平，一为纵向的公平。横向的公平是指处于同等经济负担能力的人应纳同等的税收，而纵向公平的目的在于让经济负担能力不同的人应缴纳不同等的税收。

5. 效率原则：该原则要求的是以最小的费用获得最大的收入，并利用财政的经济调控职能最大限度地促进经济的发展，或者最大限度地减轻组织财政收入对经济发展的负面影响。

第二节 财政支出

一、财政支出的概念

财政支出是国家为了实现其政治职能和经济职能，将通过财政收入筹集的财政资金，有计划进行的再分配使用出去的一种供应资金的活动，从本质上看，财政支出是以国家为主体，以财政的事权为依据进行的一种财政资金分配活动，它集中反映了国家的职能活动范围及其所发生的耗费。财政支出是政府的重要宏观经济调控手段。一方面，财政支出直接构成和影响社会总需求，因而调节财政支出规模就可以达到调控社会总供需关系的目标；另一方面，财政支出结构的确立与调整，对社会经济结构、产业结构的形成和变动，对国家职能的履行，有着至关重要的作用和影响。

二、财政支出结构的确定

理解影响财政支出结构的主要因素是认识怎样合理确定与调整财政支出结构的基础，一般情况下，制约财政支出结构的因素包括下述几个方面：

1. 财政收入规模。财政收入规模是指财政收入总量大小，一般用财政收入总量占 GDP 的比重来衡量财政收入规模。该指标反映了政府掌握和参与国民收入分配的份额，体现了政府参与国民经济的深度和广度，同时它也是衡量财政活动规模的重要指标。一定时期内的财政收入的总量和增长情况首先对公共支出的数量与结构形成基本的制约。但是这种制约关系的存在，应以正常的税收和其他预算收入形式所形成的财政收入来衡量，而不能将政府举债、向银行透支及财政性货币发行作为认识这一条件的基础。

2. 国民收入总量（或国民生产总值）。是指一个国家（或地区）的国民经济各部门在一定时期（一般为一年），以货币表现的全部社会最终产品和劳务价值的总和。在正常情况下，国民收入增长，财政收支都会因此而增加。但通过政府的举债，也可以在一定程度内使国民收入的总量支持财政支出规模的扩大及支出结构的调整。

3. 国家社会的基本需要支出和发展性支出。在计划年度内，财政应保证国家社会经济运行所必不可少的最低限量支出。同时，随着社会经济的发展和财政收入的增加，政府对发展生产、提高社会共同消费水平等方面的支出也会影响财政支出结构的调整。

4. 经济发展规律与社会经济制度。国家实施不同的经济制度可能形成不同的财政支出结构，但在现代以混合经济制度为特征的市场经济制度下，要求在发挥市场配置资源的基础性作用的条件下，实现政府对经济的适当干预，这也是影响现代各国财政支出结构的基本原因。

三、财政支出的分类

财政支出分类是指将财政支出的内容进行合理的归纳，以便准确反映和科学分析支出活动的性质、结构、规模以及支出的效益。常用的分类方法有下列五种：

1. 按财政支出的经济性质分类，财政支出可以分为：购买性支出、转移性支出。

购买性支出是指财政支出中用于直接表现为政府购买商品或劳务活动的支出，主要包括：购买用于进行日常政务活动所需的商品和劳务的支出，用于进行国家投资所需的商品和劳务的支出。

转移性支出是指财政支出中用于直接表现资金无偿、单方面转移的支出，主要包括：政府部门用于补贴、债务利息、失业救济金、养老保险等方面的支出。

2. 按财政支出在社会再生产中的作用分类，财政支出分为：补偿性支出、积累性支出和消费性支出。

补偿性支出指用于补偿生产过程中消耗掉的生产资料方面的支出，目前属于补偿性支出的项目，只剩下企业挖潜改造资金支出一项。

积累性支出指最终用于社会扩大再生产和增加社会储备的支出。如基本建设支出、工业交通部门基金支出等，这部分支出是社会扩大再生产的保证。

消费支出指用于社会福利救济费等，这部分支出对提高整个社会的物质文化生活水平起着重大的作用。

3. 按财政支出与国家职能的关系分类，财政支出可分为：

①经济建设费支出，包括基本建设支出、流动资金支出、地质勘探支出、国家物资储备支出、工业交通部门基金支出、商贸部门基金支出等；

②社会文教费支出，包括科学事业费和卫生事业费支出等；

③行政管理费支出，包括公检法支出、武警部队支出等；

④其他支出，包括国防支出、债务支出、政策性补贴支出等。

4. 按政府对财政支出的控制能力分类，财政支出可以分为：可控性支出、不可控性支出。

可控性支出是指不受法律和契约的约束，可由政府部门根据每个预算年度的需要分别决定或加以增减的支出，即弹性较大的支出。

不可控性支出是指根据现行法律、法规必须进行的支出，即刚性很强的支出，主要包括：失业救济、养老金、食品补贴、债务利息支出、对地方政府的补贴等项支出。

5. 按财政支出的受益范围分类，财政支出可以分为：一般利益支出、特殊利益支出。

一般利益支出是指全体社会成员均可享受其所提供的利益的支出，主要包括：国防支出、司法支出、行政管理支出等项支出。

特殊利益支出是指对社会中某些特定居民或企业给予特殊利益的支出，主要包括：教育支出、医疗卫生支出、企业补贴支出、债务利息支出等项支出。

四、财政支出的形式及一般原则

支出形式是指财政支出的方式和途径。在现代国家中，以财政支出安排后是否偿还为标准可将全部财政支出分为无偿性支出形式与有偿性支出形式。无偿拨款主要指财政资金在上下级财政之间的无偿调拨以及财政资金从财政部门向用款单位的无偿转移，是财政支出的最基本方式。对于国家各行政管理部门所需要的资金和国有非营利事业单位核定的支大于收的差额，通常采用无偿拨款的方式。有偿使用指以借出财政周转金和财政周转金放款的方式供应财政资金，用于有偿使用的财政周转金除来源于财政周转金收入外，主要以列支财政支出的方式设置和增补。财政支出的基本形式一般应是无偿性的形式。有偿性财政支出形式的产生则以政府公共支出压力增大为最直接的原因，同时，为提高财政支出效益，国家也可以将一些财政支出以有偿的形式加以运用。在实践中，政府有必要根据具体情况考虑财政支出形式的选择，为政府职能的实现服务。

财政支出种类繁多，涉及面广，在安排财政支出的过程中会遇到各种矛盾，这些矛盾主要有财政支出与财政收入的矛盾、财政支出中各项支出之间的矛盾、财政支出中如何讲求支出效益的矛盾。正确处理这些矛盾，必须遵循一定的准则，即财政支出的原则。

(一)效益原则

财政支出的效益原则首先强调的是宏观经济效益和社会效益，即要求通过公共支出对资源的配置，促进相关部门的发展来影响整个社会经济，使国家宏观经济状况不断得到改善。对财政支出中可以计算其直接经济效益的部分，仍然应尽可能地提高经济效益。同时，通过确定合理的财政支出的结构，讲求厉行节约也是提高财政支出的整体效益的重要组成部分。要加强财政监督，严肃财经纪律，堵塞漏洞，把每一笔支出落到实处。总之，财政支出的效益原则，是指财政支出应能够有助于资源的配置，促进经济效率的提高。

(二)公平原则

财政支出所强调的公平原则是指实现社会公平，具体表现为促进社会财富分配的相对合理，使每一个社会成员的基本生存需要和发展需要有相应的物质来满足。政府调整财政支出的结构和支持对象，建立政府转移支付制度，社会保障制度以及适当的财政补贴制度，这些都是实现社会公平的重要手段。在市场经济条件下，财富的分配取决于财产所有权和财富积累的分布状况；而收入的分配则取决于能力、职业训练和这些技能的市场价格。如果单纯依赖市场，则不可避免地会出现贫者愈贫、富者愈富的“马太效应”，从社会稳定角度出发，就要求进行社会财富的再分配，实现社会的相对公平。

(三)稳定原则

财政支出的稳定原则，是指国家安排财政支出应本着促进社会经济的稳定发展的原则。在市场经济条件下，单纯依靠经济规律的自发调整，市场体系无法有效协调其自身的所有活动使之达到平衡，这样必然会出现经济周期的兴衰更迭、失业和通货膨胀等现象。因此需要政府利用财政措施进行调节，通过财政支出规模、结构的变化来调节经济，引导经济运行方向，使其实现平稳的发展。

五、我国财政支出的原则

1. 量入为出的原则。财政支出的量入为出原则的基本含义是指政府应根据一定时期内(通常为一年)的财政收入总量合理有效地来安排财政支出，要力争做到财政收支基本平衡。这一原则要求从总体上看，体现了一国经济发展水平对财政支出的制约，是由国民经济有计划按比例发展和物资供求平衡的客观要求决定的。量入为出的财政思想植根于社会生产力发展水平及一定时期内社会总积累水平对财政分配的制约，也反映社会总产品特别是国民收入分配中的客观规律对财政分配的制约，这一点无论在自然经济、计划经济或市场经济条件下都是相同的。

2. 统筹兼顾，全面安排，按比例分配资金的原则。是指政府财政支出结构的安排，必须从全局出发，通盘规划，分清轻重缓急与主次先后，适当照顾各个方面发展的需要，妥善地分配财力，保证重点，兼顾一般，既不搞平均分配，又不顾此失彼。以保证政府各项职能的实现以及国民经济的协调发展。

3. 厉行节约，讲求经济效益原则。是指厉行人力、物力、财力和时间的节省，以提高财政支出的使用效益。贯彻该原则需要财政部门和社会双方的努力和配合。从财政部门来讲，需要严把预算关和加强对财政资金使用单位的日常管理。从社会方面讲，关键是建立健全的全方位的民主监督机制，保证财政资金的合理、有效利用。

六、购买性支出与转移性支出

（一）购买性支出

购买性支出是政府为实现其职能，利用国家资金在商品劳务市场中购买商品和劳务的支出，包括社会消费性支出和政府投资支出。这类支出是政府或公共部门对经济资源的索取和消耗，并直接增加社会总需求。购买性支出对国民收入的形成和增加具有重要影响。增加购买性支出，将直接增加个人收入，而个人收入增加的一部分将用于消费，使消费总量增加，消费的增加又促使国民收入的增加；反之亦然。

购买性支出是进行需求管理的有效办法。当社会总需求明显超过总供给，通货膨胀压力加大时，政府削减购买性支出，可以直接减少需求；当社会总供给大大高于总需求，资源不能充分利用时，政府扩大购买性支出，进行大规模采购，可直接增加需求。政府的购买性支出，从最终用途上看，可分为社会消费性支出和政府投资支出两大部分。社会消费性支出是为了保证政府履行管理职能花费的开支。政府投资支出是由政府利用来源于税收或国债的资金，对市场机制难以有效进行资源配置的基础建设和事关国计民生的一些投资项目进行的投资。

1. 社会消费性支出。社会消费性支出主要是指国家财政用于满足社会消费和非生产部门的个人消费的支出。包括行政管理、国防开支、抚恤和社会救济、文教卫生事业费支出以及事业单位职工工资支出等。它在财政支出中占有较大的比重。社会消费支出从性质上看属于非生产性的消耗性支出，并不形成任何资产，具有明显的外部效应。

社会消费性支出具有以下的特点：

社会消费性支出的内容包括：一是资金来源于政府财政收入；二是活动主体是政府及其机构；三是活动目的是为了满足社会一般公共消费需要。从社会公共消费支出的性质来说，它属于购买支出、非生产性支出。社会公共消费性支出能直接形成政府或政府机构的购买力，形成对社会商品和劳务的需求，但这些商品和劳务在消费过程中并没有创造出新的价值，因此，社会公共消费性支出又属于非生产性支出。

（1）行政管理支出：行政管理支出是指为保证国家权力机关和行政管理机关正常行使其职能而必须安排的经费开支。行政管理支出的数量和比重的变化，直接受国家财政组织结构和职能范围的影响，因此国家怎样设置政权机关和行政管理机关的构成与编制也就成为确定行政管理支出的基本依据。

①行政管理支出的主要内容决定于国家行政管理机关的结构及其职能。我国行政管理支出的内容有:行政支出、党派团体补助支出、外交支出等。

②行政管理支出的管理与控制。根据行政管理费既是必须的又是非生产性的特点,应该按照保障供给和厉行节约的原则,管好、用好这些费用。加强对行政管理费的管理与控制具有重要的意义。目前,我国的行政管理支出增长过快,占财政支出的比重偏高。原因是机构臃肿、人员过多、效率低下。为了加强对政府开支的管理与控制,要转化政府职能,坚持厉行节约的方针;要深化政治体制改革,精简机构;要提高机关的办事效率;加强社会集团购买力的控制与管理;要严格财务管理制度,认真控制行政费用开支。

(2)国防支出:国防支出是指财政用于国防建设、国防科研事业、军队正规化建设的支出。国家的一个重要职能就是抵御外来侵略,保卫国家安全和领土、主权的完整,国防支出是实现国家这一职能的能力保证。因此,国防开支在公共支出中有极为重要的地位,在许多国家,都将国防开支做为首要开支来安排。

(3)文教科卫事业支出:是指国家财政用于发展教育、科学、卫生等事业支出的总称。

教育支出包括义务教育支出和非义务教育支出,义务教育支出由政府负担,非义务教育支出由政府与受教育者共同承担。

科学支出包括基础科研支出(政府支出)和应用科学支出(由微观主体交换取得补偿)。

医疗卫生包括卫生服务支出和医疗事业支出。卫生服务支出由财政支出,例如:防疫站的各项开支;医疗事业支出由财政与享受者共同承担,例如:公费医疗开支。

2. 政府投资性支出。

(1)政府投资的特点。政府投资又称财政性投资支出,指以政府为投资主体、以财政资金为主要投资来源的政府投资活动,是社会总投资的重要组成部分。与部门投资相比,政府投资具有以下特点:

①政府居于宏观调控的主体地位,可以从社会效益和社会成本角度来评价和安排投资。政府投资可以不赢利或微利,但是,政府投资项目的建成,如社会基础设施等等,可以极大地提高国民经济的整体效益。

②政府投资的资金来源大多是无偿的,多投向长期项目和大型项目等国家重点建设的项目。

③政府投资可以且往往投资于具有外在型和社会效益而经济效益一般的项目。

总之,由于政府在国民经济中居于特殊地位,它可以而且应该将自己的投资集中于社会基础设施以及农业、能源、通讯、交通等有关国计民生的领域内。

(2)基础产业发展与财政投融资。无论是基础设施部门还是基础工业部门都具有初始投资大、建设周期长、投资回收慢的共同特征,这些特征决定了基础产业仅靠自身的积累来发展,远远适应不了国民经济发展的需要。因此,在向市场经济体制转换的过程中,保持政府对基础产业部门的适度投资水平,对于调整产业结构,提高社会经济效益的作用不可低估。与经济体制改革相适应,我国政府对基本建设投资先后实行了无偿拨款体制、"拨改贷"体制、"基金性"体制及国家现行投融资体制。在我国市场经济发展的现阶段,构建财政投融资体制具有非常重要的现实意义。

财政投融资是采取将财政融资的良好信誉与金融投资的高效运作结合起来的办法进行的融资和投资。是发挥政府在基础产业部门的作用的最佳途径。国外建立财政投融资制度,比较成功的经验是发展政策性银行。实际上政策性银行既不是银行,也不同于制定金融政策的国家机关,而是执行有关长期性投融资政策的机构,类似于开发署的性质。随着国家经济、财政、金融、投资体制改革的逐步深化,我国于 1994 年成立了三家政策性银行——中国国家开发银行、中国农业开发银行、中国进出口银行,来履行政府政策性金融职能。至此,国家基本建设投资改由国家开发银行统一管理。

(3)农业财政投资。农业财政投资是指国家财政用于发展农业、改善农业生产条件方面的支出。农业劳动生产力水平、农业所能提供的剩余产品数量,直接影响工业及科学教育、文化、卫生等各项事业的发展。

财政对农业的投资具有以下基本特征:

①以立法的形式规定财政对农业的投资规模和环节,使农业的财政投资具有相对稳定性。

②财政投资范围具有明确界定,主要投资于以水利为核心的农业基础设施建设、农业科技推广、农村教育和培训等方面。

③财政投资虽然是必需的,但一般占农业投资总量的比例较低。

农业财政投资是我国财政支出的重点。在我国目前情况下,政府从事农业投资十分必要,因为农业部门自身难以产生足够的积累,而且生产率较低,难以承受贷款的负担,更重要的是许多农业投资数额巨大、回收期长,牵涉面广,投资以后产生的效益不易分割,而且投资的成本及其效益之间的关系不十分明显。如大型水库和各种灌溉工程等,这些项目只适合于由政府来进行投资建设。因此可以说农业在国民经济中的基础产业地位及其特有的弱质性行业特征,决定了政府必须对农业的发展提供支持。

(二)转移性支出

转移性支出是政府为了实现社会公平的目标,单方面对居民或企业等微观经济主体的无偿性财政拨款。该项支出不以获得同等价值的商品或劳务补偿为目的,受益者得到政府的转移资金后也不需要返还给政府。转移性支出主要包括社会保障支出、财政补贴支出等。这类支出的发生显示了政府在公平收入分配方面的作用。

1. 社会保障支出。

(1)社会保障支出的性质。社会保障是指国家和社会依据一定的法律和规定,通过国民收入的再分配,对社会成员的基本生活权力予以保障的一项重大社会政策。社会保障支出则是指财政用于社会保障方面的支出。

(2)社会保障支出作为一种经济保障,具有以下几个基本特征:

①覆盖面的社会广泛性:社会保障是由政府在社会范围内组织实施的,受益面覆盖整个社会,为全体社会成员提供。因此,它只能由代表社会的政府组织通过立法来实现,而不能由商业组织举办。

②参与上的强制性：社会保障制度在任何国家都是以立法的形式加以保证的。

③目的的互济性：社会保障制度建立的目的是将个人的风险分散给社会。在现代的商品经济社会中，每个社会成员都承受着各种风险，但承受的程度各不相同，因此有必要依靠全社会的力量举办社会保障，以分散风险程度。

④本质的福利性：社会保障从性质上说属于社会公益事业，目的是造福社会，而不是盈利。因此社会保障绝不能商业化。社会保障基金必须专款专用，不能挪用。

(3)我国社会保障制度的主要内容

①社会保险：社会保险是国家通过立法的形式，由社会集中建立基金，以使劳动者在年老、患病、工伤、失业、生育等丧失劳动能力的情况下能够获得国家和社会补偿和帮助的一种社会保障制度。社会保险是国家根据宪法所制定的基本社会政策，具有法定性、保障性、互济性、福利性、社会性的特征。目前我国的社会保险是通过国家、企业、个人三方或企业和个人双方来共同承担的。

②社会福利：社会福利是指国家立法或政策规定保障全体公民在享受基本权力的基础上根据经济发展程度不断提高物质文化生活水平和生活质量而提供资金和服务的一种社会保障制度。

③社会救助：社会救助是最低层次的社会保障，保障最低生活，是社会保障体系的最低目标、最低纲领。社会救助是由政府对生活在社会低层的人给予救助、帮助其满足基本生存的需要。社会救助的项目有：灾民救助、城市低收入居民救助、农村五保户救助、城乡特殊对象救助、流浪乞讨人员救助等等。

④社会优抚和安置：它包括军人抚恤、军人福利、军属社区援助和军人就业保障等内容，也称为优抚安置，新型军人社会保障体系既照顾了军人的特殊性，如军属社区援助和军人退役安置，又保障了与整个社会保障制度接轨，因而是中国军人社会保障制度的发展方向。

2. 财政补贴支出。

(1)财政补贴的概念。这是国家为了执行特定政策以达到调控经济运动或稳定社会等目的，由财政安排专项基金向生产者、经营者和消费者提供的一种无偿资助。中国现行的财政补贴主要包括价格补贴、企业亏损补贴等。补贴的对象是国有企业和居民等。补贴的范围涉及到工业、农业、商业、交通运输业、建筑业、外贸等国民经济各部门和生产、流通、消费各环节及居民生活各方面。它具有政策性、价格的相关性、灵活性、收入效应与替代效应的兼并性几方面特征：。

(2)财政补贴的构成。财政补贴按补贴的项目可划分为：

①价格补贴。它在财政补贴中所占比例最大，最主要的内容是农副产品价格补贴。

②企业亏损补贴。是国家对一些因客观原因造成亏损的国有企业给予的补贴，以维持企业的生产经营。

③财政贴息。是国家对企业的某些用于规定用途的银行贷款，就其支付的贷款利息提供的补贴。它包括全额补贴和差额补贴。

④税收支出。是国家财政对某些纳税人和课税对象给予的税收优惠，包括减税、免税、退

税、税收抵免等。

⑤进出口补贴。是国家为体现产业政策，给予进口商和出口商或出口商品生产者的补贴。

(3)财政补贴的作用

财政补贴是在特定的条件下，为了发展社会主义经济和保障劳动者的福利而采取的一项财政措施。它具有双重作用：一方面，财政补贴是国家调节国民经济和社会生活的重要杠杆。运用财政补贴特别是价格补贴，能够保持市场价格的基本稳定；保证城乡居民的基本生活水平；有利于合理分配国民收入；有利于合理利用和开发资源。另一方面，补贴范围过广，项目过多也会扭曲比价关系，削弱价格作为经济杠杆的作用，妨碍正确核算成本和效益，掩盖企业的经营性亏损，不利于促使企业改善经营管理；如果补贴数额过大，超越国家财力所能，就会成为国家财政的沉重负担，影响经济建设规模，阻滞经济发展速度。

七、财政支出效益评价的原则和方法

财政收支过程实质上就是将部分社会财富集中的政府手中并由政府支配使用。国家在使用时，应当考虑如何支配方能促进经济的发展和社会财富的增加。也就是对财政支出的效益评价问题。只有当集中在政府手中的社会财富能够发挥最大的效益时，政府占有财富才是对社会有益的。财政支出要讲求效益，根本原因也就在这里。提高财政支出的使用效益是财政支出的核心问题。

(一)财政指出效益评价的原则

1."以合法性为前提"的原则。财政资金的取得和使用都必须符合国家有关的法律、法规和政策规定。但对于合法取得资金却无效益的项目，公共财政也不应予以支持。

2."项目资金安全、效益、公平"的原则。评价财政指出项目的好坏，首先看资金的运转是否安全，其次看资金的投入是否有效、最后看资金产生的影响是否公平。

3."以社会效益为主、兼顾经济效益"的原则。公共财政支出的性质和目的决定了公共财政支出必须将社会效益放在首要位置。效益评价在注重社会效益的同时，兼顾经济效益。

4."定性与定量相结合"的原则。可以用金额计量的财政支出项目用定量指标，如实现的利润、节约的财政资金、对社会的贡献率等等；不能用金额计量的财政支出项目用定性指标，如生态环境是否改善、基础教育水平是否提高、就业人数是否增加等等。

5."评价体系简便有效"的原则。设定的评价指标必须具有可操作性，能够提供简明易懂、文字清楚、数字准确的信息。

6."评价指标适应性"的原则。评价指标要随着时间、政策形式的变化而变化，适时调整。

(二)财政支出效益评价的方法

财政支出项目千差万别，衡量财政支出的效益需要多种方法，有一些支出项目，如水电站投资之类，其效益是经济的、有形的，可以用货币计量。对于此类财政支出的效益，可以采用"成本－效益"法进行分析。但还有一些支出，如军事、政治项目之类，成本虽然比较易于计算,但效益却不易衡量,而且,通过此类支出所提供的商品或劳务,不可能以任何形式进入市场交换。分析此类财政支出的效益,一般采用“最低费用选择法”。还有一些项目,如公路、邮电之类,成本易于衡量,效益难以计算,但通过这些支出所提供的商品或劳务,可以部分或全部地进入市场交易。对于此类项目,可以通过设计某种“公共服务收费法”或“公共定价法”来衡量和提高效益。目前中央财政支出效益评价的方法主要有以下几种:

1. 成本-效益分析法。通过比较多种支出的全部收益和成本来评价支出的经济效益。

2. 因素分析法。考查项目支出的直接费用和间接费用,将各种费用因素尽量列举出来,并同时将各种可能的直接收益与间接收益列举出来,加以综合分析。

3. 公众评判法。主要通过以下步骤进行:

(1)将评价项目的实现程度与评价标准对比,进行指标量化;

(2)赋予各指标不同的权重数,权重总和为100;

(3)用各评价项目量化的实际实现程度乘上各自的权重,得出评价的结果。

小　结

财政收入是财政活动的第一阶段,即组织收入、筹集资金阶段。财政收入是政府为满足支出的需要,依据一定的权力原则,通过国家财政集中一定数量的社会财富形成的收入。财政收入的作用重要从两个方面表现出来:一是收入作用;二是调节作用。组织财政收入的原则也就是筹集财政资金所依据的基本准则。筹集财政资金的过程,实质上是财政利用价值形式参与国民收入分配和再分配的过程。组织财政收入不仅关系到社会经济发展和人民生活的提高,也关系到正确处理国家、单位和个人三者之间和中央与地方两级利益的关系,还关系到不同对象的合理负担问题。为了处理好这些关系,在组织财政收入时,必须掌握好以下原则:一要发展经济,广开财源原则;二要兼顾三者和两级利益原则;三要区别对待、合理负担原则。目前我国财政收入的形式,重要包括税收、国有资产经营收益、国债、政府收费等。

财政支出是国家为了实现其政治职能和经济职能,将通过财政收入集中起来的资金,有计划进行的再分配活动。从本质上看,财政支出是以国家为主体,以财政的事权为依据进行的一种财政资金分配活动,它集中反映了国家的职能活动范围及其所发生的耗费。财政支出是政府的重要宏观经济调控手段。财政支出的原则包括效益原则、公平原则和稳定原则。财政支出的分类是指将财政支出的内容进行合理的归纳,以便准确反映和科学分析支出活动的性质、结构、规模以及支出的效益。常用的分类方法是按财政支出的经济性质分类,将财政支出分为购买性支出和转移性支出。购买性支出是政府利用国家资金在商品劳务市场中购买商品和劳务的支出,包括社会消费性支出和政府投资支出;转移性支出是政府为了实现社会公平目标单方面对居民或企业等微观经济主体的无偿财政拨款,该项支出不以获得同等价值的商品或劳务作为补偿目的,受益者得到政府的转移资金后也不需要返还给政府。转移性支出主要包括社会保障支出、财政补贴支出等。这类支出的发生显示了政府在公平收入分配方面的作用。财政收支过程实质上就是将部分社会财富集中在政府手中并有政府支配使用。由于国家能够集中使用的财富是有限的,只有当集中在政府手中的社会财富能够发挥更大的效益时,政府占有财富才是对社会有意的。财政支出要讲求效益,根本原因也就在这里。财政支出效益评价的方法主要有成本-效益分析法、因素分析法、公众评价法、综合分析法。

※ 思考题

1. 财政收入的概念及特征是什么?
2. 在筹集财政收入时应本着什么样的原则?
3. 财政支出不同的分类方法。
4. 财政支出中消费性支出的内容和特点分别是什么?
5. 财政支出效益评价的原则有哪些?

※ 练习题

一、名词解释

1. 财政收入
2. 财政收入的构成形式
3. 财政收入形式
4. 税收
5. 政府收费
6. 财政支出
7. 购买性支出
8. 转移性支出

二、选择题

1. 财政收入的形式主要包括(   )。

A. 税收　　B. 国有资产经营收益

C. 国债　　D. 政府收费

2. 组织财政收入的基本原则包括(   )。

A. 区别对待、合理负担原则　　B. 充足原则

C. 量力而行原则　　D. 兼顾三者和两级利益原则

3. 财政收入的来源结构可以从以下几个方面加以分析(   )。

A. 财政收入的所有制构成　　B. 财政收入的形式构成

C. 财政收入的产业部门构成　　D. 财政收入的价值构成

4. 政府对财政收入形式的选择,将受到下列因素的影响(   )。

A. 社会经济制度的特定约束　　B. 公共产品供给的特殊性

C. 调节社会经济平衡的需要　　D. 短期融资的需要

5. 财政收入的作用(　　)。

A. 收入作用　　B. 支出作用

C. 调节作用　　D. 限制作用

6. 财政支出按经济性质分为(　)。

A. 生产性支出　　B. 补偿性支出

C. 积累性支出　　D. 非生产性支出

7. 国家在安排财政支出时相应地要遵循的原则有(　)。

A. 效益原则　　B. 平均原则

C. 公平原则　　D. 稳定原则

8. 社会消费性支出主要包括(　)。

A. 行政管理　　B. 国防开支

C. 文教卫生事业费支出　　D. 社会保障支出

9. 财政支出效益评价的原则包括(　)。

A. 厉行节约,讲求经济效益的原则　　B. 项目资金安全、效益、公平的原则

C. 定性与定量相结合的原则　　D. 评价指标经济性原则

三、判断题

1. 财政收入是财政分配的第一阶段,也是财政分配的基础环节。(　)

2. 筹集财政收入原则中"兼顾两级利益"的两级是指国家和企业这两级。(　　)

3. 按取得收入的依据可将财政收入分为:来自国有经济、集体经济以及各种非国有经济收入。(　)

4. 财政收入主要来源于社会总产品价值构成中剩余价值部分。(　)

5. 组织财政收入时应本着有利于国家和单位二者的原则。(　)

6. 按财政支出的经济性质分类,财政支出可以分为:可控性支出和不可控性支出。(　)

7. 财政支出形式是指财政支出的方式和途径。(　)

8. 财政支出的效益原则,是指国家安排财政支出应本着促进社会经济的稳定发展的原则。(　)

9. 我国于1994年成立了三家政策性银行:中国交通银行、中国农业开发银行、中国进出口银行。(　)

10. 财政支出效益评价的方法中因素分析法是通过比较多种支出的全部收益和成本来评价支出的经济效益。(　　)

四、案例分析:

(一)资料:

预算报告提出2007年中国中央财政8项重点支出安排

两会新华网快讯:第十届全国人民代表大会第五次会议审查并批准了国务院提出的《关

于2006年中央和地方预算执行情况与2007年中央和地方预算草案的报告》,批准2007年中央预算。

关于2007年中央和地方预算草案,报告说,2007年预算的主要指标安排为:中央财政总收入24421.08亿元,比2006年增加3188.77亿元。中央财政总支出26871.08亿元,比2006年增加3388.82亿元。2007年全国财政收入44064.85亿元,比2006年增加5334.23亿元;全国财政支出46514.85亿元,比2006年增加6301.69亿元。

报告还确定了2007年中央财政重点支出安排和主要财税政策:继续适当减少中央财政赤字,调整和优化政府投资使用方向与结构;强化各项支农惠农财税政策,加快社会主义新农村建设;大力推进机制和政策创新,着力支持解决“上学难、上学贵”的问题;多种措施和政策并举,积极支持解决“看病难、看病贵”的问题;突出帮助解决基本民生问题,切实加强就业再就业和社会保障等工作;完善财税政策,加快经济增长方式转变;积极配合企业所得税两法合并等改革,进一步完善社会主义市场经济体制;加大转移支付力度,提高地方政府提供基本公共服务的能力。

报告还提出要采取五个方面的措施,确保圆满完成2007年预算。

(二)依据上述资料,请回答:

1. 结合所学的购买性支出和转移性支出的知识,谈谈报告中确定的中央财政8项重点支出分别属于其中的哪类?

2. 谈谈报告内容,是从哪些方面体现财政支出原则的?

3 第三章 财政管理

◆　**学习目标**

了解政府预算的概念、特征；了解财政管理体制的概念、原则；理解政府预算的组成及分类；财政管理体制的类型及内容；掌握我国现行的分税制财政管理体制的内容；了解国库集中支付制度的有关内容。

◇　**案例导入**

布什向美国国会提交2008财政年度预算报告

新华网华盛顿2007年2月5日电　美国总统布什5日向国会提交了2008财政年度的政府预算报告。这份预算的主要特点是增加国防开支，同时削减国内其他一些项目开支以降低财政赤字。美国下一财年预算将于今年10月1日开始执行。

预算报告显示，美国政府2008财年的收入约为2.66万亿美元，比本财年增加4.7%。财政开支约为2.90万亿美元，比本财年增加4.3%。财政赤字为2390亿美元，比本财年下降2%。赤字额相当于美国国内生产总值的1.6%，低于本财年的1.8%。

美国政府财政赤字在2004财年曾达到创纪录的4130亿美元，此后逐年下降。布什政府预测2007财年政府财政赤字将为2440亿美元，略低于2006财年的2480亿美元。新的预算报告估计，今后几个财年里政府财政赤字将持续下降，到2012财年有望转为盈余。

在降低财政赤字的同时，预算报告还要求将布什政府在2001年和2003年实施的减税政策永久化。为实现上述目标，预算报告对国防部以外政府部门的开支进行控制，大多数部门2008财年的预算开支仅略有增加，有的甚至有所减少。其中预算计划取消或大幅度削减开支的政府项目达141个。

在国防开支方面，预算报告提出总额为7165亿美元的军费申请，其中2351亿美元将用于支持今明两年美国在伊拉克和阿富汗的军事行动。

预算报告还要求获得1.68亿美元用于扩大美国的战略石油储备能力，将储备能力提高到7.27亿桶。同时，政府还计划通过降低支持价格等手段在未来10年将农作物补贴削减45亿美元。

美国国会将在今后几个月就布什的预算报告进行讨论。分析人士认为，尽管布什提出要降低财政赤字，但民主党对布什通过压缩政府项目开支来维持减税政策的做法感到不满，并且指责布什的减税政策可能在2012财年后导致政府财政状况恶化。因此，预算报告可能在目前由民主党控制的国会引起激烈的辩论。

以上案例告诉我们，现代各国政府已经在很大程度上普遍参与到社会生活中的各个方面，并在从中扮演着一个极其重要的角色，政府为了实现其职能，必须合理地计划财政收入、财政支出及其结余，即所谓的政府预算。政府预算在国家财政中的地位如何，又发挥着怎样的功能？国家应如何构建财政管理体制？2001年，我国开始推行国库集中支付制度，它主要包括那些内容？

第一节　政府预算

一、政府预算的概念

英国是世界上最早确立现代政府预算的国家。因为，英国是资本主义发展最早、议会制度形成也最早的国家，有着产生政府预算制度的经济、社会基础。1832年，英国编制了世界上第一个政府预算——“联合王国综合基金”，从此，执政党的政府财政收支必须编列计划，并经议会批准方能生效。我国的政府预算产生于20世纪初期。1908年，清政府颁布了《清理财政章程》，明确提出要编制政府预算。我国历史上第一次编制的政府预算，是由清政府的清理财政局主持，于1910年编制的。新中国成立后，周恩来总理亲自主持编制了“中华人民共和国1950年国家预算”，并于1951年发布了《预算决算暂行条例》，这标志着新中国的政府预算制度从此建立起来了。

政府预算是指国家以政权体现者的身份取得财政收入，为维持政府活动、保障国家安全和社会秩序、发展社会公益事业而发生财政支出所形成的预算。国家预算是指具有法律规定和制度保证的、经过法定程序审批的国家年度财政收支计划，这是国家财政发展到一定阶段而形成的新财政范畴，是国家财政的核心。由以上的定义我们可以看出政府预算和国家预算的内容是有区别的，但是在日常经济生活中我们经常把政府预算和国家预算这两个概念等同起来使用。

二、政府预算的功能及特征

（一）政府预算的功能

政府预算是政府获得和使用资源的计划。它既是政府的基本财政计划，又是政府财政实现计划管理的工具。

作为政府的基本财政收支计划,它的功能首先是反映政府的活动范围和财政收支状况。从形式上看,政府预算就是按一定标准将财政收入和财政支出分门别类地列入特定的表格。它不仅表明了政府各部门及其机构是如何使用其经费的,也表明了政府的各项收入是从何种来源筹措的。从实际经济内容看,政府预算的编制是政府对财政收支的计划安排,预算的执行是财政收支的筹措和使用过程,预算的决算是政府预算执行的总结。所以,政府预算反映了政府介入经济活动的范围、方向、规模和程度。

政府预算又是政府财政实现计划管理的工具,这一重要功能体现在它对财政支出的控制上。政府预算是控制财政支出规模的一个有效手段。一方面,政府的全部收支项目都纳入政府预算,政府预算能够全面地反映政府的收支状况;另一方面,政府预算作为公共选择的一项重要内容,必须经过国家立法机关的审批才能生效,并最终形成国家的重要立法文件。这就使得政府的支出被置于公民、立法机关的监督和制约之下,从而形成了对政府财政支出规模的有效控制。

(二)政府预算的特征包括以下方面:

1. 预测性。在编制预算时,要根据对社会经济发展的预计,预测收入的总量,并根据社会管理和发展的需要安排支出。当客观经济形势发生意想不到的变化,原来预计能取得的收入和安排的支出已不能实现时,就要及时对预算进行调整。

2. 法定性。国家预算不同于一般意义上的预算,一般意义上的预算由当事人自行决定即可,国家预算的编制和确定都必须依照一定的法律程序进行。一般情况下,都是由政府编制,由国家权力机关批准。政府编制的预算只能称草案,只有经过权力机关批准后,预算才得以成立。预算一经权力机关批准,即成为具有法律效力的文件,执行机关必须照此执行,非经法定程序,不得改变。

3. 完整性。国家预算是政府的基本财政计划,一般地说,政府所有的收入和支出都必须纳入进来。我国由于历史的原因和管理的需要,目前还有相当一部分政府收支没有纳入预算。

4. 时段性。国家预算必须是未来一段时期内的计划,只要国家存续,就需要不停地进行收支活动,以维持其正常运转,实现其职能。但为了方便核算和管理,人们往往要设定一定的时段,这种时段一般以一年为界。这种时段在企业为会计年度,在国家预算上称为预算年度亦称财政年度。预算年度的起讫时间各国不一,有的采取日历年度即从每年的 1 月 1 日起至 12 月 31 日止,如中国、俄罗斯、法国、德国、意大利、西班牙等国家;有的采用跨历年制,如我国的香港地区、英国、日本、加拿大、印度等国,是从每年的 4 月 1 日起至第二年的 3 月 31 日止的预算年度;澳大利亚、巴基斯坦、埃及等国,则采用从每年的 7 月 1 日起至第二年的 6 月 30 日止;而美国、泰国、尼泊尔等国,则采用从每年的 10 月 1 日起至第二年 9 月 30 日止的预算年度。

三、政府预算的组成及分类

(一)政府预算的组成

政府预算的组成,是指政府预算的组织结构。政府预算的组织结构,可以从纵向和横向两方面来了解。从纵向角度来看,我国政府预算是与国家政权的分级管理,行政区域的划分确定相适应的。凡是一级政权都应有一级财政,有一级财政就要相应建立一级预算,体现财权和事权相结合的原则。我国《预算法》规定,我国实行一级政府一级预算,这是设立各级预算的法律依据。一级预算的具体含义有两方面:一是统筹安排本级的预算开支;二是独立编制本级财政的预算和决算。世界各国大多实行多级预算。我国政府预算由中央预算和地方预算所组成。地方预算由省(自治区、直辖市)预算、市(自治州)预算、县(自治县、旗)预算和乡(民族乡、镇)预算组成。

政府预算的纵向组成如下图所示:

- 政府预算
  - 中央预算
  - 地方预算
    - 省、自治区、直辖市预算
    - 设区的市、自治州预算
    - 县、自治区、旗、不设区的市、市辖区预算
    - 乡、民族乡、镇预算

中央预算在政府预算体系中占主导地位

(1)中央预算是中央政府的财政收支计划,集中了政府预算资金的40% ~60%,而中央政府担负着全国宏观经济调控的重任,中央政府应当在财力上占主动地位,这样才能在经济上支配和调控地方政府的行为。

(2)中央政府要负责国防、外交、科技文化、国家重点建设、社会福利等全国性公共需要方面的开支,从而需要中央预算能够筹集一定规模的资金。

(3)中央预算还担负着调剂各个地方预算余缺,促使其实现预算收支平衡的任务,并担负着支援少数民族地区和经济不发达地区迅速发展经济和文化事业的任务,因而需要大量的资金。

地方预算在政府预算体系中占有重要地位

(1)政府预算收入中大部分依靠地方预算负责组织,政府预算支出中一半以上支出通过地方预算拨付,地方预算任务完成得如何,对整个政府预算有着重要影响。

(2)地方预算担负着地方各项经济、文化建设,以及城市建设资金的拨付和管理,对城乡及少数民族地区的建设负有直接的责任。

(3)地方预算的各项收支与广大群众的利益有更直接的联系,它对贯彻党的各项方针、政策,不断提高人民群众的物质文化水平发挥着重大作用。

从横向来看,一级预算具体可以分为总预算、本级预算和单位预算。一级预算由本级预算和下级总预算组成。本级预算由各部门单位预算组成。预算由各级主管部门所属行政事业单

位预算汇编而成。行政事业单位预算，是经批准的各级政府机关及所属行政事业单位在某一预算年度内的收入与支出计划，是政府预算的重要组成部分和处理政府财政与行政事业单位预算资金缴拨的基本依据。

（二）政府预算的分类

随着社会政治经济生活的日益丰富和财政分配的复杂化，政府预算逐渐演变成具有多种预算形式和多种预算方法的一个复杂体系。对预算进行科学地分类，是进一步认识和研究政府预算的前提，也是我国合理地吸收和借鉴先进预算形式和预算管理方法的客观需要。

政府预算按形式可以分为单式预算和复式预算

1. 单式预算。单式预算是一种传统的预算组织形式，它是指政府财政收支计划汇编在一个统一的总预算表格中，而不去区分各项或各种财政收支的经济性质。我国自成立以来，一直采用单式预算制度。

单式预算的优点主要表现为：

（1）将政府全部预算收支汇总在一个预算表内，能简单明了地反映政府年度内预算收支全貌，从整体上说明其构成；

（2）有利于立法机关对政府的支出水平予以适当的限制，避免支出浪费，最终达到控制政府活动范围和规模，减轻公众财政负担的目的；

（3）便于立法机关审议和社会公众的了解和监督。

单式预算的缺点主要表现为：

（1）没有对政府财政收支按其经济性质分列和分别汇集平衡，不能满足对政府财政收支进行经济分析和有选择宏观控制的需要；

（2）不能充分反映财政资金的使用效果。单式预算下，政府预算支出往往按用途进行分类编制，而不是按政府提供服务的性质分类，因而很难计算政府某项服务的成本，对某部门业务的处理也很难了解；

（3）在现代政府财政活动中，财政资金分配渠道和分配方式日益多样化，特别是政府财政信用规模的扩大，使单式预算难以完整地反映政府财政活动的真实情况，易于产生虚假现象，因而其简单、直观和明了的优势已转变为其不能满足现代财政管理需要的劣势。因此，我国于1992 年开始实行复式预算。

2. 复式预算。复式预算是在单式预算的基础上产生和发展起来的。预算年度内，把全部的预算收支按其经济性质的不同，分别汇编于两个或两个以上的表格中，并使每个预算收入和预算支出之间具有相对的稳定关系。复式预算的主要形式有：经常性预算和资本金预算；正常性预算和非正常性预算；循环预算和非循环预算等。其中最典型的就是经常性预算和资本金预算。

复式预算相比于单式预算明显地存在着一些优点：

（1）克服了单式预算将政府的行政经费与建设资金两种管理性质不同的政府开支混在一起的缺陷，有利于控制行政经费的非正常性增长，便于政府权衡支出性质，比较合理地安排使用各类资金，有利于经济分析和科学的宏观决策与控制。

(2)有利于发挥政府在促进资本形成中的作用。

(3)有利于政府按照经济周期来安排政府资本性支出，便于对经济进行有选择地宏观调控。

(4)在复式预算结构下，国债是资本预算的重要资金来源，国债与政府投资政策的有机结合，有利于促进资源的合理配置和经济发展，便于政府与经济发展计划的衔接，有利于长期计划的制定和政府活动成本的核算。

但是，复式预算也有一些缺点：

(1)复式预算制度对财政赤字的反映比较模糊。

(2)复式预算易产生政府资本支出过度膨胀的现象。

(3)在收支性质划分上的交叉，为预算编制带来了技术上的困难。

政府预算以内容和计量上的差别作为依据来划分，可分为增量预算和零基预算。

1. 增量预算。增量预算，指新的财政年度的收支计划指标以上年度指标执行数为基础，并在考虑本年度的实际情况之后调整确定的预算。它与零基预算是对应的。事实上，零基预算通常只用于具体收支项目，还未成为一种确定的编制政府预算的一般方法。从世界各国的预算实践看，无论是单式预算还是复式预算，主要仍采用增量预算法。

2. 零基预算。零基预算，指财政收支计划指标的确定，只以当时社会经济发展的实际为依据，不考虑以前的财政收支状况，但零基预算还未成为编制预算的一般方法，通常只用于具体收支项目上。理解这一概念要把握三点：

(1)简单地说，零基预算就是在编制预算时一切从零开始。

(2)严格地说，是指在编制年度预算时，对每个部门的工作计划进行全面审核，然后再确定各部门的资金量。也就是说，不仅对年度内新增任务进行审核，而且要对以前年度确定的项目进行审核。

(3)在评估过程中，有的项目可能是一切从零开始；但大多数是对原方案做一些修订。

政府预算由单式预算转向复式预算，是社会经济形式发展迫使政府活动范围不断扩大的结果，也是政府赤字财政即非平衡性财政的预算政策合法化的客观要求。我国的政府预算过去一直是单式预算。随着经济改革的深入发展，国民收入的分配结构及财政收支结构相应发生了巨大变化。为此，1991 年 3 月第七届全国人民代表大会第四次会议通过的《国民经济和社会发展十年规划和第八个五年计划纲要》明确规定，“八五”期间政府预算要实行复式预算的形式，并于 1992 年在中央和省级财政开始试编。1994 年 3 月第八届全国人民代表大会第二次会议审议通过的、1995 年 1 月 1 日正式实施的《预算法》第二十六条规定“中央预算和地方各级政府预算按照复式预算编制”。并进一步明确规定各级政府复式预算分为政府公共预算、国有资本金预算、社会保障预算和其他预算。但在具体实践中，我国政府的复式预算制度则分为经常性预算和建设性预算，在编制上主要仍采取增量预算的方法。预算管理的范围、预算管理和分析的方法并没有改变，财政的职能也并未得到分类管理和加强。因此，必须适应社会主义市场经济的需要，真正建立起具有中国特色的多元复式预算体系。

四、政府预算的原则

政府预算原则是指国家选择预算形式和体系应遵循的指导思想，也就是制定政府财政收支计划的方针。预算原则是伴随着现代预算制度产生而产生，并且随着社会经济和预算制度的发展变化而不断变化的。时至今日，影响较大并为世界大多数国家所普遍接受的原则主要有以下五点：

1. 完整性原则。预算的完整性是要求国家预算应包括政府的全部预算收支项目，完整地反映以国家为主体的全部财政资金收支活动情况，不允许在预算之外存在任何以政府为主体的资金收支活动，国家允许的预算外支出，也应在预算中有所反映。预算的完整性是建立规范化、法制化预算的前提条件。

2. 统一性原则。预算是政府宏观调控的重要杠杆，保证预算的统一性是加强预算管理和增强政府宏观调控能力的必要条件。各级政府都设有财政部门，也有相应的预算，但这些都是政府预算的组成部分，所有地方政府预算连同中央预算一起共同组成统一的国家预算。这就要求设立统一的预算科目，每一个科目都要严格按统一的口径、程序计算填列。

3. 真实性原则。预算的编制和执行要以国民经济和社会发展计划为依据，违背客观经济规律而进行预算的编制和管理，将有碍于国民经济和社会发展的良性循环。预算的真实性要求预（决）算的各项数字必须运用科学的计算方法，依据充分，数据确定，不得假定、估算，更不能任意编造。

4. 公开性原则。预算涉及社会方方面面，涉及全社会每一个纳税人的利益，关系到每一个部门和单位的事业发展，因此，以适当的形式公开预算，使全社会了解预算，参与预算，加强预算监督力度，是预算管理活动的基本要求，也是预算民主化进程的关键环节。为了实现预算的公开性，政府预算及其执行情况必须采取一定的形式公诸于民，让人民了解财政收支状况，并置于人民的监督之下。

5. 年度性原则。政府在编制预算时必须遵循年度性原则，这一预算要反映全年的财政收支活动，同时不允许将不属于本年度财政收支的内容列入本年度的政府预算之中。

6. 法律性原则。政府预算的法律性原则是指编制的政府预算一经国家最高权力机关批准之后就具有法律效力，必须贯彻执行。

第二节　财政管理体制

一、财政管理体制的概念

财政管理体制，是国家在处理中央与地方以及地方各级政府政府之间划分财政收支范围和财力财权的各种制度的总和。其主要内容就是划分各级财政收支范围和管理权限。各级财政收支范围职权的大小，反映了政府之间在财政分配中，集权和分权、集中和分散的关系。

财政管理体制的实质是正确处理财政分配中的集权和分权的关系。我国是社会主义国家，国家的各项职能是由中央政府和地方政府共同去完成的，国家的性质决定了中央集权和地方分权的根本利益是一致的。但是在一致的前提下，由于所负担的任务、所处的地位不同，在国民经济运行中所起的作用不同，在财政资金的分配和管理权限上也存在一定的矛盾。财政资金在中央和地方之间的划分既要调动地方发展经济的积极性，发挥地方优势，又要有利于国民经济的宏观调控，有利于提高宏观经济效益。因此，必须通过财政体制明确划分财政资金在中央和地方之间各自的收支范围。

二、建立财政管理体制的原则

由于财政管理体制的模式是由一定的经济体制和国家政府结构所决定的，在不同的经济体制和国家政府结构下，政府管理体制会出现不同的模式。我国是一个政体统一的单一制国家，政治上实行民主集中制，经济上实行社会主义市场经济体制，这就决定了我国在建立财政管理体制上，必须遵循以下原则：

（一）统一政策与分级财政相结合原则

统一政策与分级财政相结合原则是建立财政管理体制的基本原则，也是民主集中制原则在财政管理体制中的具体体现。统一政策，就是指财政管理的方针政策、全局性法律法规、重大的改革措施均由中央统一制定、颁布实施。分级财政，是指在统一的财政政策和法规下，各级政府在财政管理方面具有各自独立的职责、权限、收支范围和财政预算。统一政策，分级财政，即有利于强化中央财政的宏观调控能力，也有利于调动地方政府财政管理积极性，与我国当前政治经济体制相适应。

（二）规范性与灵活性相兼顾原则

这项原则主要是针对中央政府和地方政府之间的财权关系而言的。我国的地域辽阔，各地区间的财政状况颇为悬殊。如果一味地强调规范性就很难解决各地区存在的实际问题，从而出现各地区间的发展不平衡状态。因此，中央政府对同一级的地方政府的财政管理，在强调规范化的同时，还必须辅之以一定的灵活性。这样，才既有利于维护财政管理体制的统一性，又有利于照顾到地方的特殊性。

（三）独立性与约束性相协调原则

在社会主义市场经济条件下，各级地方政府必然在物质利益、行为目标、行为方式上存在着相对的独立性和差异性。这种独立性和差异性，在规范的财政管理体制中均应体现出来。独立性有利于强化各级政府预算管理意识和激励机制的形成，有利于提高财政预算管理效率，有利于推动平等的横向联合，最终促进社会经济快速、高效地发展。但是为避免各级政府在利益机制驱动下，在追求自身行为目标最大化实现的过程中，产生的行为与整个社会经济目标偏差的负效应，在确立各级政府相对独立的财政主体地位时，还必须建立相应的约束机制，使各级政府在服从中央政府整体利益的前提下实现自身的局部利益。

三、财政管理体制的类型及内容

（一）财政管理体制的类型

1. 集权性财政管理体制。集权性财政管理体制，又称“统收统支”制度。是一种高度集中的财政管理体制。集权性财政管理体制的主要特征是：（1）地方财政收入统一上缴中央，地方一切支出需经中央核准，统一拨付；（2）财政管理权限高度集中于中央，地方财政只是中央财政的延伸，负责执行中央统一的财政政策，没有或仅有少许财力；（3）地方不是一级独立的预算，上级财政预算与下级财政预算是一种包含关系。我国在新中国建国初期的 1950～1952 年实行过这种预算，新加坡、摩纳哥等只有一级政府的国家也实行这种体制。

2. 分权型财政管理体制。分权型财政管理体制是建立在典型的分权政体基础之上的。分权型财政管理体制的主要特征是：（1）各级政府分别对财政、预算、税收等方面进行管理，并独立、自主地行使财政管理权限；（2）明确划分各级政府的职责及支出范围，中央政府与地方政府的联系也只体现在极有限的补助上；（3）在财政收入的划分上，一般实行分税制，即分别税种、分设税局、分别征收、分别管理的体制；（4）各级预算独立编制，自求平衡，相互之间不存在包含与被包含的关系。分权型财政管理体制主要存在于典型的联邦制国家如美国、加拿大等。

3. 集权与分权结合型财政管理体制。集权与分权结合型财政管理体制，是一种在强调中央集权占主导地位的前提下实行分级管理的体制。集权与分权结合型财政管理体制的主要特征是：（1）按照“有一级政府、有一级预算”的原则，在中央统一立法、统一政策、统一计划的前提下，以政权级次划分预算级次，实行分级管理。在分级管理中，中央政府属于主导地位。（2）根据中央政府和地方政府的职责分工和企事业单位、行政单位的隶属关系确立各级政府的财政支出范围。（3）以分割税收或其他形式在中央政府与地方政府之间进行财政收入范围的初次划分。（4）按照财权与事权相对称原则，由中央政府统一进行区域间的财力调剂。凡收入大于支出的地区，向中央政府上缴收入；凡支出大于收入的地区，由中央政府予以补助。中央预算另设专项拨款，由中央集中支配。此类财政管理体制既存在于联邦制国家如德国，也分布在某些单一制国家如日本，我国现行财政管理体制也归属于此类。

（二）财政管理体制的内容

1. 政府间职权的划分。财政管理体制中规定各级政府的财力财权、划分财政收支范围的主要依据是中央政府与地方政府间的职权划分。中央政府与地方政府的职权划分，应充分考虑二者的职责和社会公共需要的受益范围。

中央政府作为全民整体利益和一国政府意志的代表，提供全国性公共需要是其责无旁贷的职责。相应地，要满足全国性公共需要的需求，其应尽力做到：（1）实现全国范围内资源的有效、合理配置。包括：提供跨省际的基础设施，对外溢性强的公共需要的供给加以调节；资助基础性科学研究；制定和实施国家的产业政策，保证社会资源的配置符合国家的发展战略等等。（2）实现收入的公平、合理分配。参与个人收入再分配的职能，主要应由中央政府承担。

中央政府通过对个人收入实行累进征税和转移性支出的方式参与收入分配,减轻市场机制作用下可能造成的两极分化程度,缓和社会矛盾,满足社会成员基本的生存和生活需要。(3)实现经济稳定增长。实现经济稳定增长要求中央政府有目的地协调运用财政和货币政策,产生组合效应予以实现。

地方政府是整个国家机构体系中的重要组成部分。地方政府代表着本地区居民利益,其职责是为本地区居民提供区域性公共需要。具体表现在:(1)有效、合理配置区域内资源,为本区域内的企业生产和居民生活创造良好的外部环境。(2)进行二级调控,促进地方经济的协调、有序发展。如果说经济运行中的调控主体具有层次性,则中央政府属于一级调控主体,地方政府是二级调控主体。作为二级调控主体的地方政府,其调控作用体现在:一是进行区域性调控,发展地方经济、协调区际经济关系等;二是作为政府调控系统中的一个环节,执行和落实中央政府的调控政策,充分发挥中介作用,确保一级调控信息传递的准确性和灵敏性,提高经济决策和调控措施的时效性,并使宏观调控更符合地方的利益。

2. 预算管理权限。在财政管理体制中,预算管理体制是主导环节,反映着国家各级政府间财政关系的主要方面。因此,在财政管理体制中各级政府的财政管理权限,主要由相应的预算管理权限表现出来。我国《预算法》对各级立法机关、政府及其财政部门的预算管理权限均作了明确界定。

(1)立法机关的预算管理权限。我国立法机关是由各级人民代表大会及其常设机构即由各级人民代表大会常务委员会组成。各级人民代表大会审查本级总预算草案和本级总预算执行情况的报告,批准本级预算和本级预算执行情况的报告;改变或撤消本级人民代表大会常务委员会关于预算、决算的不适当的决议;撤消本级政府关于预算、决算的不适当的决定和命令。其中全国人民代表大会还要审查地方预算草案和地方预算执行情况报告。

(2)各级政府的预算管理权限。按照法律规定,中央政府和各级地方政府的主要预算管理权限有:编制本级预算、决算草案;向本级人民代表大会作关于本级预算草案和地方预算草案(对中央政府而言)或关于本级总预算草案(对地方政府而言)的报告;将下一级政府报送备案的预算汇总后报本级人民代表大会常务委员会备案;组织本级预算的执行和下级预算的执行;决定本级预算预备费的动用;编制本级预算的调整方案;监督本级各部门和下级政府的预算执行;改变或撤消本级各部门和下级政府的预算执行;改变或撤消本级各部门和下级政府关于预算、决算的不适当的决定、命令;向本级人民代表大会常务委员会报告本级预算和下级预算的执行情况。

(3)各级政府财政部门的预算管理权限。我国的预算具体执行部门是各级政府财政部门。按照法律规定。包括中央财政部在内的各级政府财政部门,具体负责编制本级政府预算、决算草案;具体组织本级和下级预算的执行;提出本级预算预备费动用方案;具体编制本级预算的调整方案;定期向本级政府和上一级财政部门(后者属地方各级财政部门的职责)报告本级预算和下级预算的执行情况。

3. 政府转移支付制度。政府间的转移支付制度,是中央政府为均衡各地方政府的财力状况,协调地区间的经济发展,对全国整体经济实施宏观调控,将中央掌握的一部分财力采取无偿补助的方式转移给地方政府的一种调节制度。在各国的具体实践中,政府间的转移支付最常见的形式是财力从高一级的政府流向低一级的政府,其实质是上一级政府对下一级政府的财力补助。

在我国,建立规范化的政府间转移支付制度有其客观必要性,表现在:

(1)我国各地区生产力发展水平不一,客观上存在着各地区财力能力上的差异,需要中央政府采取转移支付的方式均衡财力;

(2)地方各政府在财政支出和投资中有其优先和侧重,而这与全国范围内通盘考虑的投资侧重,以及投资项目的筛选标准可能会有所矛盾。

根据我国的实际情况,政府间的转移支付可以采取以下方式:

(1)体制补助,这是从分税制财政管理体制改革以前的分级包干体制中保留下来的,这是一种无条件的转移支付。

(2)专项补助,这是中央政府对地方政府的专项拨款,地方政府必须把这部分资金用于中央政府指定的项目上。

(3)税收返还,这是在1994年全国推行分税制财政体制后,为了保证地方政府的既得利益,实行了中央政府对地方政府的税收返还。

(4)公式化补助,从中央财政收入增量中拿出一部分资金,选择一些对地方收支影响较大的客观性因素及主观性因素,采用相对规范化的计算方法,实施对各地的转移支付。

小知识

当前世界上实行的转移支付制度,基本上有三种类型:

(1)美国的补助金制度。补助形式分为一般补助和专项补助两种,前者不限用途,补助数额按因素法设计出规范化的计算公式,分别计算出各州的补助数额,没有讨价还价的余地;后者是指定用途或附加一定的条件,体现中央的宏观调控政策。

(2)德国的财政平衡法。分为纵向平衡和横向平衡。前者指联邦与州之间的平衡,主要是靠调整增值税在中央与地方之间的分成比例来调剂,各州享受的分成比例不同。后者是指洲际平衡,按照一定的标准将各州分为富州和贫困州,富州要上交一部分收入,用于专门补助贫困州。

(3)日本的税收返还制度。日本设置三个税种实行税收返还,即国家让与税、国家下拨税和国库指出金。“国家让与税”共分五个税种,由中央统一征收,按一定比例下拨地方使用,专用于航空交通。“国家下拨税”指税种的个人所得税、法人税和酒税,按一定比例拨给地方,用于平衡各地方预算。“国库指出金”类似于美国的专项补助。

四、我国现行的分税制财政管理体制

预算管理体制的核心问题是各级政府之间的收支划分。我国预算管理体制进行过多次改革,总体上是根据“统一领导、分级管理”原则,由高度集中的管理体制,到逐步实行多种形式的分级管理体制。我国现行的预算管理体制是1994年起实行的分税制财政体制。

分税制管理体制是在中央与地方各级政府之间，根据各自的职权范围划分税种，并以此为基础确定各自税收权限、税务机构和协调财政收支关系，以使财政预算管理体制规范、合理的一种制度。我国从1994年开始实施以分税制为核心内容的预算管理体制。其特点是：根据中央政府和地方政府的不同职能划分支出范围；按税种划定各级预算的固定收入来源，分别设置机构，分别征收；各级政府有独立的预算权，中央预算与地方预算彻底分开，分别编制，自求平衡；中央预算通过转移支付制度实行对地方预算的调剂和控制。

分税制财政体制的主要特征包括：

1. 分税，即税收收入在中央与地方之间的划分，一般是按税种或税源将全部税收划分为中央和地方两套税收体系，它是分税制的核心问题。

2. 分权，即税收的管理权限在中央与地方之间的划分，包括税收的立法权、税法的解释权、征管权、调整权及减免权等。

3. 分征，即分别建立中央税与地方税各自独立的征收系统，中央政府设置国家税务局负责征收中央税和共享税；地方政府设置地方税务局，负责地方税的征收。

4. 分管，即中央政府与地方政府之间建立分级预算，分别管理各自的收入。

我国分税制财政管理体制的主要内容有：

1. 中央和地方事权和支出的划分。根据现在中央政府与地方政府事权的划分，中央财政主要承担国家安全、外交和中央国家机关运转所需经费，调整国民经济结构、协调地区发展、实施宏观调控所必需的支出以及由中央直接管理的事业发展支出。具体包括：国防费，武警经费，外交和援外支出，中央级行政管理费，中央统管的基本建设投资，中央直属企业的技术改造和新产品试制费，地质勘探费，由中央财政安排的支农支出，由中央负担的国内外债务的还本付息支出，以及中央本级负担的公检法支出和文化、教育、卫生、科学等各项事业费支出。

地方财政主要承担本地区政权机关运转所需支出以及本地区经济、事业发展所需支出。具体包括：地方行政管理费，公检法支出，部分武警经费，民兵事业费，地方统筹的基本建设投资，地方企业的技术改造和新产品试制经费，支农支出，城市维护和建设经费，地方文化、教育、卫生等各项事业费，价格补贴支出以及其他支出。

2. 中央和地方收入的划分。根据事权与财权相结合的原则，按税种划分中央与地方的收入。将维护国家权益、实施宏观调控所必需的税种划为中央税；将同经济发展直接相关的主要税种划为中央与地方共享税；将适合地方征管的税种划为地方税，并充实地方税税种，增加地方税收入。现行分税制中央和地方税收收入的具体划分如下：

（1）中央固定收入包括：关税，消费税，海关代征进口还击的消费税和增值税，车辆购置附加税等。

（2）地方固定收入包括：城镇土地使用税，耕地占用税，土地增值税，城市房地产税，车船税，契税，屠宰税，筵席税。

（3）中央与地方共享收入主要包括：

①增值税（不包含进口环节由海关代征的部分）：中央分享75%，地方分享25%。

②营业税和城市维护建设税：铁道部、各银行总行、各保险总公司等集中缴纳的部分归中

央政府,其余部分归地方政府。

③企业所得税、外商投资企业和外国企业所得税:铁道部门、各银行总行、及海洋石油企业缴纳的部分归中央政府,其余部分中央与地方政府按60%与40%的比例分享。

④个人所得税:除储蓄存款利息所得的个人所得税外,其余部分的比例分享与企业所得税相同。

⑤资源税:海洋石油企业缴纳的部分归中央政府,其余部分归地方政府。

⑥印花税:证券交易印花税收入的94%归中央政府,其余6%和其他印花税收入归地方政府。

3. 设置中央和地方两套税务机构,明确各自税收管理权限。现行税务机构分别设置中央与地方两套税务系统,中央税务机构负责征收中央税和中央与地方共享税,地方税务机构负责征收地方税。

4. 科学地核定地方收支基数,实行规范化的税收返还和转移支付制度。分税制在重新划分中央财政收入与地方财政收入的基础上,相应地调整了政府间财政转移支付数量和形式,除保留原体制下中央财政对地方的定额补助、专项补助和地方上解外,根据中央财政固定收入范围扩大、数量增加的新情况,着重建立了中央财政对地方财政的税收返还制度。具体办法是,中央税收上缴完成后,通过中央财政支出,将一部分收入返还给地方使用。同时将中央税收返还数和地方的原上解数抵扣,按抵顶后的净额占当年预计中央消费税和增值税收入数的比重,核定一个"资金调度比例",由金库按此比例划拨消费税和中央分享增值税给地方。

五、国库集中支付制度

国库集中支付制度,是指以国库单一账户体系为基础,将所有财政性资金都纳入国库单一账户体系管理,收入直接缴入国库和财政专户,支出通过国库单一账户体系支付到商品和劳务供应者或用款单位的一项国库管理制度。

(一)国库单一账户体系

1. 国库单一账户体系的构成。国库单一账户体系是以国库单一账户为核心,全面反映财政性资金收付活动的各类账户的总称,它是国库集中收付制度高效规范运作的基石。

国库单一账户体系由下列银行账户构成:国库单一账户、财政部门零余额账户、预算单位零余额账户、预算外资金专户以及特设专户。

财政部门是持有和管理国库单一账户体系的职能部门,任何单位不得擅自设立、变更或撤消国库单一账户体系中的各类银行账户。中国人民银行按照有关管理规定,加强对国库单一账户和代理银行的管理监督。

2. 财政性资金银行账户的设立。预算单位使用财政资金,应当按照规定的程序和要求,向财政部门提出设立零余额账户、特设专户等银行账户的申请,财政部门审核同意后,书面通知代理银行,为预算单位开设预算单位零余额账户,但需要开设特设专户的预算单位,须经财政部审核并报国务院批准或经国务院授权财政部批准后,由财政部在代理银行为预算单位开设。

一个基层预算单位开设一个预算单位零余额账户。

预算单位包括使用财政性资金的行政单位和事业单位。预算单位原则上为一级预算单位、二级预算单位和基层预算单位。向财政部直接申请支付的预算单位为一级预算单位;向上一级预算单位申请支付并有下属单位的预算单位,为二级预算单位;只有本单位开支,无下属单位的预算单位,为基层预算单位。

3. 国库单一账户体系中各类账户的使用与管理

(1)国库单一账户。国库单一账户为国库存款账户,由财政部门在中国人民银行开设,按收入和支出设置分类账,收入账按预算科目进行明细核算,支出账按资金使用性质设立分账册。该账户用于记录、核算、反映财政预算资金和纳入预算管理的政府性基金的收入和支出。代理银行应当按日将支付的财政预算内资金和纳入预算管理的政府性基金与国库单一账户进行核算。

国库单一账户在财政总预算会计中使用,行政单位和事业单位会计中不设置该账户。

(2)财政部门零余额账户。财政部门零余额账户用于财政直接支付和与国库单一账户清算。该账户每日发生的支付,于当日营业终了前与国库单一账户清算;营业中单笔支付额5000 万元人民币以上的(含 5000 万元),应当及时与国库单一账户清算。

财政部门零余额账户在国库会计中使用,行政单位和事业单位会计中不设置该账户。

(3)预算单位零余额账户。预算单位零余额账户用于财政授权支付和清算。该账户每日发生的支付,于当日营业终了前由代理银行在财政部门批准的用款额度内与国库单一账户清算;营业中单笔支付额5000 万元以上的(含5000 万元),应当及时与国库单一账户清算。预算单位零余额账户可以办理转账,提取现金等结算业务,可以向本单位按账户管理规定保留的相应账户划拨工会经费、住房公积金及提租补贴,以及经财政部门批准的特殊款项,不得违反规定向本单位其他账户和上级主管单位、所属下级单位账户划拨资金。

预算单位零余额账户在行政单位和事业单位会计中使用。

(4)预算外资金专户。预算外资金专户为预算外专用存款账户,用于记录、核算和反映预算外资金的收入、缴款、拨付情况,按照批复的预算外用款计划向支付专户拨付资金。

预算外资金专户在财政部门设立和使用。

(5)特设专户。特设专户用于记录、核算和反映预算单位的特殊专项支出活动,并用于与国库单一账户清算。

特设专户在按规定申请设置了特设专户的预算单位使用。

(二)规范收入收缴程序

适应财政国库管理制度的改革要求,将财政收入的收缴分为直接缴库方式和集中汇缴方式。直接缴库是由缴款单位或缴款人按有关法律法规规定,直接将应缴收入缴入国库单一账户或预算外资金财政专户。直接缴库程序是直接缴库的税收收入,由纳税人或税务代理人提出纳税申报,经征收机关审核无误后,由纳税人通过开户银行将税款缴入国库单一账户;直接缴库的其他收入,比照上述程序缴入国库单一账户或预算外资金财政专户。集中汇缴是由征收机关按照有关法律法规规定，将所收的应缴收入汇总缴入国库单一账户或预算外资金财政专户，其缴库程序是小额零散税收和法律另有规定的应缴收入，由征收机关于收缴收入的当日汇总缴入国库单一账户，非税收入中的现金缴款，比照本程序缴入国库单一账户或预算外资金财政专户。

（三）规范支出拨付程序

财政性资金的支付方式包括财政直接支付和财政授权支付两种方式。其中，财政直接支付是指由财政部门向中国人民银行和代理银行签发支付指令，代理银行根据支付指令通过单一账户体系将资金直接支付到收款人（即商品或劳务的供应商等）或用款单位（即具体申请和使用财政性资金的预算单位）账户；财政授权支付是指预算单位按照财政部门的授权，自行向代理银行签发支付指令，代理银行根据支付指令，在财政部门批准的预算单位的用款额度内，通过国库单一账户体系将资金支付到收款人账户。

1. 财政直接支付程序。由财政部门开具支付令，通过国库单一账户体系将支出直接支付到收款人或用款单位。预算单位实行财政直接支付的财政性资金包括工资支出、工程采购支出、物品和服务采购支出。

在财政直接支付方式下，预算单位按照批复的部门预算和资金使用计划，提出支付申请；财政直接支付的申请由一级预算单位汇总，填写“财政直接支付汇总申请书”，报财政部门国库支付执行机构。财政部门国库支付执行机构根据批复的部门预算和资金使用计划及相关要求，对一级预算单位提出的支付申请审核无误后，开具“财政直接支付汇总清算额度通知单”和“财政直接支付凭证”，经财政部门国库管理机构加盖印章签发后，分别送中国人民银行和代理银行。代理银行根据“财政直接支付凭证”及时将资金直接支付给收款人或用款单位。代理银行依据财政部门国库支付执行机构的支付指令，将当日实际支付的资金，按一级预算单位分预算科目汇总，附实际支付清单与国库单一账户进行资金清算。

代理银行根据“财政直接支付凭证”办理支出后，开具“财政直接支付入账通知书”发一级预算单位和基层预算单位。“财政直接支付入账通知书”作为一级预算单位和基层预算单位收到或付出款项的凭证。一级预算单位有所属二级或多级预算单位的，由一级预算单位负责向二级或多级预算单位提供收到和付出款项的凭证。预算单位根据收到的支付凭证做好相应会计核算。

2. 财政授权支付程序。财政授权支付程序适用于未纳入工资支出、工程采购支出、物品及服务采购支出管理的购买支出和零星支出。包括单件物品或单项服务购买额不足10万元人民币的购买支出；年度财政投资不足50万元人民币的工程采购支出；特别紧急的支出和经财政部门批准的其他支出。

在财政授权支付方式下，预算单位按照批复的部门预算和资金使用计划，申请授权支付的月度用款限额；财政授权支付的月度用款限额申请由一级预算单位汇总，报财政部门国库支付执行机构。财政部门根据批准的一级预算单位用款计划中月度授权支付额度，每月25日前以“财政授权支付汇总清算额度通知单”、“财政授权支付额度通知单”的形式分别通知中国人民银行、代理银行。

代理银行在收到财政部门下达的“财政授权支付额度通知单”时，向相关预算单位发出“财政授权支付额度到账通知书”。基层预算单位凭据“财政授权支付额度到账通知书”所确定的额度支用资金；代理银行凭据“财政授权支付额度通知单”受理预算单位财政授权支付业务，控制预算单位的支付金额，并与国库单一账户进行资金清算。

预算单位支用授权额度时，填制财政部门统一制定的“财政授权支付凭证”（或新版银行票据和结算凭证）送代理银行，代理银行根据“财政授权支付凭证”，通过零余额账户办理资金支付。

3. 预算结余资金的处理。预算结余资金，是指实行国库集中支付的预算单位在预算年度内，按照财政部门批复的部门预算，当年尚未支用并按有关规定应留归预算单位继续使用的资金。预算结余资金的数额按照财政部门批复的部门预算数额加上年预算结余数额减当年财政国库已支付数额（包括财政直接支付数额和财政授权支付数额）和应缴回财政部门数额后的余额计算。

预算单位的预算结余资金应按规定程序由财政部门核定。财政部门核定下达预算结余后，预算单位根据财政部门核定的上一级年度预算结余和下年度预算，按规定的程序申请使用资金。

小　结

政府预算是国家以政权体现者的身份取得财政收入，为维持政府活动、保障国家安全和社会秩序、发展社会公益事业而发生财政支出所形成的预算。政府预算具有预测性、法定性、完整性、公开性、时段性的特征。

我国政府预算组成体系一般是按照一级政权设立一级预算的原则建立的，总的来说政府预算由中央预算和地方预算构成。地方预算又相应地分为：省（自治区、直辖市）、设区的市（州）、县、乡镇四级预算。政府预算按形式可以分为单式预算和复式预算；以内容和计量上的差别作为依据来划分，政府预算可分为增量预算和零基预算。政府预算的安排应遵循完整性、统一性、真实性、公开性和年度性、法律性的原则。

财政管理体制，是国家在处理中央与地方以及地方各级政府政府之间划分财政收支范围和财力财权的各种制度的总和。其主要内容就是划分各级财政收支范围和管理权限。各级财政收支范围职权的大小，反映了政府之间在财政分配中，集权和分权、集中和分散的关系。建立财政管理体制的原则包括：

1. 统一政策与分级财政相结合原则；

2. 规范性与灵活性相兼顾原则；

3. 独立性与约束性相协调原则。

财政管理体制的类型主要有：

1. 集权性财政管理体制；

2. 分权型财政管理体制；

3. 集权与分权结合型财政管理体制。

政府间的转移支付制度，是中央政府为均衡各地方政府的财力状况，协调地区间的经济发展，对全国整体经济实施宏观调控，将中央掌握的一部分财力采取无偿补助的方式转移给地方政府的一种调节制度。

预算管理体制的核心问题是各级政府之间的收支划分。我国预算管理体制进行过多次改革，总体上是根据“统一领导、分级管理”原则，由高度集中的管理体制，到逐步实行多种形式的分级管理体制。我国现行的预算管理体制是1994年起实行的分税制财政体制。分税制财政体制的主要内容包括：分税；分权；分征；分管。

国库集中支付制度，是指以国库单一账户体系为基础，将所有财政性资金都纳入国库单一账户体系管理，收入直接缴入国库和财政专户，支出通过国库单一账户体系支付到商品和劳务供应者或用款单位的一项国库管理制度。

国库单一账户体系由下列银行账户构成：国库单一账户、财政部门零余额账户、预算单位零余额账户、预算外资金专户、以及特设专户。财政性资金的支付方式包括财政直接支付和财政授权支付两种方式。

※ 思考题

1. 简述政府预算在经济生活中的作用。

2. 预算管理的原则是什么？

3. 国库单一账户体系由哪些银行账户构成？分别在什么单位使用？

※ 练习题

一、名词解释

1. 政府预算

2. 单式预算

3. 复式预算

4. 财政管理体制

5. 分税制管理体制

6. 国库单一账户体系

二、选择题

1. 政府预算的特征包括(　　)。

A. 预测性　　B. 经济性

C. 法定性　　D. 连续性

2. 政府预算按形式可以分为(　　)。

A. 单式预算　　B. 增量预算

C. 零基预算　　D. 复式预算

3. 政府预算编制应遵循的原则包括(　　)。

A. 完整性原则　　B. 真实性原则

C. 统一性原则　　D. 年度性原则

4. 建立财政管理体制的原则(　　)。

A. 统一政策与分级财政相结合的原则

B. 规范性与灵活性相兼顾的原则

C. 独立性与约束性相协调的原则

D. 财权和事权相对称的原则

5. 财政管理体制的类型(　　)。

A. 集权性财政管理体系　　B. 集权性与分权性相独立型管理体系

C. 分权性财政管理体系　　D. 集权性与分权性相结合型管理体系

6. 财政管理体制的内容包括(　　)。

A. 政府间职权的划分　　B. 预算管理权限

C. 政府转移支付制度　　D. 分税制财政管理体制

7. 分税制财政体制的主要特征包括(　　)。

A. 分税　　B. 分权

C. 分征　　D. 分管

8. 国库单一账户体系中,不属于行政和事业单位开设的账户(　　)。

A 国库单一账户　　B. 财政部门零余额账户

C. 预算单位零余额账户　　D. 预算外资金专户

9. 财政部门零余额账户每日发生的支付,与当日营业终了前由代理银行与国库单一账户清算;营业中单笔支付额(　　)人民币以上的,应当及时与国库单一账户清算。

A. 1000 万元(含 1000 万元)　　B. 2000 万元(含 2000 万元)

C. 5000 万元(含 5000 万元)　　D. 8000 万元(含 8000 万元)

10. 财政授权支付程序适用于年度财政投资不足(　　)人民币的工程采购支出。

A. 10 万元　　B. 20 万元

C. 50 万元　　D. 80 万元

三、判断题

1. 政府预算是指具有法律规定和制度保证的、经过法定程序审批的国家年度财政收支计划,这是国家财政发展到一定阶段而形成的新财政范畴,是国家财政的核心。(　　)

2. 我国政府预算组成体系一般是按照一级政权设立一级预算的原则建立的,总的来说政府预算由中央预算和部门预算构成。(　　)

3. 我国预算年度采用历年制,即从当年的 1 月 1 日起至 12 月 31 日。(　　)

4. 财政性资金的支付方式包括财政直接支付和财政授权支付。(　　)

5. 我国政府预算中的地方预算由省(自治区、直辖市)预算、市(自治州)预算、县(自治县、

旗)预算和区预算组成。( )

6. 政府预算的完整原则要求预(决)算的各项数字必须运用科学的计算方法,依据充分,数据确定,不得假定、估算,更不能任意编造。( )

7. 财政管理体制的实质是正确处理财政分配中的集权与分权的关系。( )

8. 集权与分权结合型财政管理体制的主要特征之一是:有一级政府,就有一级预算。( )

9. 分税制财政体制是在地方各级政府之间,根据各自的职权范围划分税源,并以此为基础确定各自税收权限,税务机构和协调财政收支关系的一种制度。( )

10. 国库单一账户体系中的所有账户,行政单位和事业单位均应开设。( )

四、案例分析题

(一)资料

十届全国人大五次会议于3月9日上午10时,由财政部部长金人庆就财政工作回答中外记者的提问。

中国县域经济报记者:我们注意到中央采取"三奖一补"政策以后,财政困难县已经从791个减少到200个左右。请您介绍一下具体情况和下一步的政策?

金人庆:最近这几年,我们实行了"三奖一补"政策,主要是想帮助缓解困难的县乡财政。所谓"三奖",就是困难县通过发展经济,通过造血功能,增加了自己的税收,给予奖励;对于这些困难县精简机构,减少行政人员付出的改革成本给予奖励;同时鼓励省市财政能够多向县乡财政转移支付,做得好的,我们也给予奖励。财政部从2005年才正式建立这个制度的,但是在这之前,有的省已经在摸索这方面的经验。对过去做得好的,我们不让老实人吃亏,也给予补助,所以叫"三奖一补"。

这个政策特别向粮食主产县做了倾斜。2005年安排了150亿,2006年增加了85亿,安排了235亿,今年我们想再增加100亿,到335亿。现在看来,中央财政每年花了二三百亿,但带来的效益却大大超过了我们的付出。我们初步统计,由于这个政策,调动了贫困县加快发展经济的积极性,也调动了省市财政向基层加大转移支付的积极性。所以这两年,一年大概有900亿这方面的收入下移,差不多一个县等于增加了1个亿的收入。这对提高公共服务的能力,保证基层政权运转能力有积极作用。

大家记得过去每年都困扰我们的基层公务员拿不到工资的现象,可以说现在已经没有了。这确实有利于基层人员的稳定。另一方面,粮食主产县生产粮食的积极性也更高了,保证了这几年粮食连续增产,去年增长了1000亿斤。下一步我们还要坚持和完善这个制度,包括农村的综合改革,进一步解决基层机构问题、义务教育保障体制的问题,财政管理体制能够发挥更大的作用。当然,中央财政实际上除了这个政策以外,更大的还是转移支付政策。

(二)根据上述资料回答下列问题

1. 依据所学的财政收支等相关知识,谈谈"三奖一补"体现了财政哪些方面的内容?

2. 简述我国现行的分税制财政管理体制的内容。结合第4、5自然段说说转移支付制度的方式,上述报告中体现的是那种方式?

4 第四章 税收概述

◆ **学习目标：**

本章主要介绍了税收和税收制度的的基本知识。通过本章的学习，要求学生掌握税收的概念、特征，能举例说明并理解按各种不同标准对税收的分类，并对税收的作用有一定的了解；同时要详细理解并掌握税收制度的各个构成要素，特别是纳税人、纳税对象及税率三大基本要素，并掌握税制结构模式。

◇ **案例导入：**

世界税务之最

世界上最大的一笔税务罚款是美国好莱坞名导演卡洛庞蒂支付的，他因为逃税行为被处以2640万美元的罚款。

个人被征收的最高税额是一位名叫霍华德·林斯的富豪死后所缴纳的遗产税，税金高达3.36亿美元。

1974年1月，挪威劳工党与社会联盟废除了税率的最高限制，这样就导致该国2000名市民必须交纳超过100%的所得税。这些最高税率的纪录均被载入《吉尼斯世界纪录大全》，挪威因此成为世界上税率最高的国家。

巴林、科威特、文莱和卡塔尔的公民，不论收入多少，一律免纳个人所得税。这在世界各国中是绝无仅有的。

上述之最都是就税收方面而言的，无论是罚款、征收遗产税、免纳个人所得税，还是废除税率的最高限制，皆为各国的税收制度所决定的。那么税收和税收制度是什么？我国的税收及税收制度又如何呢？

第一节 税收的概念、特征及分类

一、税收的概念

税收,全称“国家税收”,也简称“税”,是以国家为主体,为了满足社会公共需要,凭借政治权力,按照法定标准,强制地、无偿地参与社会剩余产品的分配,以取得财政收入的一种特定分配形式。它体现了国家与纳税人之间在征税、纳税的利益分配上的一种特殊关系。

据史书记载,在我国古代的春秋时期,君主根据臣属人数征集的军役和军用物品称为“赋”;而对臣属的土地征集的财物称为税。后来征集军赋也以土地为依据,赋和税逐渐合在了一起。随着朝代的更替,国家征集财物的依据在不断发生变化,故历史上又有“赋税”、“租税”、“捐税”之称。尽管名称不同,但其根本性质是一样的。

税收是人类社会发展到一定历史阶段的产物,它是随着国家的产生而产生,同时税收是国家财政收入的最重要来源,因而它既是一个古老的历史范畴,又是一个分配范畴。税收的概念可从以下几点来理解:

1. 税收是以国家为主体,与国家存在直接联系,是政府机器赖以生存并实现其职能的物质基础。“赋税是喂养政府的娘奶”;“赋税是政府机器的经济基础”;“国家存在的经济体现就是捐税”。

2. 税收征税的依据是国家政治权力。税收是国家依照法律规定的标准向纳税人征收的实物或货币。在对社会产品的分配过程中,存在着两种权力:一种是财产权力,也就是所有者的权力,即依据对生产资料和劳动力的所有权取得产品;另一种是政治权力,即国家权力,依据这种权力把私人占有的一部分产品变为国家所有,这就是税收。

3. 税收是国家参与社会产品分配的手段,是财政收入的主要形式。税收是国家凭借政治权力,把社会产品的一部分由私人和厂商转移到国家手中,形成财政收入的基本形式。

4. 国家征税的目的是为了满足社会公共需要。任何一个国家,为了实现其职能的需要,都需要具备一定的物质基础。而国家本身并不直接创造物质财富,只能以税收的形式参与社会产品的分配,取得物质财富,用于行使国家职能;同时为了满足公民物质文化生活的需要和各项法定权力的实现,以及企事业单位经济发展的需要,国家也必须以税收的形式聚集大量的资金,用于工农业发展和基础设施的建设、发展科教文卫等事业。

二、税收的特征

税收作为一种特定的分配形式,与其他财政收入形式相比,有着自身固有的形式特征,即强制性、无偿性和固定性。税收的三性特征是税收区别于其他财政收入形式的基本标志。

1. 强制性。是指税收凭借国家的政治权力,通过颁布法律或法规,按照一定的征税标准进行强制征税。负有纳税义务的社会团体和社会成员都必须依法纳税,对拒不纳税或逃避纳税者,国家则依法强制征收或进行法律制裁。

2. 无偿性。是指国家取得税收收入既不需要偿还,也不需对纳税人付出任何代价。即国家征税是无条件地取得财政收入。当然,税收的无偿性又是以强制性为条件的。这使税收既不同于国有资产收入或利润上交,也区别于还本付息的国债收入,还区别于工商、交通等国家行政管理部门因社会服务而取得的各种形式的规费收入。

3. 固定性。是指国家在征税前,就要通过法律形式,预先规定课征对象以及征税数额或征收比率,不经国家批准不能随意改变,这便于征纳双方共同遵守。税收的固定性既包括时间上的连续性,又包括征收比例的固定性。税收是按照国家法律制度规定的标准征收的,在一定时间内保持稳定不变。因此税收是一种固定的连续性收入。这与社会上一些部门、单位随意罚款、摊派严格区分开来。税收的三个基本特征是紧密相连的统一体,其中税收的无偿性体现了财政分配的本质,是税收"三性"的核心,强制性是保证,固定性是上述两者的必然结果。

三、税收的分类

税收分类是指按照一定标准,对各个不同税种隶属税类所作的一种划分。税收分类有多种方法,目前我国的税种分类方式主要有:

(一)税收按其形态不同分类

税收按其形态不同可分为劳务税、实物税与货币税。

1. 劳务税。是指纳税人以提供劳务代替缴纳税款的税。例如我国商代时期的"助"就是一种典型的劳务税。从奴隶社会到资本主义社会,国家除了征收实物税和货币税以外,还以法律形式规定了劳动人民必须服劳役。劳役税是一种最原始也是最残酷的税,现在各国已不再课征。

2. 实物税。是纳税人以实物形式缴纳的税。如我国的农业税,以征收粮食为主。实物税是税收的原始形式。如我国最早对土地征收的"贡"、"布帛之征"、"粟米之征"等。实物税在商品货币经济不发达的时代或国家中,是最主要的税收形式;在商品经济比较发达的国家中,除了要掌握某些特定实物外,一般不再征收实物税。

3. 货币税。是纳税人以货币形式缴纳的税。我国汉代征收的"算缗钱"是较早的货币税。货币税是商品经济发展的必然产物。在商品经济不发达的时代和地区,强调征收货币税会增加纳税人的负担。随着商品经济的发展,货币税已成为世界各国税收的主要形式。它不仅便利纳税人缴纳,而且有利于国家财政收支管理,有利于发挥税收对经济的调控作用。

(二)税收按其计税依据分类

税收按其计税依据不同,可分为从价税和从量税。

1. 从价税。是以课税对象的价格和金额为计税依据课征的税,称为从价税,亦即从价计征的各种税。如我国现行的增值税、营业税、关税等。从价税的应纳税额随课税对象价格的变化而变化。

2. 从量税。是以课税对象的自然计量单位为标准课征的税,称为从量税,亦即从量计征的各种税。如我国现行资源税、耕地占用税、车船使用税等。自然计量单位可以是课税对象的件数、重量、容积、面积或长度。从量税的应纳税额随课税对象的数量变化而变化,与征税对象的数量无关。

从价计征和从量计征,可以单独在一种税中运用,有时也可以在同一税种中兼用。如我国现行的消费税中两者同时采用。

(三)税收按管理和使用权限分类

税收按管理和使用权限不同可分为中央税、地方税和中央地方共享税。

1. 中央税。又称国税,是由一国的国家政府或中央一级政府征收管理和使用的税,属于中央政府固定的财政收入,由国家税务局负责征收管理。一般是收入较大,征收范围广,政策上需要全国统一,宜于全国统一立法,统一征收管理的税种。如消费税、关税等。

2. 地方税。是由一国的地方政府征收管理和使用的税,属于地方各级政府的财政收入,由地方税务局负责征收。一般是收入分散零星,与地方经济及利益关系密切,宜于由地方政府立法或自定办法征收管理的税种。如土地使用税、耕地占用税、土地增值税、房产税、车船税等。

3. 中央地方共享税。属于中央与地方政府共同享有、按照一定的比例分享税收收入,目前由国家税务局负责征收管理。如增值税中央分享 75%,地方分享 25%;资源税海洋石油企业缴纳的部分归中央,其余部分归地方;印花税,证券交易印花税收入的 94% 归中央,其余 6% 和其他印花税收入归地方等。

(四)按税负能否转嫁分类

税收按税负能否转嫁可分为直接税和间接税。

1. 直接税。是指税负由纳税人直接负担通常不能转嫁给他人的税种。一般认为以个人收入、企业利润、自有自用财产等为课税对象的税种为直接税,如个人所得税、企业所得税、财产税、遗产税等。这类税收的纳税人同时也是税收的实际负担人。

2. 间接税。是指纳税人能够将税负全部或部分转嫁给他人负担的税种。一般认为以商品流转额、增值额等为课税对象的税种为间接税,如消费税、增值税、营业税、关税等。这类税收的纳税人同税收的实际负担人分离,纳税人不是税收的实际负担人。一般通过提高售价或压低进价或直接向消费者收取等办法,将税收负担最终转嫁给消费者。

(五)按课税对象的性质分类

按课税对象的性质不同可把我国税收分为流转税类、收益税类、资源税类、行为目的税类和财产税类。

1. 流转税类。是指对销售商品或提供劳务的流转额征收的一类税。如增值税、消费税、营业税、关税等,这是目前我国最大的税类。

2. 收益税类。收益税类又称所得税类,是对收益额课征的一类税。收益税分为纯收益额和总收益额两种。纯收益额是总收入中扣除成本、费用及损失后的余额,一般称为所得额。因此对纯收益额课征的税又名为所得税。如我国的企业所得税、个人所得税等。总收益额是指纳税人取得的收入总额,不得从中扣除成本和费用。例如我国自 2006 年始废止的农业税就是以总收益额为课税对象的。

3. 资源税类。是对开发和利用各种自然资源获取的收入课征的一类税。如资源税、城镇土地使用税、耕地占用税等。

4. 行为目的税类。是为了达到特定目的，以某种特定的对象和特定行为为课征对象的一类税，以引导或约束人们的某些社会行为。如城市维护建设税、印花税、证券交易税。

5. 财产税类。是对纳税人的财产或属其支配的财产的数量或价值额课征的一类税。如房产税、契税、车船税。

（六）按照税收与价格组成的关系分类

按照税收与价格组成的关系，可将税收分为价内税和价外税。

1. 价内税。是指税金是价格的组成部分，其价格组成 = 成本 + 利润 + 税金。其计税依据为含税价格，如消费税、营业税等。

2. 价外税。是指税金是价格的一个附加或附加比例，其价格组成 = 成本 + 利润。其计税依据为不含税价格，如增值税。税收分类除了上述各种分类方法外，还有许多分类方法。例如，依据纳税人的国籍可分为国内税与涉外税；依据以征税的目的为标准，可以把税收分为一般税与特定税。依据收入归属及征收办法可分为正税与附加税等。

四、税收的作用

税收作为国家参与社会产品分配的重要形式，在我国社会主义市场经济运行中发挥着重要作用。

1. 税收是组织财政收入的主要形式和工具。目前我国财政收入的形式有税收收入、债务收入、国有资产收入及其他收入等，其中税收收入是我国财政收入最主要的形式。自 1994 年至今税收收入占财政收入的比重都在 90% 以上。同时由于税收具有强制性、无偿性和固定性，因而能够积极稳妥地筹集财政资金，是取得财政收入最得力的工具。

2. 税收是国家调控经济的重要杠杆。税收是国家进行宏观经济调控的重要经济杠杆，主要体现在通过增设或减少税目、提高或降低税率、增加或取消税收优惠政策等方式，可抑制或鼓励某个产业或行业的发展，影响投资者的投资行为，从而对社会资源进行重新配置，调节社会总供给和总需求，使之最终达到平衡，促进社会经济的协调稳定健康的发展。

3. 税收是调节社会分配的重要手段。一方面体现在通过税收征收，使市场机制下形成的高收入者多负担税收，低收入者少负担税收，从而使税后收入分配去向公平。如个人所得税中的工资薪金所得，就是通过采用超额累进税率调节收入分配。另一方面体现在通过税收支出、税收优惠及财政转移支付等手段，对国民收入进行再分配。

4. 税收是维护国家主权，实行对外开放的重要保证。税收是随着国家的产生而产生的，而国家政权的存在又依赖于税收的存在。没有税收，国家机器就不可能有效运转。同时，税收分配不是按照等价原则和所有权原则分配的，而是凭借政治权利对物质利益进行调节，体现国家支持什么、限制什么，从而达到维护和巩固国家政权的目的。同时 21 世纪是经济继续对外开放的时代，我国加入 WTO 后，在对外贸易，扩大出口，引进外资等方面，从税收上都进行必要的调节。如征收进口关税，有选择的征税出口关税，以及实行出口退税等，都对引导投资方向，扩大对外开、放,维护国家主权和经济利益起到重要的作用。

第二节 税收制度

一、税收制度的概念

税收制度简称税制。是指一个国家或地区在一定时期制定的各种税收法令、条例和征收管理办法的总称。是政府税务机关依法向纳税人征税的法律依据和工作准则。不同国家或地区以及同一国家或地区在不同历史时期,税收制度是不同的或不完全相同的。税收制度由纳税人、征税对象、税率、附加和减免以及违章处理等基本要素构成。

二、税收制度的构成要素

(一)征税人

是指代表国家行使征税职权的各级税务机关和其他征收机关。因税种的不同,可能有不同的征税人。我国的单项税法中都有有关征税人的规定,如增值税的征税主体是税务机关,关税的征税主体是海关。

(二)纳税人

1. 纳税人。是纳税义务人的简称,又称纳税主体或课税主体或课税人。是指税法规定的直接负有纳税义务的单位和个人。纳税人可以是自然人,也可以是法人。所谓自然人,一般是指公民个人。所谓法人,是指依法成立并能独立行使法定权利和承担法律责任的社会组织,如企业、社团等。如营业税的纳税人是在中国境内提供《中华人民共和国营业税暂行条例》规定的劳务、转让无形资产或销售不动产的单位和个人,而资源税的纳税人是在我国境内开采《中华人民共和国资源税暂行条例》规定的矿产品或者生产盐的单位和个人。

2. 负税人。与纳税人不同得一个概念是负税人。纳税人是直接向国家缴纳税收的单位和个人;而负税人是指税款的最终承担者或实际负担者。纳税人不一定就是负税人,当税负不可以转嫁即税收为直接税时,两者是一致的。如个人所得税和企业所得税,由于不存在税负转嫁的可能,此时,纳税人就是负税人;当税负可以转嫁即税收为间接税时,两者是不一致的。如对商品课征的税收,纳税人是生产或销售商品的企业,而负税人则是商品的最终消费者。负税人不是税制构成要素,由此国家在制订税收制度时,只规定税款由谁缴纳,不规定税款最终由谁负担。

3. 扣缴义务人。是与纳税人相联系的另一个概念。扣缴义务人是税法规定的,在其经营活动中负有代扣税款并向国库缴纳义务的单位即具有代扣代缴义务的单位。扣缴义务人必须按照税法规定代扣税款,并在规定期限内将税款缴入国库。如个人所得税法中规定:个人所得税以所得人为纳税义务人,以支付所得的单位或个人为扣缴义务人。

（三）课税对象

1. 课税对象。又称征税对象，是纳税的客体，在实际工作中也笼统称之为征税范围。它是指税收法律关系中权力义务所指的对象，即对什么征税。课税对象包括物或行为。不同的课税对象又是区别不同税种的重要标志，它反映了纳税的广度。我国现行所谓实体税收法规中，都分别规定了征收对象。如营业税的征税对象是提供劳务、转让无形资产和销售不动产等，资源税的征税对象是原油、天然气、煤炭、其他非金属矿原矿、有色金属原矿和盐等。

2. 税种。不同的课税对象构成不同的税种。税种是国家税收制度中规定征收的税收种类，也就是国家征收的某一种税叫什么名称。它一般由课税对象来决定，如对个人所得课税叫个人所得税，对增值额课税就叫增值税等。

3. 税目。课税对象是从大的范围明确对什么征税，并没有明确课税对象的具体内容，为了对课税对象的具体内容作出具体规定就需要设计税目。税目又称课税品目，是税法中具体规定应当征税的项目，是课税对象的具体化。例如我国消费税的课税对象是应税消费品，在《消费税条例》中按消费品列举了税目，每一税目具体规定了征税的消费品名称和适用的税率。

制定税目的方法有两种：一是"列举法"，即将课税对象的具体项目列举出来，分别成为一个税目，如我国现行消费税列举出征税的具体产品为税目。列举法的优点是界限清楚，便于掌握；缺点是税目过多，不便查找。二是"概括法"，即将课税对象的几个具体项目或某类项目合并列举出来作为一个税目。概括法的优点是税目较少，查找方便，便于征管；缺点是税目设计过粗，不便于贯彻国家政策。制订税目应将这两种方法结合起来灵活运用。

规定税目的目的有两个：一是为了明确征收的具体范围；二是为了对不同的征税项目加以区分，从而制定高低不同的税率。

4. 计税依据。计税依据是指计算应纳税额的依据或标准，即根据什么来计算纳税人应缴纳的税额。计税依据是计算应纳税额的基础，因此，也叫征税基数。一般有两种：一是从价计征，二是从量计征。从价计征，是以计税金额为计税依据，从量计征，是以征税对象的自然计量单位即重量、体积、数量为计税依据。

5. 税源。与课税对象联系比较密切的还有税源。税源是税收的经济来源或最终出处，它反映纳税人的负担能力。物质生产部门创造的国民收入，是税收最终的经济源泉。在市场经济条件下，国民收入通过分配形成企业和个人的各种收入，如工资收入、奖金收入、利息收入、股息收入、劳务收入、利润收入等，这些都是税源的组成内容。

税源和课税对象的关系：有些税种，税源和课税对象一致，如所得税，税源和课税对象都是纳税人的所得收入；有些税种则不一致，如各种财产税，课税对象是财产，税源则是财产带来的收入或财产所有人的其他收入。税源在税收制度中不作规定，但国家在确定课税对象设计具体税制时却要考虑税源－有无税源和税源的大小。"有无税源"是确定课税对象的依据，有税源的可选作课税对象进行课税，无税源的则不宜成为课税对象。"税源大小"又是确定税率的依据，一般地税源大的税率要高些；税源小的税率则低些。税收制度要注意开辟税源和保护税源，只有税源不断扩大和增加，国家才能持续不断地取得越来越多的财政收入。

6. 税本。与税源紧密相联的一个概念是税本。税本是创造税源的基础，表现为创造国民收入的物质生产部门,包括生产的三要素:劳动者、劳动资料和劳动对象。日本财政学家小川乡太郎说:税本是基础,税源是基础上产生的果实。若将税本比作一棵树,税源就是树上的果实,课税对象则可以是这棵树的树杆、树枝或果实。选择课税对象征税时不能侵蚀税本,应立足于保护和壮大税本。也就是说应立足于促进技术进步、设备更新、劳动资料、劳动对象的开发与利用,充分调动广大劳动者的积极性,维护已有的生产规模和不断扩大生产规模。

(四)税率

税率是应纳税额与计税金额(或数量单位)之间的比例,是计算税额的尺度。其中,计税金额是指征税对象的数量乘以计税价格的数额。税率的高低直接体现国家的政策要求,直接关系到国家财政收入的多少和纳税人的负担程度,是衡量税负轻重的重要标志,它反映纳税的深度,是税收法律制度中的核心要素。

税率有名义税率和实际税率之分。名义税率是指税法规定的税率,是应纳税额与计税金额(或数量单位)的比例;实际税率是实际缴纳税额与实际计税金额(或数量单位)的比例。在实际征税时,由于计税依据等要素的变动和减免税等原因,名义税率与实际税率可能不一致。

我国现行税法规定的税率可以分为三种:

1. 比例税率:是指对同一课税对象,不论其数额大小,均按同一个比例征税的税率。它一般采用百分数表示,且多适用于对流转额的征税。如增值税基本税率为17%,低税率为13%等。

在比例税率的具体运用中,根据不同的情况又可分为统一比例税率和差别比例税率:统一比例税率,即一种税只采用一个税率;差别比例税率又分为四种:产品差别比例税率,即一种(或一类)产品采用一个税率,不同产品税率的高低存在差别;行业差别比例税率,即同一行业内采用一个税率,不同行业的税率高低不同;地区差别比例税率,即根据不同地区的不同情况,采用不同的税率;幅度比例税率,即对同一征税对象,税法只规定一个最低税率和最高税率,在这一幅度内,由地方政府根据本地区的情况,具体确定。

2. 定额税率:又称固定税率,是指按课税对象的一定实物量,直接确定一个应缴税款的数额。它一般采用绝对数表示,而不采用百分比的形式,定额税率和价格没有直接联系,且多适用于从量定额计征的税,课税对象的计量单位可以是重量、数量、面积、体积等自然单位,也可以是专门规定的复合单位。它实际上是比例税率的一种特殊形式。如《中华人民共和国消费税暂行条例》中规定,汽油、润滑油每升的税额为0.2元,柴油、燃料油每升的税额为0.1元,黄酒每吨的税额为240元,资源税中的天然气税额为2~15元/千立方米等。

3. 累进税率:是根据课税对象数额的大小,规定不同等级的税率。即课税对象数额越大,税率越高。这种税率在调节纳税人的收入方面作用更直接、明显,而且适应性强,灵活性大,多适用于所得税类的征收。

累进税率是按征税对象即应纳税所得额的数量,由少到多地划分为若干等级,这些等级称之为累进级次,有几个级次就相应称之为几级累进税率。

累进税率按累进依据的构成又可分为全额累进税率、超额累进税率、超率累进税率和超倍累进税率四种。

(1)全额累进税率。全额累进税率是按课税对象金额的多少划分若干等级,并按其达到的不同等级规定不同的税率。课税对象的金额达到哪个一个等级,则全额按相应的税率征税。目前,我国的税收法律制度中已不采用这种税率。

(2)超额累进税率。超额累进税率是将课税对象按数额的大小划分为若干不同的等级部分,对每个等级部分分别规定相应的税率,分别计算各等级数额后汇总相加计算应纳税额。

由此可见,全额累进税率比超额累进税率计算简便,但累进程度高,税负重。超额累进税率更能体现合理税负的原则,但计算比较复杂。在实际工作中,一般都采用超额累进税率计算。为了解决超额累进税率计算税款的复杂性,一般采用"速算扣除法"来解决。

所谓"速算扣除法",即按全额累进的方法计算出税额,再从中减去一个"速算扣除数",其差额即为超额累进的应纳税额附。

公式为:应纳税额 = 应纳税所得额 × 适用税率 - 速算扣除数

所谓"速算扣除数",是按全额累进税率计算的税额减去用超额累进税率计算的税额的差额。用公式表示为:

速算扣除数 = 全额累进税额 - 超额累进税额

"速算扣除数"是个常数,在税率表中可专门列出。

(3)超率累进税率。超率累进税率是按征税对象的数额的某种比例来划分不同的部分,按不同部分分别规定相应的税率。如《中和民族共和国土地增值税暂行条例》中规定,按土地增值额和扣除项目金额的比例的不同,规定了四级超率累进税率。

(4)超倍累进税率。超倍累进税率是以征税对象数额相当于计税基数的倍数为累计依据,按照超累方式计算应纳税额的税率。

关于累进税率部分将在第六章个人所得税一节中进行了详细举例论述。

(五)纳税环节

是指在商品流转过程中,具体被确定应当缴纳税款的环节,就是纳税环节。包括工农业生产、货物进出口、农产品采购或发运、商业批发或零售等在内的各个环节。国家对不同的商品课税往往确定不同的纳税环节。

按纳税环节的多少,可将税收课征制度划分为两类:一次课征制和多次课征制。一次课征制是指同一纳税对象在商品流转的全过程中只选择某一纳税环节课征的制度,如现行的消费税和资源税。多次课征制是指同一税种在商品流转过程中选择两个或两个以上环节课征的制度,如现行的增值税,从商品生产环节到商业零售环节,每一个环节都要就其增值额部分纳税。

(六)纳税期限

纳税期限是指纳税人的纳税义务发生后应依法向国家缴纳税款的期限。规定纳税期限是为了保证国家财政收入的及时实现,也是税收强制性和固定性的体现。我国税法对不同税种根据不同的情况规定了各自的纳税期限。

我国现行税制的纳税期限有三种形式:

1. 按期纳税。根据纳税义务的发生时间,通过确定纳税间隔期,实行按期纳税。按期纳税间隔期分为1天、3天、5天、10天、15天和1个月。纳税人的具体纳税间隔期限由其主管税务机关按规定核定。

以一个月为一期纳税的自期满之日起10日内申报纳税；以其他间隔期为纳税期的，自期满之日起5日内预缴税款，于次月1日起10日内申报纳税并结清上月税款。如《中华人民共和国营业税暂行条例》规定，营业税的纳税期限分为5日、10日、15日或者1个月，具体纳税期限由主管税务机关根据纳税人应纳税额的大小分别核定。纳税人必须在规定的纳税期限内缴纳税款。

2. 按次纳税。不能按固定期限纳税的，可根据纳税行为的发生次数确定纳税期限。如个人所得税种的劳务报酬所得、耕地占用税等。

3. 按年计征、分期预缴。是指按月或按季预缴税款，年终汇算清缴，多退少补。这是对按年度计算税款的税种，为了及时平衡的取得税收收入而采取的一种纳税期限。如企业所得税、房产税等。

（七）减税和免税

减税和免税属于减轻纳税人负担的措施。减免税是国家对某些纳税人和征税对象给予鼓励和照顾的一种特殊规定。减税是指对应征税款减少征收一部分。免税是对按规定应征收的税款全部免除。减税和免税具体又分为两种情况：一种是税法直接规定的长期减免税项目；另一种是依法给予的一定期限内的减免税措施，期满之后仍应按规定纳税。制定这种特殊规定，是对按税制规定的税率征税时不能解决的具体问题而采取的一种补充措施，同时体现国家鼓励和支持某些行业或项目发展的税收政策，发挥税收调节经济的作用。我国现行的税收减免权限集中于国务院，任何地区、部门不得规定减免税项目。如《中华人民共和国营业税暂行条例》规定，托儿所、幼儿园、养老院、残疾人福利机构提供的养育服务，婚姻介绍，殡葬服务、医院、诊所和其他医疗机构提供的医疗服务等情况免征营业税。减免税主要包括税基式减免、税率式减免和税额式减免。

1. 税基式减免。是直接通过缩小计税依据的方式实现的减税、免税。具体包括起征点、免征额、项目扣除和跨期结转等。

（1）起征点也称征税起点，是指对征税对象开始征税的数额界限。征税对象的数额没有达到规定起征点的不征税；达到或超过起征点的，就其全部数额征税。如税法规定，营业税按期限纳税的起征点为月营业额200～800元，按次纳税的起征点为每次（日）营业额50元。

（2）免征额，是指对征税对象总额中免予征税的数额。即将纳税对象中的一部分给予减免，只就减除后的剩余部分计征税款。如个人所得税中规定，个人月工资、薪金所得在2000元以下的，免征个人所得税；对超过2000元的，只对超额部分征收个人所得税。则2000元即为免征额。

（3）项目扣除，是指在征税对象中扣除一定项目的数额，以剩余数额作为计税依据计算应纳税额。

（4）跨期结转，是将以前纳税年度的经营亏损等在本纳税年度经营利润中扣除，相应缩小了计税依据。如企业所得税中规定，企业发生经营亏损，可用以后纳税年度取得的利润来弥补，连续弥补期限不超过5年。

2. 税率式减免。是指通过直接降低税率的方式实现的减税、免税。包括低税率、零税率等。

3. 税额式减免。是指通过直接减少应纳税额的方式实现的减税、免税。包括全部免征、减半征收、核定减免率等。如在增值税中,对旧货经营单位出售的旧货,应按4%的征收率征收税额后,再减半征收增值税。

(八)附加和加成

附加和加成属于加重纳税人负担的措施。附加是地方附加的简称,是地方政府在正税以外,附加征收的一部分税款。通常,把按国家税法规定的税率征收的税款称为正税,而把在征税以外征收的附加成为副税。如增值税、消费税和营业税等为正税,而以这“三税”的税额之和为计税依据征收的城市维护建设税和教育费附加即属于附加。

加成是加成征税的简称,是对特定纳税人的一种加税措施。有时为了实现某种限制政策或调节措施,对特定的纳税人实行加成征税。加一成等于加征税额的10%,加二成等于加征税额的20%……以此类推。如对个人所得税中的劳务报酬所得一次收入畸高的,可实行加成征收。即个人取得劳务报酬应纳税所得额一次超过2万元至5万元的,按税法规定计算的税额加征五成即50%,超过5万元以上的,加征10成即100%。

(九)违章处理

违章处理是税法中规定的对纳税人违反税法行为所采取的处罚措施。它对税法的贯彻执行具有重要意义。

纳税人的违章行为通常包括偷税、漏税、抗税、欠税和骗税等不同情况。偷税是指纳税人有意识的采取非法手段不交或少交税款的违法行为。漏税是指纳税人出于无意识而未交或少交税款的违章行为。抗税是指纳税人以暴力、威胁方法拒不缴纳税的违法行为。欠税即拖欠税款,是指纳税人不按规定期限缴纳税款的违章行为。骗税是指纳税人以假报收入、假报出口或其他欺骗手段,利用税收优惠政策骗取国家出口退税款的违法行为。

对纳税人的违章行为,可以根据情节轻重的不同,分别采取以下方式进行处理:批评教育,补交税款,强行扣款,加收滞纳金,罚款,追究刑事责任等。

三、税制结构

(一)税制结构的概念

税制结构是指税收制度中各个税类、税种的组合以及它们在组合中的相对地位。税制结构是否合理,是税收制度是否健全与完善、税收作用能否充分发挥的前提。

(二)税制结构的类型

历史上税制的设计有两种,即单一税制和复合税制。单一税制是指一个国家的税制由一个税种构成;复合税制是指一个国家的税制由多个税种构成。在不同类别的税种中,有的可充当主体税种,有的只能充当辅助税种。主体税种是一个国家普遍征收的税种,其收入在全部税收收入总额中占较大比重,在税收体系中占据主要地位,起主导作用;辅助税种是作为主体税种某一方面的补充,起特殊调节作用的税种,往往是为实现某一特定情况下国家的社会经济目标而设置的。根据主体税种的不同,当今世界各国的税制结构模式主要有三种:一种是以直接税即所得税为主体;另一种是以间接税即商品税为主体;第三种是以直接税和间接税并重,也就是我们通常说的"双主体"。

1. 以直接税为主体的税制结构。以直接税为主体的税制结构即以所得税为主体的税种结构。所得税是就纯收入课税,也就是对纳税人的总收入扣除各项成本费用后的余额课税。在以所得税为主体的税制结构中,个人所得税和社会保障税普遍征收并占据主导地位,企业所得税也是重要税种,通过所得税筹集的税收收入占全部税收收入的主要部分。社会保障税的普遍征收使社会保障制度得以健全。同时辅之以选择性商品税、关税和财产税等,以起到弥补所得税功能欠缺的作用。

所得税作为对人课税,属直接税,税负不易转嫁,它采用累进税率,实现对高收入者多课税、对低收入者少课税原则,充分体现了税收的公平原则;同时,所得税具有"内在稳定器"的自动调节功能,可充分发挥税收的宏观调节作用。

2. 以间接税为主体的税制结构。以间接税为主体的税制结构即以商品税为主体的税制结构,其中增值税、营业税、销售税、货物税、消费税、关税等税种作为国家税收收入的主要筹集方式,其税额占税收收入总额比重大,并对社会经济生活起主要调节作用。所得税、财产税、行为税作为辅助税起到弥补商品税功能欠缺的作用。

商品税是间接税,税负可以转嫁,但只有其产品被社会所承认,税负才能转嫁出去。因此商品课税对商品经营者具有一种激励机制。以商品税为主体的税制结构在筹集财政资金,提高经济效率等方面都发挥重要的作用。

3. 以直接税和间接税并重,即"双主体"的税制结构。直接税与间接税在一个国家中并重,即"双主体"的税制结构,是指在整个税制体系中,直接税和间接税占有相近的比重,相互补充,不仅能充分发挥直接税中的所得税在调节收入,调节贫富差距方面的作用,也能将间接税在资源配置效率方面的作用有效地发挥,以更好地促进经济的协调发展。双主体税制模式虽然是一种现实的税制结构模式,但从发展的角度看,只是一种过渡时期模式,将会被以上两种形式所替代。

(三)我国现行的税制结构

目前,大多数发展中国家特别是低收入国家都实行以间接税为主,直接税和其他税种为辅的税制结构。而发达国家一般都实行以直接税为主,间接税为辅的税制结构。鉴于目前我国的经济发展情况和税收征管水平,我国现行的税种结构是以间接税(即流转税)和直接税(即所得税)并重为主体,其他税为辅助的税制结构。

1. 流转税。主要包括增值税、消费税、营业税等税种。

2. 所得税。主要包括企业所得税、个人所得税等税种。

3. 财产及资源税。主要包括房产税、契税、车船使用税、城镇土地使用税、土地增值税和资源税等税种。

4. 其他税。主要包括印花税、耕地占用税烟叶税等税种。我国自1994年工商税制改革以来,一直是以流转税为主体的税制结构,以增值税为核心的流转税课税比重超过了税收总额大部分。2003年,我国税收收入总额为20461.57亿元,间接税(包括增值税、消费税、营业税、海关代征进口税)税收收入总额为14183.29亿元,间接税占全部税收收入比重为69.30%,其中,增值税占全部税收收入的比重高达35.8%、消费税5.8%,营业税14.02%,海关代征进口税13.6%。

近年来,我国加入世界贸易组织后,社会经济得以迅速发展,国民收入有了显著提高,但是所得税收入在税制结构中所占比重过低。2003年,我国个人所得税收入为1418亿元,占全部税收收入的6.93%,企业所得税收入为2340.96亿元,占税收收入的11.44%。随着我国经济的持续、快速发展和经济结构的变化,个人收入不断增加,个人所得税将成为一支极具发展潜力的税种。同时,我国统一了内外资企业所得税,于2008年1月1日开始实施新的企业所得税法。企业所得税"两法合并"改革,有利于促进我国经济结构优化和产业升级,有利于为各类企业创造一个公平竞争的税收法制环境。加上有待开征的社会保障税、遗产和赠与税,将在调节企业利润,促进公平竞争,调节个人收入,缩小收入差距,落实效率优先,兼顾公平的收入分配制度方面发挥积极作用。

除上述两类主要税种外,一些与之相配套的辅助税种有:资源税、土地增值税、土地使用税、耕地占用税、房产税、契税、车船税、印花税、城市维护建设税和烟叶税,以及下放省、直辖市和自治区地方政府决定开征的筵席税等。另外,还有由海关负责征收的关税、船舶吨位税等、

小　结

本章是关于税收及税收制度基础知识的介绍。主要介绍了税收的概念、特点、分类及作用;税收制度及其构成要素;税制结构。其中重点是税收的概念、特点、按照不同标准对税收的分类及税收制度的三大基本要素。难点是累进税率中全额累进税率及超额累进税率的计算方法。

税收是是以国家为主体,为了满足社会公共需要,凭借政治权力,按照法定标准,强制地、无偿地参与社会剩余产品的分配,以取得财政收入的一种特定分配形式。它具有强制性、无偿性和固定性的特征,并在市场经济中发挥着重要作用。

税收的分类有多种方法,其中按照征税对象性质的不同可将税收分为流转税、所得税、资源税、财产税、行为税;按管理和使用权限不同可分为中央税、地方税和中央地方共享税;按税负能否转嫁可分为直接税和间接税;按其计税依据不同,可分为从价税和从量税;按照税收与价格组成的关系,可将税收分为价内税和价外税。

税收制度是是指一个国家或地区在一定时期制定的各种税收法令、条例和征收管理办法的总称。是政府税务机关依法向纳税人征税的法律依据和工作准则。税收制度由纳税人、征税对象、税率、附加和减免、纳税环节、纳税期限以及违章处理等基本要素构成。

税制结构可分为单一税制和复合税制。复合税制结构中又分为直接税为主体的税制结构、间接税为主体的税制结构和双主体的税制结构,我国现属于双主体的税制结构模式。

※　思考题：

1. 税收的特点是什么？
2. 税收制度有哪些要素构成的？
3. 税率的种类。土地增值税采用的是哪种？

※　练习题

一、关键概念：

（一）名词解释：　税收　　税收制度　　纳税人　　税率

（二）举例说明下列各组概念：

1. 从量税和从价税　　2. 直接税和间接税　　3. 中央税、地方税及共享税
4. 价内税和价外税　　5. 纳税人、负税人和扣缴义务人
6. 税种、税目和计税依据　　7. 比例税率、定额税率和累进税率
8. 起征点和免征额　　9. 加成和附加

二、选择题

1. 税收的"三性"特征是（　　）。
A. 无偿性　　B. 随意性　　C. 固定性　　D. 强制性
2. 税收制度的三个基本要素是（　　）。
A. 纳税人　　B. 课税对象　　C. 税率　　D. 征税人
3. 增值税属于（　　），消费税属于（　　）。
A. 价内税　　B. 价外税　　C. 从价税　　D. 从量税
4. 下列各项中，税负可转嫁的有：（　　）。
A. 消费税　　B. 所得税　　C. 直接税　　D. 间接税
5. 增值税的基本税率为 17%，此为（　　）。
A. 定额税率　　B. 比例税率　　C. 超额累进税率　　D. 累进税率
6. 累进税率包括：（　　）。
A. 超额累进税率　　B. 超率累进税率　　C. 全额累进税率　　D. 超倍累进税率
7. 采用超额累进税率征收的税种是：（　　）。
A. 资源税　　B. 土地增值税　　C. 个人所得税　　D. 企业所得税
8. 起征点属于下列减免形式中的（　　）。
A. 税基式减免　　B. 税率式减免　　C. 税额式减免　　D. 期限式减免
9. 就纳税环节而言，增值税属于：（　　）。
A. 一次课征制　　B. 两次课征制　　C. 多次课征制　　D. 零次课征制
10. 在消费税税法中，柴油每升征税 0.1 元。此为（　　）。
A. 定额税率　　B. 比例税率　　C. 超额累进税率　　D. 累进税率

三、判断题

1. 名义税率是指税法规定的税率。　　（　　）

2. 征税对象是一种税区别于另一种税的主要标志。 ( )

3. 附加和免征额属于加重纳税人负担的措施。 ( )

4. 在加成征收中,加一成是指在原来税额的基础上,再加征 1% 。 ( )

5. 我国现行的税制结构是直接税和间接税为主体,其他税为辅助的税制结构模式。( )

四、分析题

1. 纳税人就是负税人。是否正确? 为什么?

2. 试分析说明税收的“无偿性”与税收的“取之于民,用之于民”是否矛盾? 为什么?

3. 张三到某县剧团演出取得演出费 50000 元。指出纳税人、扣缴义务人、计税依据。

4. 李斯到东方商店购皮鞋一双,价值 180 元。要求:

(1) 指出纳税人、负税人、纳税对象。

(2) 该税为直接税还是间接税? 税负是否转嫁?

(3) 该税是从价税还是从量税?

5 第五章 流转税

◆ 学习目标

本章主要学习流转税种的征收制度，主要包括增值税、消费税、营业税、关税各税种。学生应从以下五个方面对每个税种的内容进行把握：纳税义务人、征税范围、税率应纳税额的计算、税收优惠和申报缴纳。要求熟悉各税种的征收制度，熟练掌握各税种应纳税额的计算。

◇ 案例导入

撕开"黑津冀"偷税巨网

2006年4月20日，国家税务总局公布9起涉税违法案件，为首者是一个范围涉及黑龙江、天津、河北三地的虚开发票偷税大案：502家企业涉案，涉税额达14.5亿元。涉税额之高、涉及企业之多，为近年来少有。

2004年6月，黑龙江省龙江县国税局在对废旧物资经营行业检查时发现，龙江县兴盛废品收购有限责任公司2004年3月办理的税务登记，仅4~5月份两个月的销售额竟然高达5.59亿元！这对一个经济并不发达，国税年收入只有2700万元的龙江县来说，简直就是天方夜谭。

经进一步调查，事实真相大白：2004年3月25日，兴盛废品收购有限公司在工商部门办理营业执照，在龙江县国税局办理了税务登记。之后，从3月26日至6月18日，兴盛公司共领购发票25本，然后开具给天津市静海县21户企业、河北省保定市4户企业以及内蒙古通辽市1户企业，在两个月内发票开具的金额就达5.59亿元。黑龙江税务和公安机关抓住这一线索进行追踪调查，查出虚开废旧物资销售发票企业39户，同时，查出以黑龙江企业名义开出的假发票。上述共计涉及发票11248份，税款8.1亿元。

天津税务机关共查出91户企业接受虚开的黑龙江废旧物资销售发票（含假票）5616份，涉及税额4.65亿元。其中：虚假企业20户，接受虚开发票1007份，税额0.94亿元，对外虚开增值税专用发票1.11万份，税额1.69亿元，涉及28个省、市1000余户企业。

河北税务机关共查出90户废旧物资经营企业虚开废旧物资销售发票45787份，涉及税款

4.47亿元;275户用废生产企业接受黑龙江和本地企业虚开的废旧物资销售发票44695份,涉及税款6.97亿元;34户企业在接受虚开废旧物资销售发票的同时,对外虚开增值税专用发票1639份,涉及税额0.24亿元。

在弄清了一张张虚开发票、假发票的来龙去脉之后,公安机关一举捣毁了这张错综复杂的偷税巨网,67名犯罪嫌疑人被抓获归案。目前,各案发地法院已陆续对部分犯罪嫌疑人进行了一审判决,22人被判刑。其中黑龙江案主犯张德旺一审被判处死刑,黑河案主犯于洪彬、李春林,龙江案主犯孙军被判处死刑缓期2年执行,1人被判处无期徒刑。各涉案地税务机关查补税款12.39亿元,罚款4.89亿元。

在黑津冀系列虚开发票案中,犯罪分子为什么会瞄上废旧物资回收行业?国家税务总局税务稽查人员分析说,主要有两个原因:一是废旧物资回收企业免税;二是当时废旧物资发票还没有完全纳入税控防伪系统和金税工程,管控相对薄弱。

税务稽查人员解释说,虚开发票的根本目的是为了偷逃国家税款。在没有真实交易的情况下,废旧物资回收企业把发票"虚开"给生产企业,从中收取1%到4%的手续费;生产企业接受虚开的发票后,再按10%抵扣增值税。其中,有些企业在接受虚开的废旧物资发票后,又对外虚开增值税发票赚取手续费;而接受虚开增值税发票的"下家"企业,又可以按17%抵扣增值税。比如,天津静海县的20户涉案企业,都是无经营资金、无生产场地、无生产设备的"假企业",这些企业在接受黑龙江涉案企业虚开发票后,又利用假租房协议和虚假销货合同,向"下家"企业集中虚开增值税专用发票,然后快速逃逸。国家14.5亿元的巨额税款就在这层层"虚开"中流失了。

(文字来源:人民日报/李丽辉)

读完此案例,也许您对有关涉案企业的偷税手段还不甚明白。那么,就让我们带着问题,一起来学习有关增值税的征收制度吧。

第一节 增值税

增值税是对我国境内销售货物或者提供加工、修理修配劳务,以及进口货物的单位和个人、就其取得的货物或应税劳务的销售额,以及进口货物的金额计算税款,并实行税款抵扣制的一种流转税。从计税原理而言,增值税是对商品生产和流通中各环节的新增或商品附加值进行征税,所以称之为"增值税"。然而,由于新增价值或商品附加值在商品流通过程中是一个难以准确计算的数据,因此,在增值税的实际操作上采用间接计算办法。即从事货物销售以及提供应税劳务的纳税人,要根据货物或应税劳务销售额,按照规定的税率计算税款,然后从中扣除上一道环节已纳增值税税款,其余额即为纳税人应缴纳的增值税税款。这种计算办法同样体现了对新增价值征税的原则。

一、增值税纳税义务人

在中华人民共和国境内销售和进口货物以及提供加工、修理修配劳务的单位和个人,为增值税的纳税义务人。

单位包括国有企业、集体企业、私有企业、股份制企业、其他企业和行政单位、事业单位、军事单位、外商投资企业和外国企业、社会团体及其他单位，个人包括个体经营者及其他个人。

境外的单位或个人在境内销售应税劳务而在境内未设有经营机构的，其应纳税款以代理人为扣缴义务人；没有代理人的，以购买者为扣缴义务人。

由于增值税实行凭增值税专用发票抵扣税款的制度，因此要求增值税纳税人会计核算健全，并能够准确核算销项税额、进项税额和应纳税额。为了严格增值税的征收管理，《中华人民共和国增值税暂行条例》将纳税人按其经营规模大小及会计核算健全与否划分为一般纳税人和小规模纳税人。

（一）小规模纳税人

1. 从事货物生产或者提供应税劳务的纳税人，以及以从事货物生产或者提供应税劳务为主，并兼营货物批发或者零售的纳税人，年应征增值税销售额（以下简称应税销售额）在50万元以下（含本数，下同）的；

2. 从事货物批发或零售的纳税人，年应税销售额在80万元以下的。

年应税销售额超过小规模纳税人标准的其他个人按小规模纳税人纳税；非企业性单位、不经常发生应税行为的企业可选择按小规模纳税人纳税。

（二）一般纳税人

对提出申请并且同时符合下列条件的纳税人，主管税务机关应当为其办理一般纳税人资格认定：

1. 有固定的生产经营场所；

2. 能够按照国家统一的会计制度规定设置账簿，根据合法、有效凭证核算，能够提供准确税务资料。

下列纳税人不办理一般纳税人资格认定：

1. 个体工商户以外的其他个人；

2. 选择按照小规模纳税人纳税的非企业性单位；

3. 选择按照小规模纳税人纳税的不经常发生应税行为的企业。

除国家税务总局另有规定外，纳税人一经认定为一般纳税人后，不得转为小规模纳税人。

有下列情形之一者，应按销售额依照增值税税率计算应纳税额，不得抵扣进项税额，也不得使用增值税专用发票：

（1）一般纳税人会计核算不健全，或者不能够提供准确税务资料的；

（2）除本细则第二十九条规定外，纳税人销售额超过小规模纳税人标准，未申请办理一般纳税人认定手续的。

二、增值税征税范围

在中华人民共和国境内销售和进口货物以及提供加工、修理修配劳务都属于增值税的征税范围。

(一)销售或者进口的货物

货物是指有形动产,包括电力、热力、气体在内。

(二)提供的加工、修理修配劳务

加工是指受托加工货物,即委托方提供原料及主要材料,受托方按照委托方的要求制造货物并收取加工费的业务;修理修配是指受托对损伤和丧失功能的货物进行修复,使其恢复原状和功能的业务。

增值税的征税范围总的来讲,包括上述(一)、(二)两大项,但对于实务中某些特殊项目或行为是否属于增值税的征税范围,还需要具体确定。

1. 属于征税范围的特殊项目

(1)货物期货(包括商品期货和贵金属期货),应当征收增值税,在期货的实物交割环节纳税;

(2)银行销售金银的业务,应当征收增值税;

(3)典当业的死当销售业务和寄售业务代委托人销售物品的业务,均应征收增值税;

(4)集邮商品(如邮票、首日封、邮折等)的生产、调拨、以及邮政部门以外的其他单位和个人销售的,均征收增值税。(邮政部门卖邮票交营业税)

2. 属于征税范围的特殊行为

(1)视同销售货物行为。单位或个体经营者的下列行为,视同销售货物:

①将货物交付他人代销;

②销售代销货物;

③设有两个以上机构并实行统一核算的纳税人,将货物从一个机构移送至其他机构用于销售,但相关机构设在同一县(市)的除外;

④将自产或委托加工的货物用于非应税项目;

⑤将自产、委托加工或购买的货物作为投资,提供给其他单位或个体经营者;

⑥将自产、委托加工或购买的货物分配给股东或投资者;

⑦将自产、委托加工的货物用于集体福利或个人消费;

⑧将自产、委托加工或购买的货物无偿赠送他人。

(2)混合销售行为。混合销售行为是指一项销售行为既涉及增值税应税货物又涉及非应税劳务(指营业税规定的各项劳务)。从事货物的生产、批发或零售的企业,企业性单位及个体经营者发生混合销售行为,视为销售货物,应当征收增值税。

例如,某彩电厂向本市一新落成的宾馆销售客房用的21寸彩电800台,含税价2000元/

台。由本企业车队运送该批彩电,取得运输收入10000元。

则该项业务既涉及增值税的货物销售,又涉及营业税的运输劳务,但由于该运输劳务是为了销售货物而提供的,两者之间是紧密相连的从属关系,属于混合销售行为;该彩电厂是以从事货物生产为主的企业,因此销售彩电和运输的收入均应计算缴纳增值税。

(3)兼营非应税劳务行为。兼营非应税劳务行为是指纳税人在经营范围内既从事应税货物的销售或提供应税劳务,还从事非应税劳务(指营业税规定的各项劳务),并且这些业务之间没有紧密联系和从属关系。

增值税纳税人兼营非应税劳务,如果不分别核算或者不能准确核算货物或应税劳务的销售额和非应税劳务的营业额的,其非应税劳务应与货物或应税劳务一并征收增值税。

例如,某建筑装饰材料商店为增值税一般纳税人,并兼营装修业务和工具出租业务。在某一纳税期内,该商店购进商品,取得增值税专用发票上注明的价款是200000元,税款34000元;销售建材给甲,取得销售收入价税合计340000元,为乙装修取得收入50000元,租赁业务收入3800元。商店分别核算货物销售额和非应税劳务营业额。

该建筑装饰材料商店所售的建材与装修、租赁业务(非应税劳务)之间没有联系,且分别核算货物销售额和非应税劳务营业额,则应就销售建材的收入340000元计算缴纳增值税,就装修业务收入50000元、租赁业务收入3800元计算缴纳营业税。

三、税率与征收率

我国增值税采取了基本税率再加一档低税率的模式。

(一)基本税率

增值税一般纳税人销售或者进口货物,提供加工、修理修配劳务,除低税率适用范围和销售个别旧货适用征收率外,税率一律为17%,这就是通常所说的基本税率。

(二)低税率

增值税一般纳税人销售或者进口下列货物,按低税率计征增值税,低税率为13%。适用范围:

(1)农业产品、食用植物油;

(2)暖气、冷气、热水、煤气、石油液化气、天然气、沼气、居民用煤制品;

(3)图书、报纸、杂志;

(4)饲料、化肥、农药、农机(不包括农机零部件)农膜;

(5)金属矿采选产品、非金属矿采选产品。

(三)征收率

考虑到小规模纳税人经营规模小,且会计核算不健全,难以按上述两档税率计税和使用增值税专用发票抵扣进项税款,因此实行按销售额与征收率计算应纳税额的简易办法。小规模纳税人适用征收率的规定是3%。

四、一般纳税人应纳增值税的计算

增值税一般纳税人,应纳税额等于当期销项税额减当期进项税额。增值税一般纳税人当期应纳税额的多少,取决于当期销项税额和当期进项税额这两个因素。在分别确定销项税额和进项税额的情况下,就不难计算出应纳税额。

(一)应纳税额的计算

纳税人销售货物或提供应税劳务,其应纳税额为当期销项税额抵扣当期进项税额后的余额。基本计算公式为:

应纳税额 = 当期销项税额—当期进项税额。

由于增值税实行购进扣税法,有时企业当期购进的货物很多,在计算应纳税额时会出现当期销项税额小于当期进项税额不足抵扣的情况,根据税法规定,当期进项税额不足抵扣的部分可以结转下期继续抵扣。

(二)销项税额的计算

销项税额是指纳税人销售货物或者提供应税劳务,按照销售额或应税劳务收入和规定的税率计算并向购买方收取的增值税税额。销项税额的计算公式为:

销项税额 = 销售额(不含税)×适用税率

1. 一般销售方式下的销售额。销售额是指纳税人销售货物或者提供应税劳务向购买方收取的全部价款和价外费用,但是不包括收取的销项税额。

价外费用(实属价外收入)是指价外向购买方收取的手续费、补贴、基金、集资费、返还利润、奖励费、违约金(延期付款利息)、包装费、包装物租金、储备费、优质费、运输装卸费、代收款项、代垫款项及其他各种性质的价外收费。但下列项目不包括在内:

(1)向购买方收取的销项税额;

(2)受托加工应征消费税的消费品所代收代缴的消费税;

(3)同时符合以下条件的代垫运费:

①承运者的运费发票开具给购货方的;

②纳税人将该项发票转交给购货方的。

2. 特殊销售方式下的销售额

(1)采取折扣方式销售。税法规定,给予顾客的商业折扣,如果销售额和折扣额在同一张发票上分别注明的,可按折扣后的余额作为销售额计算增值税;如果将折扣额另开发票,不论其在财务上如何处理,均不得从销售额中减除折扣额。给予顾客的现金折扣不得冲减销售额。

(2)采取以旧换新方式销售。根据税法规定,采取以旧换新方式销售货物的,应按新货物的同期销售价格确定销售额,不得扣减旧货物的收购价格。

(3)采取以物易物方式销售。以物易物是一种较为特殊的购销活动,是指购销双方不是以货币结算,而是以同等价款的货物相互结算,实现货物购销的一种方式。以物易物双方都应作购销处理,以各自发出的货物核算销售额并计算销项税额,以各自收到的货物按规定核算购货额并计算进项税额。

(4)包装物押金。包装物是指纳税人包装本单位货物的各种物品。纳税人销售货物时另收取包装物押金,目的是促使购货方及早退回包装物以便周转使用。根据税法规定,纳税人为销售货物而出租出借包装物收取的押金,单独记账核算的,时间在一年以内,又未过期的,不并入销售额征税;但对因逾期未收回包装物不再退还的押金,应按所包装货物的适用税率计算销项税额。另外,包装物押金不应混同于包装物租金,包装物租金在销货时作为价外费用并入销售额计算销项税额。对销售除啤酒、黄酒外的其他酒类产品而收取的包装物押金,无论是否返还以及会计上如何核算,均应并入当期销售额征税。对销售啤酒、黄酒所收取的押金,按上述一般押金的规定处理。

(5)旧货、旧机动车的销售。2009 年 1 月 1 日以后纳税人销售可进入二次流通的具有部分使用价值的旧货、旧机动车(但不包括自己使用过的物品),按照简易办法依照 4% 征收率减半征收增值税。应开具普通发票,不得自行开具或者由税务机关代开增值税专用发票。

(6)纳税人销售货物或者应税劳务的价格明显偏低并无正当理由的,或者有视同销售货物行为而无销售额者,按下列顺序确定销售额:

①按纳税人最近时期同类货物的平均销售价格确定;

②按其他纳税人最近时期同类货物的平均销售价格确定;

③按组成计税价格确定。组成计税价格的公式为:

组成计税价格 = 成本 ×(1 + 成本利润率)

公式中的成本是指:销售自产货物的为实际生产成本,销售外购货物的为实际采购成本。公式中的成本利润率为 10%。

属于应征消费税的货物,其组成计税价格中应包括消费税;其成本利润率按《消费税暂行条例》的规定。(详见本章第二节)

3. 含税销售额的换算。因为增值税是价外税,在实务中常常会发生销售额中含有增值税的问题,因此要将含税的销售额换算为不含税销售额。计算公式为:

不含税销售额 = 含税销售额 ÷(1 + 税率)

(三)进项税额的计算

1. 准予从销项税额中抵扣的进项税额。根据税法的规定,准予从销项税额中抵扣的进项税额,限于下列增值税扣税凭证上注明的增值税税额和按规定的扣除率计算的进项税额。

(1)从销售方取得的增值税专用发票上注明的增值税额。

(2)从海关取得的完税凭证上注明的增值税额。

(3)增值税一般纳税人购进农业生产者销售的农业产品,或者向小规模纳税人购买的农产品,准予按照买价和 13% 的扣除率计算进项税额,从当期销项税额中扣除。其进项税额的计算公式为:

准予抵扣的进项税额 = 买价 × 扣除率

(4)增值税一般纳税人外购货物(固定资产除外)所支付的运输费用,以及一般纳税人销售货物所支付的运输费用,根据运费结算单据(普通发票)所列运费金额依7%的扣除率计算进项税额准予扣除,但随同运费支付的装卸费、保险费等其他杂费不得计算扣除进项税额。

准予抵扣的进项税额 = 运费 × 扣除率

(5)生产企业一般纳税人购入废旧物资回收经营单位销售的免税废旧物资,可按照废旧物资回收经营单位开具的由税务机关监制的普通发票上注明的金额,按10%计算抵扣进项税额。

(6)自2004年12月1日起,增值税一般纳税人购置税控收款机所支付的增值税税额(以购进税控收款机取得的增值税专用发票上注明的增值税税额为准),准予在该企业当期的增值税销项税额中抵扣。

2. 不得从销项税额中抵扣的进项税额。按《增值税暂行条例》规定,下列项目的进项税额不得从销项税额中抵扣:

(1)用于非增值税应税项目、免征增值税项目、集体福利或者个人消费的购进货物或者应税劳务;

(2)非正常损失的购进货物及相关的应税劳务;

(3)非正常损失的在产品、产成品所耗用的购进货物或者应税劳务;

(4)国务院财政、税务主管部门规定的纳税人自用消费品;

纳税人自用的应征消费税的摩托车、汽车、游艇,其进项税额不得从销项税额中抵扣。

(四)一般纳税人应纳税额计算

例1:某商场为增值税一般纳税人,2007年8月发生以下购销业务:

(1)购入服装一批,取得增值税税控防伪专用发票,注明的货款36万元、进项税额6.12万元,支付运费4万元,并取得承运单位开具的普通发票。

(2)批发销售服装一批,取得不含税销售额18万元,采用委托银行收款方式结算,货已发出并办妥托收手续,货款尚未收回。

(3)零售各种服装,取得含税销售额38万元,同时将零售价为1.78万元的服装作为礼品赠送给了顾客。

(4)采取以旧换新方式销售家用电脑20台,每台零售价6500元,另支付顾客每台旧电脑收购款500元。

要求:计算该商场2007年8月应缴纳的增值税。

(1)本月准予抵扣的进项税额 $=6.12+4\times7\%=6.4$(万元)

(2)本月销项税额 $=18\times17\%+[(38+1.78)\div(1+17\%)]\times17\%$

$+20\times0.65\div(1+17\%)\times17\%=3.06+5.78+1.89=10.73$(万元)

(3)本月应纳增值税 $=10.73-6.4=4.33$(万元)

例2:某汽车修理厂为增值税一般纳税人,以汽车修理为主,兼营汽车配件销售。5月份修理收入250000万元，汽车配件销售200000万元，本月购进汽车零配件取得防伪税控发票注明增值税20000万元，支付水电费分别取得防伪税控发票注明增值税3400元、1700元。计算应纳的增值税额。

(1)本月准予抵扣的进项税额＝20000＋3400＋1700＝25100(元)

(2)本月销项税额＝(250000＋200000)×17%＝76500(元)

(3)本月应纳增值税额＝76500－25100＝51400(元)

五、小规模纳税人应纳增值税的计算

1. 应纳税额的计算公式。小规模纳税人销售货物或者应税劳务，按照销售额和《增值税暂行条例》规定的3%的征收率计算应纳税额，不得抵扣进项税额。应纳税额计算公式为：

应纳税额＝销售额×征收率

2. 含税销售额的换算。由于小规模纳税人在销售货物或应税劳务时，只能开具普通发票，取得的销售收入均为含税销售额。为了符合增值税作为价外税的要求，小规模纳税人在计算应纳税额时，必须将含税销售额换算为不含税的销售额后才能计算应纳税额。小规模纳税人不含税销售额的换算公式为：

不含税销售额＝含税销售额÷(1＋征收率)

例3：某商店为增值税小规模纳税人，2007年8月，取得零售收入总额12.48万元。计算该商店2002年8月应缴纳的增值税税额。

(1)8月取得的不含税销售额＝12.48÷(1＋3%)＝12.12(万元)

(2)8月应缴纳增值税税额＝12.12×3%＝0.36(万元)

六、进口货物应纳增值税的计算

申报进入中华人民共和国海关境内的货物，均应缴纳增值税。进口货物的单位和个人是增值税的纳税义务人。

纳税人进口货物，按照组成计税价格和条例规定的税率计算应纳税额，不得抵扣任何税额。组成计税价格和应纳税额的计算公式为：

组成计税价格＝关税完税价格＋关税＋消费税

应纳税额＝组成计税价格×税率

例4：某进出口公司当月进口一批彩电，海关审定的关税完税价格为700万元，该货物关税税率为10%，海关按17%税率代征了增值税；当月将进口彩电销售，取得不含税销售额1800万元，适用17%的税率。请计算该企业当月应纳增值税额。

(1)进口彩电缴纳增值税＝(700＋700×10%)×17%＝130.9(万元)，作为国内销售彩电的进项税。

(2)当月销项税额＝1800×17%＝306(万元)

(3)当月应纳增值税额＝306－130.9＝175.1(万元)

七、出口货物退(免)税

出口货物退(免)税是指在国际贸易业务中对我国报关出口的货物退还其在国内各生产和流转环节按税法规定缴纳的增值税和消费税,或免征应缴纳的增值税和消费税。它是国际贸易中通常采用并为各国所接受的、目的在于鼓励出口货物公平竞争的一种税收措施,是一种税收国际惯例。我国的出口货物退(免)税政策有出口免税并退税、出口免税不退税、出口不免税也不退税三种。

(一)出口货物退(免)税应具备的条件

1. 必须是属于增值税、消费税征税范围的货物;
2. 必须是报关离境的货物,报关不离境的货物不能予以退免税;
3. 必须是在财务上作销售处理的货物;
4. 必须是出口收汇并已核销的货物。

(二)出口货物退税的计算

出口货物只有在适用既免税又退税的政策时,才会涉及如何计算退税的问题。我国《出口货物退(免)税管理办法》规定了两种退税计算办法:第一种办法是"免、抵、退"办法,主要适用于自营和委托出口自产货物的生产企业;第二种办法是"先征后退"办法,目前主要用于收购货物出口的外(工)贸企业。

1. "免、抵、退"税的计算方法

(1)计算免抵退税不得免征和抵扣税额,将其计入产品销售成本。

免抵退税不得免征和抵扣税额 = 当期出口货物的离岸价格 × 外汇人民币牌价 × (出口货物征税率 - 出口货物退税率) - 免抵退税不得免征和抵扣税额抵减额

免抵退税不得免征和抵扣税额抵减额 = 免税原材料价格 × (出口货物征税率 - 出口货物退税率)

(2)计算当期内销货物应缴纳的增值税额。

当期应纳税额 = 当期内销货物的销项税额 - (当期进项税额 - 当期免抵退税不得免征和抵扣税额) - 上期未抵扣完的进项税额

(3)计算当期免抵退税额

免抵退税额 = 出口货物的离岸价格 × 外汇人民币牌价 × 出口货物退税率 - 免抵退税额抵减额

其中:免抵退税额抵减额 = 免税购进原材料价格 × 出口货物退税率

免税购进原材料包括国内购进免税原材料和进料加工免税进口料件,其中进料加工免税进口料件的价格为组成计税价格。

进料加工免税进口料件的组成计税价格 = 货物到岸价 + 海关实征关税和消费税

(4)计算当期应退税额和免抵税额

①当期期末留抵税额(应纳税额为负数且绝对值) ≤ 当期免抵退税额时:

当期应退税额 = 当期期末留抵税额(应纳税额的绝对值)

当期免抵税额 = 当期免抵退税额 - 当期应退税额

②当期期末留抵税额(应纳税额为负数且绝对值) > 当期免抵退税额时:

当期应退税额 = 当期免抵退税额

当期免抵税额 = 0

结转下期抵扣的进项税额 = 当期期末留抵税额 - 当期应退税额

例 5:某生产企业为增值税一般纳税人,出口货物的征税税率为 17%,退税税率为 13%。2007 年 4 月的有关经营业务为:购进原材料一批,取得的增值税专用发票注明的价款 200 万元,外购货物准予抵扣的进项税额 34 万元,货已验收入库。上月末留抵税款 3 万元;本月内销售货物不含税销售额 100 万元;收款 117 万元存入银行;本月自营出口货物,销售额折合人民币 200 万元。试计算该企业当期的"免、抵、退"税额。

(1)当期免抵退税不得免征和抵扣税额 = 200 × (17% - 13%) = 8(万元)

(2)当期应纳税额 = 100 × 17% - (34 - 8) - 3 = 17 - 26 - 3 = -12(万元)

(3)出口货物"免、抵、退"税额 = 200 × 13% = 26(万元)

(4)按规定,如当期末留抵税额(即当期应纳税额的绝对值)≤当期免抵退税额时:

当期应退税额 = 当期期末留抵税额

即该企业当期应退税额 = 12(万元)

(5)当期免抵税额 = 当期免抵退税额 - 当期应退税额

= 26 - 12 = 14(万元)

例 6:某生产企业为增值税一般纳税人,出口货物的征税税率为 17%,退税率为 13%。2007 年 6 月有关经营业务为:购原材料一批,取得的增值税专用发票注明的价款 400 万元,外购货物准予抵扣的进项税额 68 万元,货已验收入库。上期末留抵税款 5 万元。本月内销货物不含税销售额 100 万元,收款 117 万元存入银行。本月自营出口货物,销售额折合人民币 200 万元。试计算该企业当期的"免、抵、退"税额。

(1)当期免抵退税不得免征和抵扣税额 = 200 × (17% - 13%) = 8(万元)

(2)当期应纳税额 = 100 × 17% - (68 - 8) - 5 = -48(万元)

(3)出口货物"免、抵、退"税额 = 200 × 13% = 26(万元)

(4)按规定,如当期期末留抵税额(即当期应纳税额的绝对值) > 当期免抵退税额时:

当期应退税额 = 当期免抵退税额

即该企业当期免抵税额 = 26(万元)

(5)当期免抵税额 = 当期免抵退税额 - 当期应退税额

= 26 - 26 = 0(万元)

(6)6 月期末留抵结转下期继续抵扣税额为 22(48 - 26)万元

2."先征后退"的计算方法

(1)外贸企业"先征后退"的计算方法:出口销售环节的增值税免征;出口后按收购成本与退税率计算退税,征退税之差计入企业成本。

当期应退税额 = 当期外贸收购不含增值税购进金额 × 退税率

(2)外贸企业收购小规模纳税人出口货物增值税的退税规定

①出口货物收入一律免征增值税、消费税,小规模纳税人的进项税额不予抵扣或退税。对购进特种退(免)税货物,因小规模企业提供的是普通发票,其退税计算公式是:

应退税额 = 普通发票所列含税销售额 ÷ (1 + 征收率6%) × 退税率(6%或5%)

②凡从小规模纳税人购进税务机关代开的增值税专用发票的出口货物:

应退税额 = 增值税专用发票注明的金额 ×6%或5%

(3)外贸企业委托生产企业加工出口货物的退税规定

应退税额 = 购进国内原辅材料的进项金额 × 原辅材料适用的退税率 + 加工费 × 货物适用的退税率

八、税收优惠

(一)增值税起征点的规定

纳税人销售额未达到财政部规定的增值税起征点的,免征增值税。增值税起征点的幅度规定如下:

1. 销售货物的,为月销售额5000 - 20000元;

2. 销售应税劳务的,为月销售额5000 - 20000元;

3. 按次纳税的,为每次(日)销售额300 - 500元。

起征点的适用范围只限于个人。国家税务总局直属分局应在规定的幅度内,根据实际情况确定本地区适用的起征点,并报国家税务总局备案。

(二)增值税免税项目

1. 从事农业(种植业、养殖业、林业、牧业、水产业)生产的单位和个人销售的自产初级农业产品;

2. 避孕药品和用具;

3. 社会收购的古、旧图书;

4. 下列进口货物

(1)直接用于科学研究、科学试验和教学的进口仪器、设备;

(2)外国政府、国际组织无偿援助的进口物资和设备;

(3)来料加工、来件装配和补偿贸易所需进口的设备;

(4)由残疾人组织直接进口供残疾人专用的物品;

5. 个体经营户以外的其他个人销售自己使用过的物品(游艇、摩托车、应征消费税的汽车除外)。

6. 校办企业生产的应税货物,用于本校教学、科研方面免征增值税;

7. 废旧物资回收经营单位销售其收购的废旧物资免征增值税。

8. 高校后勤实体为高校师生食堂提供的食品原料、食堂餐具及其为其他高校提供快餐的外销收入,免征增值税。

9. 残疾人员专用物品 供残疾人专用的假肢、轮椅、矫型器(包括上肢矫型器、下肢矫型器、脊椎侧弯矫型器),免征增值税。

10. 残疾人员个人提供加工和修理修配劳务

九、申报与缴纳

(一)纳税义务发生时间

《增值税暂行条例》明确规定了增值税纳税义务的发生时间。纳税义务发生时间,是纳税人发生应税行为应当承担纳税义务的起始时间。

销售货物或者应税劳务的纳税义务发生时间,按销售结算方式的不同,具体确定为:

1. 采取直接收款方式销售货物,不论货物是否发出,均为收到销售款或者取得索取销售款凭据的当天;

2. 采取托收承付和委托银行收款方式销售货物,为发出货物并办妥托收手续的当天;

3. 采取赊销和分期收款方式销售货物,为书面合同约定的收款日期的当天,无书面合同的或者书面合同没有约定收款日期的,为货物发出的当天;

4. 采取预收货款方式销售货物,为货物发出的当天,但生产销售生产工期超过 12 个月的大型机械设备、船舶、飞机等货物,为收到预收款或者书面合同约定的收款日期的当天;

5. 委托其他纳税人代销货物,为收到代销单位的代销清单或者收到全部或者部分货款的当天。未收到代销清单及货款的,为发出代销货物满 180 天的当天;

6. 销售应税劳务,为提供劳务同时收讫销售款或者取得索取销售款的凭据的当天;

7. 纳税人发生本细则第四条第(3)项至第(8)项所列视同销售货物行为,为货物移送的当天。

(二)纳税期限

根据条例规定,增值税的纳税期限分别为 1 日、3 日、5 日、10 日、15 日、1 个月或 1 个季度。纳税人以 1 个月或 1 个季度为一期纳税的,自期满之日起 15 日内申报纳税;以 1 日、3 日、5 日、10 日或者 15 日为一期纳税的,自期满之日起 5 日内预缴税款,于次月 1 日起 15 日内申报纳税并结清上月应纳税款。

纳税人进口货物,应当自海关填发税款缴纳书之日起 15 日内缴纳税款。

(三)纳税地点

为了保证纳税人按期申报纳税,根据企业跨地区经营和搞活商品流通的特点及不同情况,税法还具体规定了增值税的纳税地点:

1. 固定业户应当向其机构所在地主管税务机关申报纳税。总机构和分支机构不在同一县(市)的,应当分别向各自所在地主管税务机关申报纳;经国家税务总局或其授权的税务机关批准,也可由总机构汇总向总机构所在地主管税务机关申报纳税。

2. 固定业户到外县(市)销售货物的,应当向其机构所在地主管税务机关申请开具外出经营活动税收管理证明，向其机构所在地主管税务机关申报纳税。未持有其机构所在地主管税务机关核发的外出经营活动税收管理证明，到外县（市）销售货物或者应税劳务的，应当向销售地主管税务机关申报纳税；未向销售地主管税务机关申报纳税的，由其机构所在地主管税务机关补征税款。

3. 非固定业户销售货物或者应税劳务，应当向销售地主管税务机关申报纳税。

4. 进口货物，应当由进口人或其代理人向报关地海关申报纳税。

5. 非固定业户到外县（市）销售货物或者应税劳务，未向销售地主管税务机关申报纳税的，由其机构所在地或者居住地主管税务机关补征税款。

第二节 消费税

消费税是以特定消费品为课税对象所征收的一种税，属于流转税的范畴。目前，世界上已有一百多个国家开征了这一税种或类似税种。我国现行消费税是1994年税制改革中新设置的一个税种。在对货物普遍征收增值税的基础上，选择少数消费品再征收一道消费税，目的是为了调节产品结构，引导消费方向，保证国家财政收入。

一、纳税义务人

在中华人民共和国境内生产、委托加工和进口应税消费品的单位和个人，为消费税纳税义务人。

单位是指国有企业、集体企业、私有企业、股份制企业、外商投资企业和外国企业、其他企业和行政单位、事业单位、军事单位、社会团体及其他单位。

个人是指个体经营者及其他个人。

在中华人民共和国境内是指生产、委托加工和进口属于应当征收消费税的消费品和起运地或所在地在境内。

二、税目、税率

（一）税目

按照《消费税暂行条例》规定，确定征收消费税的只有烟、酒、化妆品等14个税目。消费税属于价内税，并实行单一环节征收，一般在应税消费品的生产、委托加工和进口环节缴纳，在以后的批发、零售等环节中，由于价款中已包含消费税，因此不必再缴纳消费税。从1995年1月1日起，金银首饰由生产销售环节征税改为零售环节征税；从2002年1月1日起，钻石及钻石饰品由生产、进口环节改为零售环节征税。

消费税的征收范围包括了五种类型的产品：

第一类：一些过度消费会对人类健康、社会秩序、生态环境等方面造成危害的特殊消费品，如烟、酒、鞭炮、焰火等；

第二类：奢侈品、非生活必需品，如贵重首饰、化妆品等；

第三类：高能耗及高档消费品，如小轿车、摩托车、高档手表、游艇、高尔夫球及球具等；

第四类：不可再生和替代的石油类消费品，如汽油、柴油、木制一次性筷子、实木地板等；

第五类：具有一定财政意义的产品，如汽车轮胎。

（二）税率

消费税采用比例税率和定额税率两种形式，以适应不同应税消费品的实际清况。

消费税税目税率表

税　目	税　率
一、烟	
1. 卷烟	
（1）甲类卷烟	56%加0.003元/支
（2）乙类卷烟	36%加0.003元/支
2. 雪茄烟	36%
3. 烟丝	30%
二、酒及酒精	
1. 白酒	20%加0.5元/500克
2. 黄酒	240元/吨
3. 啤酒	
（1）甲类啤酒	250元/吨
（2）乙类啤酒	220元/吨
4. 其他酒	10%
5. 酒精	5%
三、化妆品	30%
四、贵重首饰及珠宝玉石	
1. 金银首饰、铂金首饰和钻石及钻石饰品	5%
2. 其他贵重首饰和珠宝玉石	10%
五、鞭炮、焰火	15%

续表

六、成品油 1. 汽油 (1)含铅汽油 (2)无铅汽油 2. 柴油 3. 航空煤油 4. 石脑油 5. 溶剂油 6. 润滑油 7. 燃料油	 0.28 元/升 0.20 元/升 0.10 元/升 0.10 元/升 0.20 元/升 0.20 元/升 0.20 元/升 0.10 元/升
七、汽车轮胎	3%
八、摩托车 1. 气缸容量(排气量,下同)在 250 毫升(含)以下的 2. 气缸容量在 250 毫升以上的	 3% 10%
九、小汽车 1. 乘用车 (1)气缸容量(排气量,下同)在 1.0 升(含 1.0 升)以下的 (2)气缸容量在 1.0 升以上至 1.5 升(含 1.5 升)的 (3)气缸容量在 1.5 升以上至 2.0 升(含 2.0 升)的 (4)气缸容量在 2.0 升以上至 2.5 升(含 2.5 升)的 (5)气缸容量在 2.5 升以上至 3.0 升(含 3.0 升)的 (6)气缸容量在 3.0 升以上至 4.0 升(含 4.0 升)的 (7)气缸容量在 4.0 升以上的 2. 中轻型商用客车	 1% 3% 5% 9% 12% 25% 40% 5%
十、高尔夫球及球具	10%
十一、高档手表	20%
十二、游艇	10%
十三、木制一次性筷子	5%
十四、实木地板	5%

三、应纳税额的计算

按照现行消费税法的基本规定,消费税应纳税额的计算分为从价定率、从量定额混合计算三类计算方法。具体计算方法为:

（一）从价定率计算方法

应纳税额 = 应税消费品的销售额 × 适用税率

1. 销售额的确定。销售额为纳税人销售应税消费品向购买方收取的全部价款和价外费用。“价外费用”，是指价外收取的基金、集资费、返还利润、补贴、违约金（延期付款利息）和手续费、包装费、储备费、优质费、运输装卸费、代收款项、代垫款项以及其他各种性质的价外收费。但下列款项不包括在内：承运部门的运费发票开具给购货方的；纳税人将该项发票转交给购货方的。除此之外，其他价外费用，无论是否属于纳税人的收入，均应并入销售额计算征税。

应税消费品实行从价定率办法计算应纳税额的连同包装销售的，无论包装是否单独计价，也不论在会计上如何核算，均应并入应税消费品的销售额中征收消费税。纳税人取得包装物押金，单独核算又未过期的，押金不并入应税消费品的销售额征税；但对因逾期未收回的包装物不再退还的和已收取 1 年以上的押金，应并入应税消费品的销售额，按应税消费品的适用税率征收消费税。对酒类产品生产企业销售酒类产品（啤酒、黄酒除外）而收取的包装物押金，无论押金是否返还与会计上如何核算，均需并入酒类产品销售额中，依酒类产品的适用税率征收消费税。

2. 含增值税销售额的换算。应税消费品在缴纳消费税的同时，与一般货物一样，还应缴纳增值税。按照《消费税暂行条例实施细则》的规定，应税消费品的销售额，不包括应向购货方收取的增值税税款。在计算消费税时，应将含增值税的销售额换算为不含增值税税款的销售额。其换算公式为：

应税消费品的销售额 = 含增值税的销售额 ÷（1 + 增值税税率或征收率）

在使用换算公式时，应根据纳税人的具体情况分别使用增值税税率或征收率。

如果消费税的纳税人同时又是增值税一般纳税人的，应适用 17% 的增值税税率；如果消费税的纳税人是增值税小规模纳税人的，应适用 3% 的征收率。

例 7：某化妆品生产企业为增值税一般纳税人，10 月 15 日向某大型商场销售化妆品一批，开具增值税专用发票，取得不含增值税销售额 50 万元，增值税额 8.5 万元；10 月 20 日向某单位销售化妆品一批，开具普通发票，取得含增值税销售额 14.68 万元。化妆品适用消费税税率 30%，计算该化妆品生产企业 10 月应缴纳的消费税额。

（1）化妆品的应税销售额 = 50 + 4.68 ÷（1 + 17%）= 54（万元）

（2）应缴纳的消费税额 = 54 × 30% = 16.2（万元）

（二）从量定额计算方法

在从量定额计算方法下，应纳税额的计算取决于应税消费品的销售数量和单位税额两个因素。其基本计算公式为：

应纳税额 = 应税消费品的销售数量 × 单位税额

1. 销售数量的确定。销售数量是指纳税人生产、加工和进口应税消费品的数量。具体规定为：

①销售应税消费品的,为应税消费品的销售数量。

②自产自用应税消费品的,为应税消费品的移送使用数量。

③委托加工应税消费品的,为纳税人收回的应税消费品数量。

④进口的应税消费品,为海关核定的应税消费品进口征税数量。

2. 计量单位的换算标准。《消费税暂行条例》规定,黄酒、啤酒是以吨为税额单位;汽油、柴油是以升为税额单位的。但是,考虑到在实际销售过程中,一些纳税人会把吨或升这两个计量单位混用,为了规范不同产品的计量单位,以准确计算应纳税额,吨与升两个计量单位的换算标准为:

啤酒	1 吨 = 988 升	汽油	1 吨 = 1388 升
黄酒	1 吨 = 962 升	柴油	1 吨 = 1176 升
石脑油	1 吨 = 1385 升	润滑油	1 吨 = 1126 升
溶剂油	1 吨 = 1282 升	燃料油	1 吨 = 1176 升
航空煤油	1 吨 = 1246 升机		

例 8:某啤酒厂 10 月份销售啤酒 600 吨,每吨出厂价格 3200 元。10 月应纳消费税税额为:

(1)每吨售价在 3000 元以上的,适用单位税额 250 元

(2)应纳税额 = 销售数量 × 单位税额 = 600 × 250 = 150000(元)

四、从价定率和从量定额混合计算方法

现行消费税的征税范围中,只有卷烟、粮食白酒、薯类白酒采用混合计算方法。其基本计算公式为:

应纳税额 = 应税销售数量 × 定领税率 + 应税销售额 × 比例税率

生产销售卷烟、粮食白酒、薯类白酒从量定额计税依据为实际销售数量。进口、委托加工、自产自用卷烟、粮食白酒、薯类白酒从量定额计税依据分别为海关核定的进口征税数量、委托方收回数量、移送使用数量。

例 9:某酒厂销售自产粮食白酒 4000 斤,每斤酒不含税售价 45 元;并将包装物连同酒一起销售,取得不含税销售额 20000 元。

应纳消费税税额 = 4000 × 0.5 + (4000 × 45 + 20000) × 20%

= 42000(元)

五、自产自用应税消费品应纳税额的计算

1. 用于连续生产应税消费品的,不纳税。

2. 用于其他方面的,于移送使用时纳税。根据消费税暂行条例规定,纳税人自产自用的应税消费品,不是用于连续生产应税消费品的,而是用于其他方面的,于移送使用时纳税。所谓"用于其他方面的",是指纳税人用于生产非应税消费品和在建工程、管理部门、非生产机构、提供劳务以及用于馈赠、赞助、集资、广告、样品、职工福利费、奖励等方面的应税消费品。

采用从价定率办法计算应纳税额时，有同类消费品销售价格的，按照纳税人生产的同类消费品销售价格计算纳税，没有同类消费品销售价格的，按组成计税价格计算纳税。

组成计税价格 =（成本 + 利润）÷（1 - 消费税税率）

应纳税额 = 组成计税价格 × 适用税率

例10：某化妆品公司将一批自产的化妆品用作职工福利，化妆品的成本为6000元，该化妆品无市场同类产品销售价格，但已知其成本利润率为5%，消费税税率为30%。计算该批化妆品应缴纳的消费税税额。

（1）组成计税价格 =（成本 + 利润）÷（1 - 消费税税率）

= 6000 ×（1 + 5%）÷（1 - 30%）= 9000（元）

（2）应纳税额 = 9000 × 30% = 2700（元）

例11：某卷烟厂新研制一种低焦油卷烟，提供10标准箱用于某展览会样品，并分送参会者。由于其难于确定销售价格，因此，只能按实际生产成本10000元/大箱计算价格，已知成本利润率为10%，适用消费税税率为45%，请计算10标准箱卷烟应纳消费税税额。

（1）标准箱组成计税价格 =（10000 + 10000 × 10%）÷（1 - 45%）= 20000（元）

（2）应纳消费税税额 = 20000 × 10 × 45% + 10 × 150 = 91500（元）

六、委托加工应税消费品应纳税额的计算

委托加工应税消费品是指由委托方提供原料和主要材料，受托方只收取加工费和代垫部分辅助材料加工的应税消费品。

委托加工应税消费品的确定条件为：

（1）由委托方提供原料和主要材料；

（2）受托方只收取加工费和代垫部分辅助材料。

以上两个条件缺一不可。无论是委托方还是受托方凡不符合规定条件的，都不能按委托加工应税消费品进行税务处理。

委托加工的应税消费品，由受托方交货时按照受托方的同类消费品销售价格代扣代缴消费税。没有同类消费品销售价格的，按组成计税价格计算纳税。如果受托方是个体经营者，一律于委托方收回加工应税消费品后，由委托方在其所在地缴纳消费税。

组成计税价格 =（材料成本 + 加工费）÷（1 - 消费税税率）

应纳税额 = 组成计税价格 × 适用税率

例12：某卷烟厂委托某烟丝加工厂加工一批烟丝，卷烟厂提供的烟叶在委托加工合同上注明的成本金额为60000元。烟丝加工完，卷烟厂提货时支付的加工费为3500元，支付加工厂垫付的辅助材料费用200元，并支付由烟丝加工厂代扣代缴的消费税税款。请计算烟丝加工厂代扣代缴消费税（烟丝消费税税率为30%）。

委托加工烟丝组成计税价格 =（60000 + 3500 + 200）÷（1 - 30%）= 91000（元）

加工厂代扣代缴烟丝的消费税税额 = 91000 × 30% = 27300（元）

七、外购或委托加工的应税消费品已纳税额的扣除

1. 以外购或委托加工收回的下列应税消费品连续生产的应税消费品，在计税时准予根据当期生产领用外购或委托加工的应税消费品数量，计算扣除其在外购或委托加工环节已纳的消费税税款。

(1)以外购或委托加工收回的已税烟丝为原料生产的卷烟；

(2)以外购或委托加工收回的已税化妆品为原料生产的化妆品；

(3)以外购或委托加工收回的已税珠宝玉石生产的珠宝玉石；

(4)以外购或委托加工收回的已税鞭炮焰火生产的鞭炮焰火；

(5)以外购或委托加工收回的已税汽车轮胎生产的汽车轮胎；

(6)以外购或委托加工收回的已税摩托车生产的摩托车；

(7)以外购或委托加工收回的已税杆头、杆身和握把为原料生产的高尔夫球杆；

(8)以外购或委托加工收回的已税木制一次性筷子为原料生产的木制一次性筷子；

(9)以外购或委托加工收回的已税实木地板为原料生产的实木地板；

(10)以外购或委托加工收回的已税石油为原料生产的应税消费品；

(11)以外购或委托加工收回的已税润滑油为原料生产的润滑油；

2. 扣税计算

(1)当期准予扣除的委托加工应税消费品已纳税款 = 期初库存的委托加工应税消费品已纳税款 + 当期收回的委托加工应税消费品已纳税款 − 期末库存的委托加工应税消费品已纳税款

例 13：续上例，卷烟厂将这批加工好的烟丝收回后全部用于生产卷烟 50 标准箱并在当期全部予以销售。按调拨价向购货方开具的增值税专用发票上注明的价税合计款为 1053000 元。请计算销售卷烟的应纳消费税税额。

卷烟不含税价款 = 1053000 ÷ (1 + 17%) = 900000(元)

每标准条的调拨价 = 900000 ÷ 50 ÷ 250 = 72 元，适用税率 45%。

销售卷烟应纳消费税税额 = 900000 × 45% + 50 × 150 − 27300 = 385200(元)

其中 27300 元为上例中卷烟厂在委托加工烟丝时由烟丝加工厂代扣代缴的消费税税款，准予从所销售卷烟应纳的消费税中扣除。

(2)当期准予扣除的外购应税消费品已纳税款 = 当期准予扣除的外购应税消费品买价 × 外购应税消费品适用税率

当期准予扣除的外购应税消费品买价 = 期初库存的外购应税消费品的买价 + 当期购进的应税消费品的买价 − 期末库存的外购应税消费品的买价

例 14：某卷烟厂 8 月份外购烟丝价款 100000 元，月初库存外购已税烟丝 75000 元，月末库存外购已税烟丝 36000 元；当月以外购烟丝生产卷烟的销售量为 28 个标准箱，每标准条调拨价格 40 元，共计 280000 元。

当月准予扣除的外购应税消费品买价 = 75000 + 100000 − 36000

$=139000$ 元

当月准予扣除的外购应税消费品已纳税款 $=139000\times30\%=41700$ 元

当月应纳消费税税额 $=28\times150+280000\times30\%-41700$

$=88200-41700=46500$ 元

八、进口应税消费品应纳税额的计算

进口应税消费品，从价计征的消费税按照组成计税价格计算纳税。计算公式为：

组成计税价格 =（关税完税价格 + 关税）÷（1—消费税税率）

应纳税额 = 组成计税价格 × 消费税税率

例 15：某公司进口小轿车 30 辆，每辆关税完税价格 20 万元，关税率 30%，消费税率 12%，请计算海关应代征的消费税。

组成计税价格 $=20\times30\times(1+30\%)\div(1-12\%)=886.36$（万元）

海关应代征消费税 $=886.36\times12\%=106.36$（万元）

九、出口应税消费品退（免）税

（一）出口退税税率的确定

出口应税消费品应退消费税的税率或单位税额的确定，是依据《消费税暂行条例》所附《消费税税目税率（税额）表》来执行的。这是与退（免）增值税的一个重要区别。企业应将不同消费税税率的出口应税消费品分别核算和申报，凡划分不清适用税率的，一律从低适用税率计算应退消费税税额。

（二）出口应税消费品退（免）税政策

出口应税消费品退（免）消费税在政策上分为以下三种情况：

1. 出口免税并退税。

适用这个政策的为：有出口经营权的外贸企业购进应税消费品直接出口，以及外贸企业受其他外贸企业的委托代理出口应税消费品。

2. 出口免税但不退税 。适用这个政策的有：有出口经营权的生产性企业自营出口或生产企业委托外贸企业代理出口自产的应税消费品，依据其实际出口数量免征消费税，不予办理退还消费税。

3. 出口不免税也不退税 。适用这个政策的是：除生产企业、外贸企业外的其他企业，即一般商贸企业。

（三）出口应税消费品退税额的计算

1. 属于从价定率计征消费税的应税消费品，应依据外贸企业从工厂购进货物时征收消费税的价格计算，其公式为：

应退消费税税款 = 出口货物的工厂销售额 × 税率

2. 属于从量定额计征消费税消费品，应按货物购进和报关出口的数量计算，其公式为：

应退消费税税额 = 出口数量 × 单位税额

例 16：某外贸企业从摩托车厂购进摩托车 500 辆，取得增值税专用发票注明的单价是每辆 5000 元，直接报关离境出口，支付从摩托车厂到出境口岸的运费 8 万元，装卸费 2 万元，离岸价每辆 720 美元（汇率 1:8.3）。摩托车消费税税率 10%，增值税率为 17%（退税率 17%）。请计算该企业应退消费税和增值税税款。

（1）应退消费税税款 = 出口货物的工厂销售额 × 税率

= 5000 × 500 × 10% = 250000（元）

（2）应退增值税税额 = 购进货物的销售额 × 退税率

= 5000 × 500 × 17% = 425000（元）

十、申报与缴纳

（一）消费税纳税义务发生时间

纳税人生产的应税消费品于销售时纳税，进口消费品应当于应税消费品报关进口环节纳税，但金银首饰、钻石及钻石饰品在零售环节纳税。消费税纳税义务发生的时间，以货款结算方式或行为发生时间分别确定。

1. 纳税人销售的应税消费品，其纳税义务的发生时间为：

（1）纳税人采取赊销和分期收款结算方式的，其纳税义务的发生时间，为销售合同规定的收款日期的当天。

（2）纳税人采取预收货款结算方式的，其纳税义务的发生时间，为发出应税消费品的当天。

（3）纳税人采取托收承付和委托银行收款方式铺售的应税消费品，其纳税义务的发生时间，为发出应税消费品并办妥托收手续的当天。

（4）纳税人采取其他结算方式的，其纳税义务的发生时间，为收讫销售款或者取得索取销售款的凭据的当天。

2. 纳税人自产自用的应税消费品，其纳税义务的发生时间，为移送使用的当天。

3. 纳税人委托加工的应税消费品，其纳税义务的发生时间，为纳税人提货的当天。

4. 纳税人进口的应税消费品，其纳税义务的发生时间，为报关进口的当天。

（二）消费税纳税期限

按照《消费税暂行条例》规定，消费税的纳税期限分别为 1 日、3 日、5 日、10 日、15 日、1 个月或者 1 个季度。纳税人的具体纳税期限，由主管税务机关根据纳税人应纳税额的大小分别核定；不能按照固定期限纳税的，可以按次纳税。

纳税人以 1 个月为一期纳税的，自期满之日起 15 日内申报纳税；以 1 日、3 日、5 日、10 日或者15日为一期纳税的，自期满之日起5日内预缴税款，于次月1日起至15日内申报纳税并结清上月应纳税款。

纳税人进口应税消费品，应当自海关填发税款缴款书之日起15日内缴纳税款。

（三）消费税纳税地点

1. 纳税人销售的应税消费品，以及自产自用的应税消费品，除国家另有规定的外，应当向纳税人核算地主管税务机关申报纳税。

2. 委托加工的应税消费品，除受托方为个体经营者外，由受托方向所在地主管税务机关代收代缴消费税税款。

3. 进口的应税消费品，由进口人或者其代理人向报关地海关申报纳税。

4. 纳税人到外县（市）销售或委托外县（市）代销自产应税消费品的，于应税消费品销售后，回纳税人核算地或所在地缴纳消费税。

5. 纳税人的总机构与分支机构不在同一县（市）的，应在生产应税消费品的分支机构所在地缴纳消费税。但经国家税务总局及所属省国家税务局批准，纳税人分支机构应纳消费税税款也可由总机构汇总向总机构所在地主管税务机关缴纳。

6. 纳税人销售的应税消费品，如因质量等原因由购买者退回时，经所在地主管税务机关审核批准后，可退还已征收的消费税税款，但不能自行直接抵减应纳税款。

第三节 营业税

营业税是对在我国境内提供应税劳务、转让无形资产和销售不动产的行为为课税对象所征收的一种税。现行营业税的基本规范，是1993年12月13日日国务院颁布的《中华人民共和国营业税暂行条例》以及1993年12月25日财政部发布的《中华人民共和国营业税暂行条例实施细则》，于1994年1月1日起实施。

一、纳税义务人与扣缴义务人

（一）纳税义务人

在中华人民共和国境内提供应税劳务、转让无形资产或者销售不动产的单位和个人，为营业税的纳税义务人。

在中华人民共和国境内（以下简称境内）提供条例规定的劳务、转让无形资产或者销售不动产，是指：

（1）提供或者接受条例规定劳务的单位或者个人在境内；

（2）所转让的无形资产（不含土地使用权）的接受单位或者个人在境内；

（3）所转让或者出租土地使用权的土地在境内；

（4）所销售或者出租的不动产在境内。

单位以承包、承租、挂靠方式经营的，承包人、承租人、挂靠人（以下统称承包人）发生应税行为，承包人以发包人、出租人、被挂靠人（以下统称发包人）名义对外经营并由发包人承担相关法律责任的，以发包人为纳税人；否则以承包人为纳税人。

中央铁路运营业务的纳税人为铁道部，合资铁路运营业务的纳税人为合资铁路公司，地方铁路运营业务的纳税人为地方铁路管理机构，基建临管线运营业务的纳税人为基建临管线管理机构。

应税劳务是指属于交通运输业、建筑业、金融保险业、邮电通信业、文化体育业、娱乐业、服务业税目征收范围的劳务。加工和修理修配劳务属于增值税的征税范围，因此不属于营业税的应税劳务。单位或个体经营者聘用的员工为本单位或雇主提供的劳务，也不属于营业税的应税劳务。

单位，是指国有企业、集体企业、私有企业、股份制企业、其他企业、行政单位、事业单位、军事单位、社会团体及其他单位。个人，是指个体工商户及其他有经营行为的个人。

（二）扣缴义务人

在现实生活中，有些具体情况难以确定纳税人，因此税法规定了扣缴义务人。营业税的扣缴义务人主要有以下几种：

1. 委托金融机构发放贷款的，其应纳税款以受托发放贷款的金融机构为扣缴义务人；金融机构接受其他单位或个人的委托，为其办理委托贷款业务时，如果将委托方的资金转给经办机构，由经办机构将资金贷给使用单位或个人，由最终将贷款发放给使用单位或个人并取得贷款利息的经办机构代扣委托方应纳的营业税。

2. 建筑安装业务实行分包或者转包的，其应纳税款以总承包人为扣缴义务人。

3. 中华人民共和国境外的单位或者个人在境内提供应税劳务、转让无形资产或者销售不动产，在境内未设有经营机构的，以其境内代理人为扣缴义务人；在境内没有代理人的，以受让方或者购买方为扣缴义务人。

4. 单位或者个人进行演出，由他人售票的，其应纳税款以售票者为扣缴义务人，演出经纪人为个人的，其办理演出业务的应纳税款也以售票者为扣缴义务人。

5. 分保险业务，其应纳税款以初保人为扣缴义务人。

6. 个人转让专利权、非专利技术、商标权、著作权、商誉的，其应纳税款以受让者为扣缴义务人。

7. 国务院财政、税务主管部门规定的其他扣缴义务人。

二、税目、税率

（一）税目

营业税的税目按照行业、类别的不同分别设置，现行营业税共设置了 9 个税目。

1. 交通运输业。交通运输业是指使用运输工具或人力、畜力将货物或者旅客送达目的地，使其空间位置得以转移的业务活动。包括陆路运输、水路运输、航空运输、管道运输和装卸搬运5大类。

2. 建筑业。建筑业是指建筑安装工程作业等,包括建筑、安装、修缮、装饰和其他工程作业等项内容。

3. 金融保险业。金融保险业是指经营金融、保险的业务,同时还包括典当。

(1)金融业务,是指经营货币资金融通活动的业务,具体包括:

①贷款,是指将资金有偿贷与他人使用(包括以贴现、押汇方式)的业务,包括一般贷款业务和外汇转贷业务。

②融资租赁,是指经中国人民银行或对外贸易经济合作部(商务部)批准可从事融资租赁业务的单位从事的具有融资性质和所有权转移特点的设备租赁业务。

③金融商品转让,是指转让外汇、有价证券或非货物期货所有权的行为。

④金融经纪业,是指受他人委托经营金融活动的业务,如委托贷款、代理收付款项、代理买卖有价证券等。

⑤其他金融业务,是指上述业务以外的各项金融业务,如金融机构为客户提供的结算、信用担保等。

(2)保险是指将通过契约形式集中起来的资金,用于补偿被保险人的经济利益的活动。

(3)典当业务的性质是抵押贷款业务,应按金融业务征税。

4. 邮电通信业。邮电通信业是指专门办理信息传递的业务,包括邮政业务、电信业务。邮政业务是指提供专递函件或包件、邮汇、报刊发行、邮务物品销售、邮政储蓄和其他邮政业务。电信业务是指提供电报、电话、电话机安装、电信物品销售及其他电信业务。

5. 文化体育业。文化体育业是指经营文化、体育活动的业务,包括文化业和体育业。其中文化业是指演出、播映、经营游览场所和各种展览、培训活动,举办文学、艺术、科技讲座、讲演、报告会,图书馆的图书和资料的借阅业务等。体育业是指举办各种体育比赛和为体育比赛或体育活动提供场所的业务。

6. 娱乐业。娱乐业是指为娱乐活动提供场所和服务的业务,包括经营歌厅、舞厅、卡拉OK歌舞厅、音乐茶座、台球、高尔夫球、保龄球场、网吧、游艺场等娱乐场所,以及娱乐场所为顾客进行娱乐活动提供服务的业务。娱乐场所为顾客提供的饮食服务及其他各种服务也按照娱乐业征税。

7. 服务业。服务业是指利用设备、工具、场所、信息或技能为社会提供服务的业务,包括代理业、旅店业、饮食业、旅游业、仓储业、租赁业、广告业和其他服务业。

8. 转让无形资产。转让无形资产是指转让无形资产的所有权或使用权的行为,包括转让土地使用权、转让商标权、转让专利权、转让非专利技术、出租电影拷贝、转让著作权和转让商誉。

自2003年1月1日起,以无形资产投资入股,参与接受投资方的利润分配、共同承担投资风险的行为,不征收营业税。在投资后转让其股权的也不征收营业税。

9. 销售不动产。销售不动产是指有偿转让不动产所有权的行为,包括销售建筑物或构筑物和销售其他土地附着物。在销售不动产时连同不动产所占土地的使用权一并转让的行为，比照销售不动产征收营业税。

自2003年1月1日起，以不动产投资入股，参与接受投资方利润分配、共同承担投资风险的行为，不征营业税。在投资后转让其股权的也不征收营业税。

单位将不动产无偿赠与他人，视同销售不动产征收营业税；对个人无偿赠送不动产的行为，不征营业税。

纳税人自建住房销售给本单位职工，属于销售不动产行为，应照章征收营业税。

（二）税率

营业税按照行业、类别的不同分别采用不同的比例税率，具体规定为：

1. 交通运输业、建筑业、邮电通信业、文化体育业，税率为3%。

2. 服务业、销售不动产、转让无形资产，税率为5%。

3. 金融保险业税率为5%。

4. 娱乐业执行5%～20%的幅度税率，具体适用的税率，由各省、自治区、直辖市人民政府根据当地的实际情况在税法规定的幅度内决定。

从2001年5月1日起，对夜总会、歌厅、舞厅、射击、狩猎、跑马、游戏、高尔夫球、游艺、电子游戏厅等娱乐行为一律按20%的税率征收营业税。

自2004年7月1日起，保龄球、台球减按5%的税率征收营业税，税目仍属于“娱乐业”。

三、应纳税额的计算

纳税人提供应税劳务、转让无形资产或者销售不动产，按照营业额和规定的适用税率计算应纳税额。计算公式为：

应纳税额＝营业额×税率

营业额是营业税的计税依据，为纳税人提供应税劳务、转让无形资产或者销售不动产向对方收取的全部价款和价外费用。价外费用包括向对方收取的手续费、基金、集资费、代收款项、代垫款项及其他各种性质的价外收费。具体规定如下：

1. 交通运输业营业额

（1）运输企业自境内运送旅客或货物出境，在境外改由其他运输企业承运旅客或货物的，以全程运费减去付给该承运企业的运费后的余额为营业额。

（2）运输企业从事境内联运业务，以实际取得的营业额为计税依据，即以全程联运收入扣除付给对方联运单位的运费后的余额为营业额。

例17：某运输公司某月运营售票收入总额为600万元，从中支付联运业务的金额为100万元。计算该运输公司应缴纳的营业税税额。

应纳税额＝（售票收入总额－联运业务支出）×适用税率

＝（600－100）×3%＝15（万元）

2. 建筑业营业额

（1）建筑业的总承包人，将工程分包或者转包给他人的，以工程的全部承包额减去付给分包人或者转包人的价款后的余额为营业额。

例18：A建筑公司以10000万元的总承包额中标一建筑承包工程，之后甲建筑公司又将该工程的装修工程以3000万元分包给B建筑公司，将工程的设备安装工程以1000万元的价款分包给C设备安装公司。则：

A建筑公司应纳营业税额 =（10000 - 3000 - 1000）× 3% = 180（万元）

B建筑公司应纳营业税 = 3000 × 3% = 90（万元），A建筑公司代扣代缴

C建筑公司应纳营业税 = 1000 × 3% = 30（万元），A建筑公司代扣代缴

（2）纳税人从事建筑、修缮、装饰工程作业，无论与对方如何核算，其营业额均应包括工程所用原材料及其他物资和动力的价款在内。纳税人从事安装工程作业，其所安装的设备的价值作为安装工程产值的，其营业额应包括设备的价款在内。

（3）自建行为和单位将不动产无偿赠送他人，按规定顺序核定营业额。

自建行为是指纳税人自己建造房屋的行为，纳税人自建自用的房屋不纳营业税，如纳税人（不包括个人自建自用住房销售）将自建房屋对外销售，其自建行为应按建筑业缴纳营业税，再按销售不动产缴纳营业税。

3. 金融保险业营业额

（1）一般贷款业务营业额为贷款利息收入（包括加息、罚息等）。

（2）融资租赁业务，以纳税人向承租人收取的全部价款和价外费用（包括残值）减去出租方承担的出租货物的实际成本后的余额，以直线法折算出本期的营业额。计算方法为：

本期营业额 =（应收取的全部价款和价外费用 - 实际成本）×（本期天数 ÷ 总天数）

实际成本 = 货物购入原价 + 关税 + 消费税 + 运杂费 + 安装费 + 保险费 + 支付给境外的外汇借款利息支出。

（3）金融商品转让业务营业额为股票、债券、外汇、其他金融商品转让的价差收入。

（4）金融经纪业务和其他金融业务（中间业务）营业额为手续费收入，（包括价外收取的代垫、代收代付费用加价等，从中不得作任何扣除）

（5）保险业务营业额。初保业务营业额为收取的全部价款；储金业务营业额为储金平均余额 × 一年期存款的月利率（储金平均余额为纳税期期初储金余额与期末余额之和乘以50%）

例19：某银行2005年1季度吸收储蓄存款支付利息200万元，发放贷款收取利息280万元，因客户违约，收取违约金1万元，逾期贷款加收利息4万元，代发工资收取手续费2万元，转让债券收入200万元，其买入价为170万元，代收电话费100万元，支付给委托方电话局98万元。计算银行应缴纳的营业税。

应缴纳营业税 = [280 + 1 + 4 + 2 +（200 - 170）+（100 - 98）] × 5%

= 319 × 5% = 15.95（万元）

4. 邮电通信业营业额一般为取得的收入全额。

例20：某邮局本月取得邮汇业务收入10万元，邮务物品销售收入2万元，报刊发行收入

20 万元,行李传递收入 80 万元。

应纳营业税 =(10 + 2 + 20 + 80)×3% = 3.36(万元)

例 21: 某电信局 2005 年 9 月取得话费收入 500000 元,电话机安装收入 200000 元,出售移动电话收入 200000 元。

电信单位销售移动电话等电信物品,并为客户提供有关电信劳务服务的,应征收营业税。

电信局应纳营业税 =(500000 + 200000 + 200000)×3%

= 27000(元)

5. 文化体育业营业额

单位或个人进行演出,以全部票价收入或者包场收入减去付给提供演出场所的单位、演出公司或经纪人的费用后的余额为营业额。

例 22: 某影剧院发生如下业务:放映业务门票收入 200000 元;代某演出公司收取演出门票 200000 元,从中获取场租费 10000 元。

则影剧院放映业务收入应纳营业税 = 200000×3% = 6000(元)

场租收入应纳营业税 = 100000×5% = 5000(元)

应代扣代缴演出公司营业税 =(200000 − 10000)×3% = 5700(元)

6. 娱乐业营业额

以向顾客收取的各项费用为营业额,包括门票费、台位费、点歌费、烟酒饮料收费及其他收费。

例 23:某卡拉 OK 歌舞厅某月门票收入为 60 万元,台位费收入 30 万元,相关的烟酒和饮料费收入 20 万元,适用的税率为 20%。计算该歌舞厅应缴纳的营业税税额。

应纳税额 = 营业额×适用税率 =(60 + 30 + 20)×20% = 22(万元)

7. 服务业营业额

(1)广告代理业的代理者向委托方收取的全部价款和价外费用减去付给广告发布者的广告发布费后的余额为营业额。

(2)一般代理业以代理者向委托方实际收到的报酬为营业额。

(3)物业管理企业以代收水、电、气费及房租等的手续费为计税营业额。

(4)拍卖行以向委托方收取的手续费为计税营业额。

(5)境内企业外派本单位员工赴境外从事劳务服务的各项收入,不征营业税。

8. 旅游业营业额

(1)旅游企业组织旅游团到境外旅游,在境外改由其他旅游企业援团的,以全程旅游费减去付给该接团企业的旅游费后的余额为营业额。

(2)旅游企业组织旅游团在境内旅游的,以收取的旅游费减去替旅游者支付给其他单位的住房、就餐、交通、门票和其他代付费用后的余额为营业额。改由其他旅游企业接团的,比照境外旅游办法确定营业额。

例 24:某旅行社组织一个共 30 人的旅行团,向每人收取旅游费 3000 元。旅游期间由旅行社为每人支付住宿费 1200 元、餐费 400 元、交通费 950 元、门票 50 元。则旅行社该项业务

应缴纳营业税 =（3000 - 1200 - 400 - 950 - 50）×30 ×5% =600（元）

9. 单位和个人销售或转让其购置的不动产或受让的土地使用权，以全部收入减去不动产或土地使用权的购置或受让原价后的余额为营业额。

例 25：某单位 2002 年度购买一座建筑物，原价 100 万元，2006 年将其售出，全部收入 130 万元，该不动产已提折旧 10 万元，则该单位应纳营业税 =（130 - 100）×5% =1.5（万元）

10. 纳税人提供劳务、转让无形资产或销售不动产的价格偏低又无正当理由的，税务机关按以下顺序核定营业额：

①(1)按纳税人最近时期发生同类应税行为的平均价格核定；

②按其他纳税人最近时期发生同类应税行为的平均价格核定；

③按组成计税价格：

组成计税价格 = 计税营业成本 ×（1 + 成本利润率）÷（1 - 营业税税率）

例 26：某商贸公司 2007 自建一幢宿舍，其中一部分已竣工销售。已竣工销售的宿舍楼建筑安装成本为 100 万元，取得销售收入 150 万元。建筑业营业税率为 3%，成本利润率为 5%，销售不动产营业税率为 5%。计算该商贸公司应纳营业税。

(1) 自行建造行为交营业税

组成计税价格 =100 ×（1 +5%）×（1 -3%）=108.2（万元）

按建筑业交营业税 =108.2 ×3% =3.2（万元）

(2) 销售楼房应缴营业税 =150 ×5% =7.5（万元）

(3) 应纳营业税总额 =3.2 +7.5 =10.7（万元）

四、几种经营行为的税务处理

营业税属于流转税的税种，与增值税一样在商品生产、流通过程中发挥作用。尽管税法已经明确划分了营业税和增值税的征收范围，但是，在实际经营活动中是很难分清的。纳税人可以同时从事多项应税活动。例如，宾馆附设餐厅、娱乐厅、健身房等适用不同税率的应税项目；客运站兼营商店等适用不同税种的经济活动。正确处理不同经营活动的税收问题是维护税法严肃性的需要，也是保护纳税人合法利益的客观要求。

（一）兼营不同税目的应税行为

税法规定，纳税人兼营不同税目应税行为的，应当分别核算不同税目的营业额、转让额、销售额，然后按各自的适用税率计算应纳税额；未分别核算的，将从高适用税率计算应纳税额。

营业额是指从事交通运输业、建筑业、金融保险业、邮电通信业、文化体育业、娱乐业和服务业取得的营业收入；转让额是指转让无形资产取得的收入；销售额是指销售不动产取得的收入。

例 27：某汽车运输公司在 2005 年 3 月份取得运输收入 50 万元，同月份该公司还转让一间废旧仓库的永久使用权，取得销售收入 200 万元，转让一项非专利技术，取得收入 90 万元。

运输收入营业税 =50 ×3% =1.5（万元）

销售不动产营业税 = 200 × 5% = 10(万元)

转让无形资产营业税 = 90 × 5% = 4.5(万元)

(二)混合销售行为

一项销售行为如果既涉及应税劳务又涉及货物的,为混合销售行为。从事货物的生产、批发或零售的企业、企业性单位及个体经营者的混合销售行为,视为销售货物,不征收营业税;其他单位和个人的混合销售行为,视为提供应税劳务,应当征收营业税。

以上所述的货物是指有形动产,包括电力、热力、气体在内。上述从事货物的生产、批发或零售的企业、企业性单位及个体经营者,包括以从事货物的生产、批发或零售为主,并兼营应税劳务的企业、企业性单位及个体经营者在内。

纳税人的销售行为是否属于混合销售行为,由国家税务总局所属征收机关确定。

例28:某建筑公司承揽一项装修工程,公司与发包方合同协议由公司提供装饰材料200万元,收取装修费300万元,装修完工后,发包方按协议付款,请计算建筑公司应纳营业税额。

(1)此项装修工程为混合销售行为,应一并征收营业税。

(2)应纳营业税 = (200 + 300) × 3% = 15(万元)

(三)兼营应税劳务与货物或非应税劳务行为

纳税人兼营应税劳务与货物或非应税劳务行为的,应分别核算应税劳务的营业额与货物或非应税劳务的销售额。不分别核算或者不能准确核算的,其应税劳务与货物或非应税劳务一并征收增值税,不征收营业税。

纳税人兼营的应税劳务是否应当一并征收增值税,由国家税务总局所属征收机关确定。纳税人兼营免税、减税项目的,应当单独核算免税、减税项目的营业额;未单独核算营业额的,不得免税、减税。

例29:某电子技术服务公司从事技术咨询服务业务,也兼作家用电脑销售业务。当月咨询服务业务与销售电脑共收入120万元,其中销售家用电脑20台,销售款30万元。该公司对两项收入未能单独核算,请计算该公司当月应纳税额。

(1)此项属兼营应税劳务与销售货物,且未能单独核算,一并征收增值税

(2)销售额合计 = 120 ÷ (1 + 6%) = 118.3(万元)

(3)应纳增值税额 = 118.3 × 6% = 7.1(万元)

五、税收优惠

(一)起征点

营业税起征点的适用范围限于个人。

营业税起征点的幅度规定如下:

1. 按期纳税的,为月营业额5000 – 20000元;

2.按次纳税的,为每次(日)营业额300－500元。

省、自治区、直辖市财政厅(局)、税务局应当在规定的幅度内,根据实际情况确定本地区适用的起征点,并报财政部、国家税务总局备案。

(二)税收优惠规定

1.法定免税项目

(1)托儿所、幼儿园、养老院、残疾人福利机构提供的育养服务,婚姻介绍,殡葬服务。

(2)残疾人员个人为社会提供的劳务。

(3)学校和其他教育机构提供的教育劳务,学生勤工俭学提供的劳务。学校和其他教育机构是指普通学校以及经地、市级以上人民政府或者同级政府的教育行政部门批准成立、国家承认其学员学历的各类学校。

(4)农业机耕、排灌、病虫害防治、植保、农牧保险以及相关技术培训业务,家禽、牲畜、水生动物的配种和疾病防治。

(5)纪念馆、博物馆、文化馆、美术馆、展览馆、书画院、图书馆、文物保护单位举办文化活动的门票收入,宗教场所举办文化、宗教活动的门票收入。

2.政策性减免项目

(1)保险公司开展的1年期以上返还性人身保险业务的保费收入免征营业税。

(2)从事技术转让、技术开发业务和与之相关的技术咨询技术服务业务取得的收入,免征营业税。

(3)个人转让著作权,免征营业税。

(4)将土地使用权转让给农业生产者用于农业生产,免征营业税。

(5)社会团体按财政部门或民政部门规定标准收取的会费,免征营业税。

(6)对按政府规定价格出租的公有住房和廉价租住房暂免征收营业税;对个人按市场价格出租的居民住房,暂按3%税率收营业税。

(7)中国人民保险公司和中国进出口银行办理的出口信用保险业务,不作为境内提供保险,为非应税劳务,不征收营业税。

(8)转让企业产权的行为不属于营业税征收范围,不应征收营业税。

(9)保险企业取得的追偿款不征收营业税。

(10)单位和个人提供的垃圾处置劳务不属于营业税应收税劳务,对其处置垃圾取得的垃圾处置费,不征收营业税。

六、申报与缴纳

(一)纳税义务发生时间

营业税的纳税义务发生时间为纳税人收讫营业收入款项或者取得索取营业收入款项凭据的当天。对某些特殊项目具体规定如下:

(1)纳税人转让土地使用权或者销售不动产,采取预收款方式的,其纳税义务发生时间为收到预收款的当天。

(2)纳税人提供建筑业或者租赁业劳务,采取预收款方式的,其纳税义务发生时间为收到预收款的当天。

(3)纳税人将不动产或者土地使用权无偿赠送其他单位或者个人的,其纳税义务发生时间为不动产所有权、土地使用权转移的当天。

(4)纳税人发生自建行为的,其纳税义务发生时间为销售自建建筑物的纳税义务发生时间。

2. 建筑业纳税义务发生时间

(1)实行合同完成后一次性结算价款办法的工程项目,其营业纳税义务发生时间为施工单位与发包单位进行工程合同价款结算的当天;

(2)实行旬末或月中预支、月终结算、竣工后结算办法的工程项目,其营业税纳税义务发生时间为月份终了与发包单位进行已完工程价款结算的当天。

(3)实行按工程形象进度划分不同阶段结算价款办法的工程项目,其营业税纳税义务发生时间为各月份终了与发包单位进行已完工程价款结算的当天。

(4)实行其他结算方式的工程项目,其营业税纳税义务发生时间与发包单位结算工程价款的当天。

3. 营业税的扣缴税款义务发生时间,为扣缴义务人代纳税人收讫营业收入款项或者取得索取营业收入款项凭据的当天。

(二)纳税期限

1. 营业税的纳税期限,分别为5日、10日、15日、1个月或者1个季度。纳税人的具体纳税期限,由主管税务机关根据纳税人应纳税额的大小分别核定;不能按照固定期限纳税的,可以按次纳税。纳税人以1个月或者1个季度为一期纳税的,自期满之日起15日内申报纳税;以5日、10日、或者15日为一期纳税的,自期满之日起5日内预缴税款,于次月1日起10日内申报纳税并结清上月应纳税款。

2. 扣缴义务人的解缴税款期限,比照上述规定执行。

3. 金融业(不包括典当业)的纳税期限为一个季度,自纳税期满之日起15日内申报纳税。其他纳税人从事金融业务,应按月申报纳税。

4. 保险业的纳税期限为1个月。

(三)纳税地点

1. 纳税人提供应税劳务应当向其机构所在地或者居住地的主管税务机关申报纳税。但是,纳税人提供的建筑业劳务以及国务院财政、税务主管部门规定的其他应税劳务,应当向应税劳务发生地的主管税务机关申报纳税。

2. 纳税人转让无形资产应当向其机构所在地或者居住地的主管税务机关申报纳税。但是,纳税人转让、出租土地使用权,应当向土地所在地的主管税务机关申报纳税。

3. 纳税人销售、出租不动产应当向不动产所在地的主管税务机关申报纳税。

第四节　关税

关税是海关依法对进出境货物、物品征收的一种流转税。

所谓“境”指关境，又称“海关境域”或“关税领域”，是国家《海关法》全面实施的领域。在通常情况下，一国关境与国境是一致的，包括国家全部的领土、领海、领空。但当某一国家在国境内设立了自由港、自由贸易区等，这些区域就进出口关税而言处在关境之外，这时，该国家的关境小于国境，如我国香港和澳门保持自由港地位，为我国单独的关税地区，即单独关境区。单独关境区是不完全适用该国海关法律、法规或实施单独海关管理制度的区域。当几个国家结成关税同盟，这时国家的关境大于国境，如欧洲联盟。

关税分为进口关税和出口关税。

一、征税对象及纳税义务人

(一)征税对象

关税的征税对象是准许进出境的货物和物品。货物是指贸易性商品；物品指入境旅客随身携带的行李物品、个人邮递物品、各种运输工具上的服和人员携带进口的自用物品、馈赠物品以及其他方式进境的个人物品。

(二)纳税义务人

进口货物的收货人、出口货物的发货人、进出境物品的所有人，具体界定：

1. 进口货物的收货人、出口货物的发货人是依法取得对外贸易经营权、并进口或出口货物的法人或其他社会团体。

2. 进出境物品的所有人包括：

(1)一般情况下，对于携带进境的物品，推定其携带人为所有人；

(2)对分离运输的行李，推定相应的进出境旅客为所有人；

(3)对以邮递方式进境的物品，推定其收件人为所有人；

(4)对以邮递或其他运输方式出境的物品，推定其寄件人或托运人为所有人。

二、关税税则与税目

进出口税则是一国政府根据国家关税政策和经济政策，通过一定的立法程序制定公布实施的进出口货物和物品应税的关税税率表。进出口税则以税率表为主体，通常还包括实施税则的法令、使用税则的有关说明和附录等。《中华人民共和国海关进出口税则》是我国海关凭以征收关税的法律依据，也是我国关税政策的具体体现。

税率表作为税则主体，包括税则商品分类目录和税率栏两大部分。商品分类的原则即归类规则,包括归类总规则和各类、章、目的具体注释。税率栏是按商品分类目录逐项订出的税率栏目。我国现行进口税则为四栏税率,出口税则为一栏税率。按税则商品分类目录体系划分,新中国建国以来,我国分别于1951年、1985年、1992年先后实施了三部进出口税则,进出口商品都采用同一税则目录分类。

三、税率

(一)进口关税税率

1. 税率设置与适用。在我国加入世界贸易组织(WTO)之前,我国进口税则设有两栏税率,即普通税率和优惠税率。在我国加入WTO之后,为履行我国在加入WTO关税减让谈判中承诺的有关义务,享有WTO成员应有的权利,自2002年1月1日起,我国进口税则设有最惠国税率、协定税率、特惠税率、普通税率、关税配额税率等税率。

2. 税率水平与结构。1992年我国关税总水平(优惠税率的算术平均水平)约为42%,普通税率平均为56%。目前关税总水平为12%。

3. 税率计征办法。我国对进口商品基本上都实行从价税,即以进口货物的完税价格作为计税依据,以应征税额占货物完税价格的百分比作为税率。从1997年7月1日起,我国对部分产品实行从量税、复合税和滑准税。

从量税是以进口商品的重量、长度、容量、面积等计量单位为计税依据。目前我国对原油、部分鸡产品、啤酒、胶卷进口分别以重量、容量、面积计征从量税。

复合税是对某种进口商品同时使用从价和从量计征的一种计征关税的方法,目前我国对录像机、放像机、摄像机、数字照相机和摄录一体机实行复合税。

滑准税是一种关税税率随进口商品价格由高到低而由低至高设置计征关税的方法,可以使进口商品价格越高,其进口关税税率越低,进口商品的价格越低,其进口关税税率越高。目前我国对新闻纸实行滑准税。

4. 暂定税率与关税配额税率。根据经济发展需要,国家对部分进口原材料、零部件、农药原药和中间体、乐器及生产设备实行暂定税率。暂定税率优先适用于优惠税率或最惠国税率,按普通税率征税的进口货物不适用暂定税率。同时,对部分进口农产品和化肥产品实行关税配额,即一定数量内的上述进口商品适用税率较低的配额内税率,超出该数量的进口商品适用税率较高的配额外税率。现行税则对200多个税目进口商品实行了暂定税率,对小麦、豆油等10种农产品和尿素等3种化肥产品实行关税配额管理。

(二)出口关税税率

我国出口税则为一栏税率,即出口税率。国家仅对少数资源性产品及易于竞相杀价、盲目进口、需要规范出口秩序的半制成品征收出口关税。我国真正征收出口关税的商品只有20种,税率也较低。

(三)特别关税

特别关税包括报复性关税、反倾销税与反补贴税、保障性关税。

1. 报复性关税。报复性关税是指为报复他国对本国出口货物的关税歧视,而对相关国家的进口货物征收的一种进口附加税。

2. 反倾销税与反补贴税。反倾销税与反补贴税是指进口国海关对外国的倾销商品,在征收关税的同时附加征收的一种特别关税,其目的在于抵销他国补贴。

3. 保障性关税。当某类商品进口量剧增,对我国相关产业带来巨大威胁或损害时,按照WTO有关规则,可以启动一般保障措施,即在与有实质利益的国家或地区进行磋商后,在一定时期内提高该项商品的进口关税或采取数量限制措施,以保护国内相关产业不受损害。

四、关税完税价格

关税完税价格是海关从价计征关税所依据的价格,即应税价格。《海关法》规定,进出口货物的完税价格,由海关以该货物的成交价格为基础审查确定。成交价格不能确定时,完税价格由海关依法估定。

(一)进口货物的完税价格

1. 以成交价格为基础的完税价格。根据《海关法》,进口货物的完税价格包括货物的货价、货物运抵我国境内输入地点起卸前的运输及其相关费用、保险费。所谓"我国境内输入地"为入境海关地,包括内陆河、江口岸,一般为第一口岸。"货物的货价"以成交价格为基础,是指买方为购买该货物,并按《完税价格办法》有关规定调整后的实付或应付价格。

买方为购买进口货物实付或应付价格中如未包括下列费用或者价值,应当将其计入完税价格:

①由买方负担的除购货佣金以外的佣金和经纪费。

②由买方负担的与该货物视为一体的容器费用。

③由买方负担的包装材料和包装劳务费用。

④与该货物的生产和向中华人民共和国境内销售有关的,由买方以免费或者以低于成本的方式提供并可以按适当比例分摊的料件、工具、模具、消耗材料及类似货物的价款,以及在境外开发、设计等相关服务的费用。

⑤与该货物有关并作为卖方向我国销售该货物的一项条件,应当由买方直接或间接支付的特许权使用费。

⑥卖方直接或间接从买方对该货物进口后转售、处置或使用所得中获得的收益。

下列费用,如能与该货物实付或者应付价格区分,不得计入完税价格:

①厂房、机械、设备等货物进口后的基建、安装、装配、维修和技术服务的费用;

②货物运抵境内输入地点之后的运输费用、保险费和其他相关费用;

③进口关税及其他国内税收。

因此,进口货物的关税是以海关审定的成交价格为基础的到岸价格作为完税价格的。

2. 进口货物海关估价方法。进口货物的价格不符合成交价格条件或者成交价格不能确定的，海关应当依次以相同货物成交价格方法、类似货物成交价格方法、倒扣价格方法、计算价格方法及其他合理方法确定的价格为基础，估定完税价格。

3. 进口货物完税价格中的运费、保费的确定。海运、陆运、空运进口货物的运费和保险费，应当按照实际支付的费用计算。如果进口货物的运费无法确定或未实际发生，海关应当按照该货物进口同期运输行业公布的运费率（额）计算运费；按照“货价加运费”两者总额的 0.3% 计算保险费。

（二）出口货物的完税价格

1. 以成交价格为基础的完税价格。出口货物的完税价格，由海关以该货物向境外销售的成交价格为基础审查确定，并应包括货物运至我国境内输出地点装载前的运输及其相关费用、保险费，但其中包含的出口关税税额，应当扣除。出口货物的成交价格，是指该货物出口销售到我国境外时买方向卖方实付或应付的价格。出口货物的成交价格中含有支付给境外的佣金的，如果单独列明，应当扣除。

2. 出口货物海关估价方法。出口货物的成交价格不能确定时，完税价格由海关依次使用下列方法估定：

（1）同时或大约同时向同一国家或地区出口的相同货物的成交价格；

（2）同时或大约同时向同一国家或地区出口的类似货物的成交价格；

（3）根据境内生产相同或类似货物的成本、利润和一般费用、境内发生的运输及其相关费用、保险费计算所得的价格；

（4）按照合理方法估定的价格。

五、应纳税额的计算

（一）从价税应纳税额的计算

关税税额 = 关税完税价格 × 税率

= 应税进（出）口货物数量 × 单位完税价格 × 税率

例 30：有进出口经营权的某外贸公司，2007 年 10 月发生以下经营业务：

经有关部门批准从境外进口小轿车 30 辆，每辆小轿车货价 15 万元，运抵我国海关前发生的运输费用、保险费用无法确定，经海关查实其他运输公司相同业务的运输费用占货价的比例为 2%。向海关缴纳了相关税款，并取得了完税凭证。

公司委托运输公司将小轿车从海关运回本单位，支付运输公司运输费用 9 万元，取得了运输公司开具的普通发票。

要求：计算小轿车在进口环节应缴纳的关税（关税税率 60%）。

进口环节应缴纳的关税：

① 进口小轿车的货价 = 15 × 30 = 450（万元）

② 进口小轿车的运输费 = 450 × 2% = 9(万元)

③ 进口小轿车的保险费 = (450 + 9) × 3‰ = 1.38(万元)

④ 进口小轿车应缴纳的关税：

关税的完税价格 = 450 + 9 + 1.38 = 460.38(万元)

应缴纳关税 = 460.38 × 60% = 276.23(万元)

(二)从量税应纳税额的计算

关税税额 = 应税进(出)口货物数量 × 单位货物税额

(三)复合税应纳税额的计算

我国目前实行的复合税都是先计征从量税，再计征从价税。

关税税额 = 应税进(出)口货物数量 × 单位税额 + 应税进(出)口货物完税价格 × 税率

(四)滑准税应纳税额的计算

关税税额 = 应税进(出)口货物数量 × 单位完税价格 × 滑准税税率

六、关税减免

关税减免是对某些纳税人和征税对象给予鼓励和照顾的一种特殊调节手段，分为法定减免税、特定减免税和临时减免税。

(一)法定减免税

1. 关税税额在人民币50元以下的一票货物，可免征关税。

2. 无商业价值的广告品和货样，可免征关税。

3. 外国政府、国际组织无偿赠送的物资，可免征关税。

4. 进出境运输工具装载的途中必需的燃料、物料和饮食用品，可予免税。

5. 经海关核准暂时进境或者暂时出境，并在6个月内复运出境或者复运进境的货物，在货物收发货人向海关缴纳相当于税款的保证金或者提供担保后，可予暂时免税。

6. 为境外厂商加工、装配成品和为制造外销产品而进口的原材料、辅料、零件、部件、配套件和包装物料，海关按照实际加工出口的成品数量免征进口关税；或者对进口料、件先征进口关税，再按照实际加工出口的成品数量予以退税。

7. 因故退还的中国出口货物，经海关审查属实，可予免征进口关税，但已征收的出口关税不予退还。

8. 因故退还的境外进口货物，经海关审查属实，可予免征出口关税，但已征收的进口关税不予退还。

9. 进口货物如有以下情形，经海关查明属实，可酌情减免进口关税：

1)在境外运输途中或者在起卸时，遭受损坏或者损失的；

2)起卸后海关放行前,因不可抗力遭受损坏或者损失的;

3)海关查验时已经破漏、损坏或者腐烂,经证明不是保管不慎造成的。

10. 无代价抵偿货物,即进口货物在征税放行后,发现货物残损、短少或品质不良,而由国外承运人、发货人或保险公司免费补偿或更换的同类货物,可以免税。但有残损或质量问题的原进口货物如未退运国外,其进口的无代价抵偿货物应照章征税。

11. 我国缔结或者参加的国际条约规定减征、免征关税的货物、物品,按照规定予以减免关税。

12. 法律规定减征、免征的其他货物。

(二)特定减免税

特定减免税也称政策性减免税。在法定减免税之外,国家按照国际通行规则和我国实际情况,制定发布的有关进出口货物减免关税的政策,称为特定或政策性减免税。特定减免税包括:科教用品、残疾人专用品、扶贫、慈善性捐赠物资、加工贸易产品、边境贸易进口物资、保税区进出口货物等。

(三)临时减免税

临时减免税是指以上法定和特定减免税以外的其他减免税,即由国务院根据《海关法》对某个单位、某类商品、某个项目或某批进出口货物的特殊情况,给予特别照顾,一案一批,专文下达的减免税。

七、行李和邮递物品进口税

行李和邮递物品进口税简称行邮税,是海关对入境旅客行李物品和个人邮递物品征收的进口税。

我国行邮税税目和税率经过了多次调整,现行行邮税税率分为50%、20%、10%三个档次:属于50%税率的物品为烟、酒;属于20%税率的物品,包括纺织品及其制成品,摄像机、摄录一体机、数码相机及其他电器用具,照相机、自行车、手表、钟表(含配件、附件)、化妆品;属于10%税率的物品,包括书报、刊物、教育专用电影片、幻灯片、原版录音带、录像带,金、银及其制品,食品、饮料和其他商品。进口税采用从价计征,完税价格由海关参照该项物品的境外正常零售平均价格确定。完税价格乘以进口税税率,即为应纳的进口税税额。海关按照填发税款缴纳书当日有效的税率和完税价格计算征收。纳税人应当在海关放行应税个人自用物品之前缴清税款。

八、关税征收管理

(一)进出口关税征收时间

进口货物自运输工具申报进境之日起14日内,出口货物在货物运抵海关监管区后装货的

24 小时以前,应由进出口货物的纳税义务人向货物进(出)境地海关申报,海关根据税则归类和完税价格计算应缴纳的关税和进口环节代征税,并填发税款缴款书。纳税义务人应当自海关填发税款缴款书之日起 15 日内,向指定银行缴纳税款,遇周末或法定节假日顺延。为方便纳税义务人,经申请且海关同意,进(出)口货物的纳税义务人可以在设有海关的指运地(启运地)办理海关申报、纳税手续。

关税纳税义务人因不可抗力或者在国家税收政策调整的情形下,不能按期缴纳税款的,经海关总署批准,可以延期缴纳税款,但最长不得超过 6 个月。

(二)关税的强制执行

纳税义务人未在关税缴纳期限内缴纳税款,即构成关税滞纳。为保证海关征收关税决定的有效执行和国家财政收入的及时入库,《海关法》赋予海关对滞纳关税的纳税义务人强制执行的权利。强制措施主要有两类:

一是征收关税滞纳金。滞纳金自关税缴纳期限届满之日起,至纳税义务人缴纳关税之日止,按滞纳税款万分之五的比例按日征收,周末或法定节假日不予扣除。

二是强制征收。如纳税义务人自海关填发缴款书之日起 3 个月仍未缴纳税款,经海关关长批准,海关可以采取强制扣缴、变价抵缴等强制措施。强制扣缴即海关从纳税义务人在开户银行或者其他金融机构的存款中直接扣缴税款。变价抵缴即海关将应税货物依法变卖,以变卖所得抵缴税款。

(三)关税退还

关税退还是关税纳税义务人按海关核定的税额缴纳关税后,因某种原因的出现,海关将实际征收多于应当征收的税额(称为溢征关税)退还给原纳税义务人的一种行政行为。根据《海关法》规定,海关多征的税款,海关发现后应当立即退还。

(四)关税补征和追征

补征和追征是海关在关税纳税义务人按海关核定的税额缴纳关税后,发现实际征收税额少于应当征收的税额(称为短征关税)时,责令纳税义务人补缴所差税款的一种行政行为。海关法根据短征关税的原因,将海关征收原短征关税的行为分为补征和追征两种。由于纳税人违反海关规定造成短征关税的,称为追征;非因纳税人违反海关规定造成短征关税的,称为补征。区分关税追征和补征的目的是为了区别不同情况适用不同的征收时效,超过时效规定的期限,海关就丧失了追补关税的权力。根据《海关法》规定,进出境货物和物品放行后,海关发现少征或者漏征税款,应当自缴纳税款或者货物、物品放行之日 1 年内,向纳税义务人补征;因纳税义务人违反规定而造成的少征或者漏并从缴纳税款之日起按日加收少征或者漏征税款万分之五的滞纳金。

小结

本章是关于流转税征收制度的的介绍,主要介绍了增值税、消费税、营业税、关税的纳税义务人、征税范围、税率、应纳税额的计算、税收优惠和申报缴纳。其中重点是增值税、消费税、营业税三大流转税的纳税义务人、征税对象、税率、应纳税额的计算。难点是增值税、消费税的征收制度。

1. 增值税的纳税人是在中国境内销售货物或者提供加工、修理修配劳务、以及进口货物的单位和个人。该税种按纳税人不同,分别设置了17%、13%两档比例税率,一般纳税人应纳税额=销项税额-进项税额;小规模纳税人应纳税额=不含税销售额×税率。

2. 消费税的纳税义务人为在中华人民共和国境内生产、委托加工和进口应税消费品的单位和个人,具体分14个税目,分从价计征、从量计征、从价从量混合计征三种计征方式。

3. 营业税的纳税义务人是在中华人民共和国境内提供应税劳务、转让无形资产或者销售不动产的单位和个人。营业税分交通运输业、建筑业、金融保险业、邮电通信业、文化体育业、娱乐业、服务业、转让无形资产、销售不动产9个税目,设置了3%~20%的比例税率。应纳税额=应纳税营业额×税率。

4. 关税的纳税义务人是进口货物的收货人、出口货物的发货人、进出境物品的所有人。进(出)口关税计算分从价税、从量税、复合税、滑准税计算方式。

※ 思考题

1. 什么是增值税?增值税法对于一般纳税义务人与小规模纳税人是如何界定的?

2. 什么是消费税?我国目前对哪些商品征收消费税,他们分别适用什么税率?

3. 什么是营业税?营业税的征收范围有哪些?

4. 什么是关税?关税中的"货物"和"物品"有何区分?进出口货物完税价格的基本规定是什么?

※ 练习题

一、单项选择题

1. 根据增值税法律制度的规定,下列各项中,属于增值税征收范围的有( )。

A. 邮政部门销售集邮商品　　B. 邮票厂印制邮票

C. 银行销售金银　　D. 商场销售金银饰品

2. 某食品加工企业为小规模纳税人,适用增值税征收率为6%。2月份取得销售收入16960元;直接从农户购入农产品价值6400元,支付运输费600元,当月支付人员工资2460

元,该企业当月应缴纳的增值税税额为(　　)元。

A. 450　　B. 597.6　　C. 870　　D. 960

3. 根据《消费税暂行条例》的规定,纳税人销售应税消费品向购买方收取的下列税金、价外费用中,不应并入应税消费品销售额的是(　　)。

A. 向购买方收取的手续费　　B. 向购买方收取的价外基金

C. 向购买方收取的增值税税款　　D. 向购买方收取的消费税税款

4. 某化妆品企业于2005年3月8日将一批自制护肤品用于职工福利,该产品无同类消费品销售价格,该批产品成本为10万元,成本利润率为5%,消费税税率为8%,该批产品应纳消费税税额为(　　)万元。

A. 0.91　　B. 0.84　　C. 0.78　　D. 0.74

5. 根据《营业税暂行条例》的规定,下列各项中,属于营业税征收范围的是(　　)。

A. 销售货物　　B. 进口货物

C. 转让无形资产　　D. 提供修理修配劳务

6. 根据营业税法律制度的规定,下列各项中,应缴纳营业税的是(　　)。

A. 某商场销售烟酒　　B. 高某将闲置住房无偿赠与他人

C. 某房地产公司销售商品房　　D. 某服装厂加工服装

7. 某外资企业进口一批汽车轮胎,海关核定关税完税价格为600万元,已知关税税率为60%,消费税税率为10%,该企业应纳消费税为(　　)万元。

A. 1066.67　　B. 60　　C. 106.67　　D. 96

8. 纳税人用委托加工收回的应税消费品连续生产应税消费品,在计算纳税时,其委托加工应税消费品的已纳消费税税款应按下列办法处理(　　)。

A. 该已纳税款不得扣除

B. 该已纳税款当期可全部扣除

C. 该已纳税款当期可扣除50%

D. 可对收回的委托加工应税消费品当期动用部分的已纳税款予以扣除

9. 某生产企业将本厂生产的某产品作为福利发给本厂职工。该类产品没有同类消费品销售价格,生产成本为10000元,成本利润率为5%,且适用的消费税税率为17%,则确定的组成计税价格为(　　)元。

A. 13068　　B. 14096　　C. 1 1700　　D. 12650.60

10. 根据消费税法规,下列纳税人自产自用应税消费品不缴纳消费税的是(　　)。

A. 炼油厂用于基建单位车辆的自产汽油

B. 汽车厂用于管理部门的自产汽车

C. 日化厂用于交易会样品的自产化妆品

D. 卷烟厂用于生产卷烟的自产烟丝

二、辨析题

1. 丙公司自制的A产品完工,作为赠品送给客户,成本80万元,核定的成本利润率10%,消费

税税率12%,适用17%的增值税税率,则该批A产品应交增值税14.96万元。( )

2. 工业企业(增值税一般纳税人)收购废旧物资,且不能取得增值税专用发票的,根据主管税务机关批准使用的收购凭证上注明的收购金额,依10%计算进项税额,准予抵扣。( )

3. 某汽车经销商经营汽车销售业务,同时附设了汽车修理修配门市部。按照我国有关增值税方面的法律规定,该经销商进行增值税纳税申报时,应将该门市部提供的修理修配劳务收入计入应税销售额。( )

4. 消费税与增值税的计税依据均为含消费税金但不含增值税金的销售额,因而两税的税额计算方法一致。( )

5. 我国消费税的纳税人包括在我国境内从事生产、委托加工和进口应税消费品的单位和个人,但不包括外国企业和外国人。( )

6. 纳税人用于换取生产资料和消费资料,投资入股和抵偿债务等方面的应税消费品,应当以纳税人同类应税消费品的加权平均销售价格作为计税依据计算消费税。( )

7. 某酒厂(有出口经营权)外销一批粮食白酒,离岸价格折合人民币为60万元,因该酒厂直接外销出口,可申请出口退消费税。( )

8. A公司于2005年11月将其不动产向B公司投资,参与接受投资方的利润分配、共同承担投资风险。A企业无须缴税营业税。( )

9. 纳税人不以自用为目的,而是将自建的房屋对外销售,其自建行为应先按建筑业缴纳营业税,再按销售不动产征收营业税。( )

10. 运往境外加工的货物,出境时向海关报明,并在海关规定期限内复运进境的,应当以加工后的货物进境时的到岸价格作为完税价格。( )

三、计算题

1. 某洗衣机厂生产企业2005年3月发生下列业务:

(1)从废旧物资回收公司购入废布毛一批,用于生产过程中的清洁,取得普通发票,支付款项20000元;

(2)以物易物,将自产A型洗衣机10台换取职工工作服一批,双方均未开发票;

(3)销售A型洗衣机1000台,发票注明每台不含税价格800元,支付销售洗衣机运费合计2000元;

(4)支付电费,取得增值税发票,价款10000元;

(5)支付水费,取得增值税发票,价款2000元;

(6)销售自用过的旧机器一台,原价10000元,售价11000元;

(7)销售自用过的小轿车一辆,原价150000元,售价8000元。

要求:计算应交的增值税。

2. 某药厂4月发生如下业务:

(1)购进A原料药用于应税项目,税控发票注明价款20000元,增值税3400元;

(2)购进B原料药用于免税项目,税控发票注明价款10000元,增值税1700元;

(3)购进隔离工作服用于应税和免税项目,税控发票注明价款10000元,增值税1700元;

(4)委托小规模纳税人加工原料药用于应税项目，支付2438元支票作为全部加工费，取得税务代开的增值税发票；

(5)销售应税甲药品10箱，取得不含税收入120000元；

(6)将甲药品1箱发给职工，成本5000元；

(7)销售免税药品10000元。

要求计算：

(1)当期不可抵扣的进项税额；

(2)当期可抵扣的进项税额；

(3)当期销项税额；

(4)当期应纳的增值税(假设防伪税控发票均经认证)

3. 某烟7月份生产销售情况如下：

(1)外购烟丝12万元(本期无期初存货)，取得增值税专用发票。

(2)外购生产用水电支付价款1.5万元，税金0.09万元。

(3)将本月外购烟丝全部投入生产卷烟销售，销售甲级烟410标准箱，取得销售额615万元；销售乙级烟160标准箱，取得销售额200万元。

(4)赠送协助单位甲级烟7标准箱11万元。

(5)分配给本厂职工乙级烟8标准烟10万元。

根据以上业务计算烟厂本月缴纳的增值税和消费税(以上税款均不含增值税的价款)。

4. 某宾馆发生以下业务：

(1)客房收入80万元，保龄球馆收入5万元，歌舞厅收入6万元。

(2)餐厅餐饮收入50万元，另收取服务费2万元

(3)宾馆商品部零售收入1万元

(4)美容美发、中医按摩收入150万元；

(5)经批准从事代销福利彩票业务取得手续费10万元。

要求：计算饭店本月应纳流转税。

5. 某企业2007年3月发生下列业务：

(1)从国外进口一批A类化妆品，关税完税价格为820000元，已缴纳关税230000元。

(2)委托某工厂加工B类化妆品，提供原材料价值68000元，支付加工费2000元。该批加工产品已收回(受托方没有B类化妆品同类货物价格)。

(3)销售本企业生产的C类化妆品，取得销售额580000元(不含增值税)。

(4)"三八"妇女节，向全体女职工发放C类化妆品，计税价格8000元(不含增值税)。

要求：

(1)计算A类化妆品应缴纳的消费税；

(2)计算B类化妆品应缴纳的消费税；

(3)计算C类化妆品应缴纳的消费税；

(4)计算该企业3月份应缴纳的消费税。

6. 某进出口公司进口一批机器设备，经海关审定的成交价为200万美元。另外，货物运抵我国境内输入地点起卸前的运输费10万美元，保险费20万美元，由买方负担的购货佣金5万美元、包装劳务费3万美元。已知：市场汇率为1美元=8.3元人民币，该机器设备适用关税税率为30%。

要求：

(1)进出口公司在进口该批机器设备过程中发生的哪些费用应计入货物的完税价格？

(2)计算进口该批机器设备应缴纳的关税税额。

(3)说明进出口公司进口该批机器设备申报缴纳关税的期限。

7. 某建材商店为增值税一般纳税人，主营建筑装修材料的销售，同时兼营装修业务和工具租赁业务。该商店对货物销售额和非应税劳务营业额分别进行核算。

2007年4月发生如下经济业务：

(1)从某工厂购进涂料一批，货款已付，取得的增值税专用发票上注明的销售额为60000元；购进油漆，取得防伪税控增值税专用发票上注明的销售额为100000元。

(2)销售涂料等的销售额共计397800元(含增值税)；

(3)出租装修工具收入12000元；

(4)承揽地板安装业务收入87000元(包工不包料)；

(5)承揽装修业务取得收入100000元(包工又包料)。

要求：

(1)指出该商店4月份发生的经济业务中哪些应当缴纳营业税？

(2)计算该商店当月应纳增值税税额。

(3)计算该商店当月应纳营业税税额。

8. 某广告公司2004年4月发生以下业务：

(1)取得广告业务收入94万元，营业成本为90万元，支付给某电视台的广告发布费25万元，支付给某报社的广告发布费18万元。经主管税务机关审核，认为其广告收费明显偏低，且无正当理由，又无同类产品价格，于是决定核定其计税价格(成本利润率为16%)

(2)当月以价值100万元不动产、30万元的无形资产投资入股某企业。

(3)参与主办一次服装表演，取得收入10万元。

(4)转让广告案例的编辑、制作权取得收入20万元。

要求：计算该广告公司当月应纳营业税。

9. 有进出口经营权的某生产企业，对自产货物经营出口销售及国内销售，该企业2006年3月份和4月份分别发生以下几笔购销业务：

(1)2006年3月份：

① 报关离境出口一批货物，离岸价30万美元(当日美元与人民币汇率1：8.20)；

② 内销一批货物，销售额为300万元；

③ 购进所需原材料等货物，购货额为500万元。

(2)2006年4月份：

① 报关离境出口一批货物,离岸价是60万美元(当日美元与人民币汇率1: 8.30);

② 内销一批货物,销售额为250万元;

③ 购进所需原材料等货物,购货额为450万元。已知上述购销货物增值税税率均为17%,上述购销额均为不含税价,该企业办理出口退税适用“免、抵、退”办法,增值税退税率为15%。

计算该企业2006年3月份和4月份应纳或应退增值税税额。

第六章 所得税

◆ 学习目标

本章主要学习企业所得税、个人所得税的征收制度，学生应从以下六个方面掌握企业所得税、个人所得税的征收制度：纳税义务人、征税对象、税率、应纳税额的计算、税收优惠和申报缴纳；尤其应把握新企业所得税主要内容的变动。要求在熟悉企业所得税、个人所得税种的征收制度的基础上，熟练掌握企业所得税、个人所得税种应纳税额的计算。

◇ 案例导入

68 万元重奖高考状元引出纳税话题

在今年的高考中，福建省漳州市第一中学考生陈默以 702 的高分，摘得福建省理科第一名的桂冠，并被北京大学录取。随后，头顶“省理科第一名”光环的陈默，获得了各界颁发的 68 万元巨额奖学金，创下了福建高考优秀考生所获奖学金数额的最高纪录。

近年来，社会各界重奖高考优秀考生已屡见不鲜，但极少有获得奖学金的高考优秀考生主动到税务部门申请缴纳个人所得税。记者从有关方面了解到，截至目前，给陈默颁发奖学金的单位并没有代扣代缴奖学金应纳税额，陈默也还未到地税机关申请缴纳个税。那么，因高考“金榜题名”而获得的奖学金该不该缴纳个人所得税？应按多少税率来缴纳？

据了解，陈默获得漳州市级奖金 2 万元、漳州香江房地产公司设立的“省高考状元奖学金”10 万元。此外，陈默的母校漳州一中也奖励给她 1 万元。最大一笔奖学金 55 万元来自陈默家乡南安市的水头朱子祠基金会。

令人意外的是，在 7 月 22 日举行的颁奖会上，陈默当场将 50 万元转捐给了她父母就读过的南安市水头南星中学。

陈默获得巨额奖学金的消息经媒体报道后，社会各界对高考优秀生所获得的奖励金要不要缴纳个人所得税，展开了激烈讨论。

对此问题，社会上也形成了两种观点。一种观点认为，学生的奖学金不在个人所得税应税所得项目之内,根本不涉及个人所得税的问题。“税法既没有把奖学金列入征税项目,也没有把它列入免税项目,属于‘真空地带’,应该是免税的”。

另一种观点则认为,奖学金须缴纳个人所得税,因为奖学金属于《个人所得税法》中“其他所得”范畴,而其他所得包括个人得奖、中奖、中彩以及其他性质的所得。而且税法中关于奖励免征个人所得税的规定是仅针对省部级以上部门给的奖金、举报奖励以及一些影响重大的基金奖励,所以,奖学金属于个人其他所得范畴,理应征税。

(资料来源:中国税务网 2007-08-13)

对受赠人陈默所获得的奖金涉及到个人所得税的问题,您持何种观点?另外,在整个事件中,捐赠人和其他受赠人是否会涉及到税收问题?如果涉及的话,会是哪类税收问题呢?

在接下来的企业所得税、个人所得税征收制度的学习中,希望你能根据所掌握的知识,发表自己的观点。

第一节　企业所得税

企业所得税是指对中华人民共和国境内的一切企业(包括外商投资企业和外国企业),就其生产经营所得和其他所得而征收的一种税。现行企业所得税的基本法律规范是 2007 年 3 月 16 日第十届全国人民代表大会第五次会议通过的《中华人民共和国企业所得税法》,自 2008 年 1 月 1 日起施行。

《中华人民共和国企业所得税法》将原有《中华人民共和国企业所得税暂行条例》和《外商投资企业和外国企业所得税法》两套所得税法合并,在纳税人、使用税率、税前扣除、优惠政策、征收管理等方面实现了内、外资企业的统一,并且平衡了内、外资企业的所得税负担,完善了所得税扣除、优惠等政策,规范了所得税的征收管理,有利于内、外资企业的公平竞争,有利于中国国民经济又好又快持续稳定发展。

2007 年 11 月 28 日国务院以第 512 号令发布了《中华人民共和国企业所得税法实施条例》,自 2008 年 1 月 1 日起施行,进一步明确了相关内容。

一、纳税义务人

在中华人民共和国境内,企业和其他取得收入的组织(以下统称企业)为企业所得税的纳税人,依法缴纳企业所得税。包括企业、事业单位、社会团体以及其他取得收入的组织、外商投资企业和外国企业;不包括个人独资企业、合伙企业。

企业所得税法采用了“登记注册地标准”和“实际管理机构地标准”相结合的办法,将纳税义务人分为居民企业和非居民企业,并对居民企业和非居民企业作了明确界定。

1. 居民企业,是指依法在中国境内成立,或者依照外国(地区)法律成立但实际管理机构在中国境内的企业。

2. 非居民企业，是指依照外国（地区）法律成立且实际管理机构不在中国境内，但在中国境内设立机构、场所的，或者在中国境内未设立机构、场所，但有来源于中国境内所得的企业。

这里所说的机构、场所，是指在中国境内从事生产经营活动的机构、场所，包括：

（1）管理机构、营业机构、办事机构；

（2）工厂、农场、开采自然资源的场所；

（3）提供劳务的场所；

（4）从事建筑、安装、装配、修理、勘探等工程作业的场所；

（5）其他从事生产经营活动的机构、场所。

非居民企业委托营业代理人在中国境内从事生产经营活动的，包括委托单位或者个人经常代其签订合同，或者储存、交付货物等，该营业代理人视为非居民企业在中国境内设立的机构、场所。

二、征税对象

企业所得税的征税对象是企业生产经营所得和其他所得，包括销售货物所得、提供劳务所得、转让财产所得、股息红利等权益性投资所得、利息所得、租金所得、特许权使用费所得、接受捐赠所得和其他所得。

需要注意的是，企业所得税法将纳税义务人分为居民企业和非居民企业，因此对这两类纳税人应按所得来源地分别确定应税所得。按税法规定：

1. 居民企业应当就其来源于中国境内、境外的所得缴纳企业所得税。

2. 非居民企业在中国境内设立机构、场所的，应当就其所设机构、场所取得的来源于中国境内的所得，以及发生在中国境外但与其所设机构、场所有实际联系的所得，缴纳企业所得税。

3. 非居民企业在中国境内未设立机构、场所的，或者虽设立机构、场所但取得的所得与其所设机构、场所没有实际联系的，应当就其来源于中国境内的所得缴纳企业所得税。

企业所得税法称来源于中国境内、境外的所得，按照以下原则确定：

（1）销售货物所得，按照交易活动发生地确定；

（2）提供劳务所得，按照劳务发生地确定；

（3）转让财产所得，不动产转让所得按照不动产所在地确定，动产转让所得按照转让动产的企业或者机构、场所所在地确定，权益性投资资产转让所得按照被投资企业所在地确定；

（4）股息、红利等权益性投资所得，按照分配所得的企业所在地确定；

（5）利息所得、租金所得、特许权使用费所得，按照负担、支付所得的企业或者机构、场所所在地确定，或者按照负担、支付所得的个人的住所地确定；

（6）其他所得，由国务院财政、税务主管部门确定。

三、税率

企业所得税的税率是指对纳税人应纳税所得额征税的比率，即企业应纳税额与应纳税所得额的比率。

根据企业所得税法的规定,企业所得税实行25%的比例税率;对非居民企业在中国境内未设立机构、场所的,或者虽设立机构、场所但取得的所得与其所设机构、场所没有实际联系的,其来源于中国境内的所得适用20%的比例税率,但减按10%的税率征收企业所得税。

另外,国家需要重点扶持的高新技术企业,减按15%的税率征收企业所得税;符合条件的小型微利企业,减按20%的税率征收企业所得税。

小型微利企业是指:年度应纳税所得额不超过30万元、从业人数不超过100人、资产总额不超过3000万元的制造业;年度应纳税所得额不超过30万元、从业人数不超过80人、资产总额不超过1000万元的非制造业。

四、应纳税所得额的计算

企业所得税的计税依据为应纳税所得额。应纳税所得额为企业每一纳税年度的收入总额,减除不征税收入、免税收入、各项扣除以及允许弥补的以前年度亏损后的余额。企业应纳税所得额的计算,以权责发生制为原则。

(一)收入总额

1. 收入总额基本项目。纳税人的收入总额是指企业以货币形式和非货币形式从各种来源取得的收入总和,包括生产经营收入和其他收入。

(1)销售货物收入,是指企业销售商品、产品、原材料、包装物、低值易耗品以及其他存货取得的收入。

(2)提供劳务收入,是指企业从事建筑安装、修理修配、交通运输、仓储租赁、金融保险、邮电通信、咨询经纪、文化体育、科学研究、技术服务、教育培训、餐饮住宿、中介代理、卫生保健、社区服务、旅游、娱乐、加工以及其他劳务服务活动取得的收入。

(3)转让财产收入,是指企业转让固定资产、生物资产、无形资产、股权、债权等财产取得的收入。

(4)股息、红利等权益性投资收益,是指企业因权益性投资从被投资方取得的收入。

(5)利息收入,是指企业将资金提供他人使用但不构成权益性投资,或者因他人占用本企业资金取得的收入,包括存款利息、贷款利息、债券利息、欠款利息等收入。

(6)租金收入,是指企业提供固定资产、包装物或者其他有形资产的使用权取得的收入。

(7)特许权使用费收入,是指企业提供专利权、非专利技术、商标权、著作权以及其他特许权的使用权取得的收入。

(8)接受捐赠收入,是指企业接受的来自其他企业、组织或者个人无偿给予的货币性资产、非货币性资产。

(9)其他收入,是指企业取得的除上述各项规定的收入外的其他收入,包括企业资产溢余收入、逾期未退包装物押金收入、确实无法偿付的应付款项、已作坏账损失处理后又收回的应收款项、债务重组收入、补贴收入、违约金收入、汇兑收益等。

2. 收入总额中的下列收入为不征税收入

(1)财政拨款;

(2)依法收取并纳入财政管理的行政事业性收费、政府性基金;

(3)国务院规定的其他不征税收入。

3. 企业的下列收入为免税收入

(1)国债利息收入;

(2)符合条件的居民企业之间的股息、红利等权益性投资收益;

(3)在中国境内设立机构、场所的非居民企业从居民企业取得与该机构、场所有实际联系的股息、红利等权益性投资收益;

(4)符合条件的非营利组织的收入。

(二)准予扣除的项目

准予在计算应纳税所得额时从收入总额中扣除的项目是指企业实际发生的与取得收入有关的、合理的支出,包括成本、费用、税金、损失和其他支出。

1. 扣除项目应遵循的原则。税前扣除的确认一般应遵循以下原则:

(1)权责发生制原则。即纳税人应在费用发生时而不是实际支付时确认扣除。

(2)配比原则。即纳税人发生的费用应在费用应配比或应分配的当期申报扣除。纳税人某一纳税年度应申报的可扣除费用不得提前或滞后申报扣除。

(3)相关性原则。即纳税人可扣除的费用从性质和根源上必须与取得应税收入相关。

(4)确定性原则。即纳税人可扣除的费用不论何时支付,其金额必须是确定的。

(5)合理性原则。即纳税人可扣除费用的计算和分配方法应符合一般的经营常规和会计惯例。

2. 准予扣除项目的基本范围

(1)成本,是指企业在生产经营活动中发生的销售成本、销货成本、业务支出以及其他耗费。

(2)费用,是指纳税人每一纳税年度生产、经营商品和提供劳务等所发生的可扣除的销售(经营)费用、管理费用和财务费用。已计入成本的有关费用除外。

(3)税金,是指企业发生的除企业所得税和允许抵扣的增值税以外的各项税金及其附加。企业缴纳的房产税、车船使用税、土地使用税、印花税等,已经计入管理费用中扣除的,不再作销售税金单独扣除。企业缴纳的增值税因其属于价外税,故不在扣除之列。

(4)损失,是指企业在生产经营活动中发生的固定资产和存货的盘亏、毁损、报废损失,转让财产损失,呆账损失,坏账损失,自然灾害等不可抗力因素造成的损失以及其他损失。

企业发生的损失,减除责任人赔偿和保险赔款后的余额,依照国务院财政、税务主管部门的规定扣除。

(5)其他支出,是指除成本、费用、税金、损失外,企业在生产经营活动中发生的与生产经营活动有关的、合理的支出。

（三）部分扣除项目的具体范围和标准

1. 借款利息支出。企业在生产经营活动中发生的合理的不需要资本化的借款费用，准予扣除。企业为购置、建造固定资产、无形资产和经过12个月以上的建造才能达到预定可销售状态的存货发生借款的，在有关资产购置、建造期间发生的合理的借款费用，应当作为资本性支出计入有关资产的成本，并依照税法的规定扣除。

非金融企业在生产、经营期间，向金融企业借款的利息支出，准予扣除；向非金融企业借款的利息支出，不超过按照金融企业同期同类贷款利率计算的数额的部分，准予扣除。

企业经批准发行债券的利息支出准予扣除；

金融企业的各项储蓄存款利息支出和同业拆借利息支出，准予扣除。

2. 工资薪金支出。企业实际发生的合理的工资薪金支出，准予在税前扣除。

工资薪金，是指企业每一纳税年度支付给在本企业任职或者受雇的员工的所有现金形式或者非现金形式的劳动报酬，包括基本工资、奖金、津贴、补贴、年终加薪、加班工资，以及与员工任职或者受雇有关的其他支出。

3. 职工工会经费、职工福利费、职工教育经费。企业发生的职工福利费支出，不超过工资薪金总额14%的部分，准予扣除。企业拨缴的工会经费，不超过工资薪金总额2%的部分，准予扣除。

企业发生的职工教育经费支出，不超过工资薪金总额2.5%的部分，准予扣除；超过部分，准予在以后纳税年度结转扣除。

4. 公益性捐赠支出。公益性捐赠，是指企业通过公益性社会团体或者县级以上人民政府及其部门，用于《中华人民共和国公益事业捐赠法》规定的公益事业的捐赠。

企业发生的公益性捐赠支出，在年度利润总额12%以内的部分，准予在计算应纳税所得额时扣除。年度利润总额是指企业按照国家统一会计制度的规定计算的年度会计利润。

5. 业务招待费。企业发生的与生产经营活动有关的业务招待费支出，按照发生额的60%扣除，但最高不得超过当年销售（营业）收入的5‰。

6. 各类保险费。

（1）企业按照国务院有关主管部门或省级人民政府规定的范围和标准为职工缴纳的基本医疗保险费、基本养老保险费、失业保险费、工伤保险费、生育保险费等基本社会保险费和住房公积金，准予税前扣除。企业为投资者或者职工支付的补充养老保险费、补充医疗保险费，在国务院财政、税务主管部门规定的范围和标准内，准予扣除。

（2）除企业依照国家有关规定为特殊工种职工支付的人身安全保险费和国务院财政、税务主管部门规定可以扣除的其他商业保险费外，企业为投资者或者职工支付的商业保险费，不得扣除。

（4）企业参加财产保险和责任保险，按照规定实际缴纳的保险费用，准予扣除。

7. 广告费和业务宣传费。企业发生的符合条件的广告费和业务宣传费支出，除国务院财政、税务主管部门另有规定外，不超过当年销售（营业）收入15%的部分，准予扣除；超过部分，准予在以后纳税年度结转扣除。

8. 环境保护专项资金。企业依照法律、行政法规有关规定提取的用于环境保护、生态恢复等方面的专项资金，准予扣除。上述专项资金提取后改变用途的，不得扣除。

9. 固定资产租赁费。企业根据生产经营活动的需要租入固定资产支付的租赁费，按照以下方法扣除：

（1）以经营租赁方式租入固定资产发生的租赁费支出，按照租赁期限均匀扣除；

（2）以融资租赁方式租入固定资产发生的租赁费支出，按照规定构成融资租入固定资产价值的部分应当提取折旧费用，分期扣除。

10. 企业发生的合理的劳动保护支出，准予扣除。

11. 财产损失。企业在生产经营活动中发生的固定资产和存货的盘亏、毁损、报废损失，转让财产损失，呆账损失，坏账损失，自然灾害等不可抗力因素造成的损失以及其他损失，减除责任人赔偿和保险赔款后的余额，依照国务院财政、税务主管部门的规定扣除。

企业已经作为损失处理的资产，在以后纳税年度又全部收回或者部分收回时，应当计入当期收入。

12. 汇兑损益。企业在货币交易中，以及纳税年度终了时将人民币以外的货币性资产、负债按照期末即期人民币汇率中间价折算为人民币时产生的汇兑损失，除已经计入有关资产成本以及与向所有者进行利润分配相关的部分外，准予扣除。

13. 年金。企业提取的年金，在国务院财政、税务主管部门规定的标准范围内，准予扣除。

14. 新技术、新产品、新工艺研究开发费用。企业为开发新技术、新产品、新工艺发生的研究开发费用，未形成无形资产计入当期损益的，在按照规定据实扣除的基础上，按照研究开发费用的50%加计扣除；形成无形资产的，按照无形资产成本的150%摊销。

15. 安置残疾人员及国家鼓励安置的其他就业人员所支付的工资。企业安置残疾人员的，其支付给残疾职工的工资可以在据实扣除的基础上，按照支付额的100%加计扣除。残疾人员的范围适用《中华人民共和国残疾人保障法》的有关规定。

企业安置国家鼓励安置的其他就业人员所支付的工资的加计扣除办法，由国务院另行规定。

16. 创业投资企业的创业投资额。创业投资企业采取股权投资方式投资于未上市的中小高新技术企业2年以上的，可以按照其投资额的70%在股权持有满2年的当年抵扣该创业投资企业的应纳税所得额；当年不足抵扣的，可以在以后纳税年度结转抵扣。

17. 支付给总机构的管理费。非居民企业在中国境内设立的机构、场所，就其中国境外总机构发生的与该机构、场所生产经营有关的费用，能够提供总机构出具的费用汇集范围、定额、分配依据和方法等证明文件，并合理分摊的，准予扣除。

（四）不得扣除的项目

1. 向投资者支付的股息、红利等权益性投资收益款项；

2. 企业所得税税款；

3. 税收滞纳金；

4. 罚金、罚款和被没收财物的损失；

5. 超过国家规定允许扣除的公益性捐赠，以及非公益性捐赠；

6. 赞助支出；

7. 未经核定的准备金支出；

8. 与取得收入无关的其他支出。

另外，以下项目也不得扣除：企业的不征税收入用于支出所形成的费用或者财产，不得扣除或者计算对应的折旧、摊销扣除；企业之间支付的管理费、企业内营业机构之间支付的租金和特许权使用费，以及非银行企业内营业机构之间支付的利息。

（五）关于应纳税所得额其他规定

1. 亏损弥补。企业纳税年度发生的亏损，准予向以后年度结转，用以后年度的所得弥补，但结转年限最长不得超过五年。

企业在汇总计算缴纳企业所得税时，其境外营业机构的亏损不得抵减境内营业机构的盈利。

2. 非居民企业取得按20%的税率纳税的所得，按照下列方法计算其应纳税所得额：

（1）股息、红利等权益性投资收益和利息、租金、特许权使用费所得，以收入全额为应纳税所得额；

（2）转让财产所得，以收入全额减除财产净值后的余额为应纳税所得额；

（3）其他所得，参照前两项规定的方法计算应纳税所得额。

3. 资产的税务处理。在计算应纳税所得额时，企业的固定资产、生产性生物资产按照直线法计算的折旧，无形资产按照直线法计算的摊销费用，准予扣除。

固定资产由于技术进步等原因，确需加速折旧的，可以缩短折旧年限或者采取加速折旧的方法。可以采取缩短折旧年限或者采取加速折旧的方法的固定资产，包括：

（1）由于技术进步，产品更新换代较快的固定资产；

（2）常年处于强震动、高腐蚀状态的固定资产。

企业发生的已足额提取折旧的固定资产的改建支出、租入固定资产的改建支出、固定资产的大修理支出等作为长期待摊费用的支出，按照规定摊销的，准予扣除。

企业对外投资期间，投资资产的成本在计算应纳税所得额时不得扣除。企业在转让或者处置投资资产时，投资资产的成本，准予扣除。

五、应纳税额的计算

应纳税额是企业依照税法规定应向国家缴纳的税款。应纳税额的计算公式如下：

应纳税额＝应纳税所得额×适用税率－减免税额－抵免税额

公式中的减免税额和抵免税额，是指依照企业所得税法和国务院的税收优惠规定减征、免征和抵免的应纳税额。

(一)应纳税额计算举例

例1:某企业适用25%的企业所得税率,在2008年度内,生产经营情况如下:

(1)取得产品销售收入1000万元、技术转让收入200万元、国库券利息收入20万元;

(2)应扣除产品销售成本400万元;

(3)发生产品销售费用210万元,其中广告费190万元;

(4)发生管理费用120万元,其中业务招待费20万元、新产品研究开发费用40万元;

(5)发生财务费用40万元,其中含在建工程借款利息20万元;

(6)应缴纳的增值税50万元;产品销售税金及附加费40万元;

(7)发生营业外支出14万元,其中非广告性质赞助支出10万元、缴纳税收滞纳金4万元;

(8)全年工资支出总额100万元,拨缴职工工会经费3万元,职工福利费支出14万元,职工教育经费支出3万元。

要求:计算该企业应纳的企业所得税

(1)按税法规定,国债利息收入为免税收入,该企业其他收入项目应纳税。所以该企业年度应纳税收入总额为:

应纳税收入总额=1000+200=1200(万元)

(2)分析可扣除项目的标准,据此计算应纳税所得额。

①应扣除的产品销售成本=400(万元)

②发生产品销售费用210万元,其中广告费190万元。税法规定扣除的广告费不得超过当年销售(营业)收入的15%,即1200×15%=180万元,因此,

应扣除的产品销售费用=210-(190-1200×15%)=200(万元)

③发生管理费用120万元,其中业务招待费20万元、新产品研究开发费用40万元。按税法规定,业务招待费支出,按照发生额的60%扣除(即20×60%=12万元),但最高不得超过当年销售(营业)收入的5‰(即1200×5‰=6万元);新产品研究开发费用40万元在按照规定据实扣除的基础上,按照研究开发费用的50%加计扣除,即40×50%=20万元。因此

应扣除的管理费用=120-(20-6)=106(万元)

应加计扣除的研究开发费用=40×50%=20(万元)

④发生财务费用40万元,其中含在建工程借款利息20万元。按税法规定,资产建造期间发生的合理的借款费用,应当作为资本性支出计入有关资产的成本,并依照有关规定扣除。因此,

应扣除的财务费用=40-20=20(万元)

⑤应扣除的产品销售税金及附加费=40(万元)

⑥发生营业外支出24万元,其中非广告性质赞助支出10万元、缴纳税收滞纳金4万元。按税法规定,企业发生的非广告性质赞助支出、税收滞纳金不得扣除。因此:

应扣除的营业外支出=24-10-4=10(万元)

⑦全年工资总额100万元,拨缴职工工会经费3万元,职工福利费支出14万元,职工教育

经费支出3.5万元。按税法规定,企业实际发生的合理的工资薪金支出,准予在税前扣除。企业拨缴的工会经费,不超过工资薪金总额2%的部分(即100×2% =2万元),准予扣除;企业发生的职工福利费支出,不超过工资薪金总额14%的部分(即100×14% =14万元),准予扣除;企业发生的职工教育经费支出,不超过工资薪金总额2.5%的部分(即100×2.5% =2.5万元),准予扣除,超过部分,准予在以后纳税年度结转扣除。拨缴的工会经费、计提的职工教育经费超过标准,应调整增加应纳税所得额。

纳税调整增加额 =(3 -100×2%)+(3.5 -100×2.5%)=2(万元)

(3)应纳税所得额 =1200 -400 -200 -106 -20 -20 -40 -10 +2 =406(万元)

(4) 应纳企业所得税 =406×25% =101.5(万元)

(二)境外所得已纳税额的扣除

所谓"境外所得已纳税额的扣除",是指根据税法规定,企业来源于中国境外的所得,已在境外缴纳的所得税税额,可以从其当期应纳税额中抵免,抵免限额为该项所得依照企业所得税法规定计算的应纳税额;超过抵免限额的部分,可以在以后五个年度内,用每年度抵免限额抵免当年应抵税额后的余额进行抵补。

所谓已在境外缴纳的所得税税额,是指企业来源于中国境外的所得依照中国境外税收法律以及相关规定应当缴纳并已经实际缴纳的企业所得税性质的税款。

境外所得依照企业所得税法规定计算的应纳税额,是指纳税人的境外所得,依照企业所得税法的有关规定,扣除为取得该项所得摊计的成本、费用以及损失,得出应纳税所得额,据以计算的应纳税额。该应纳税额即为扣除限额,除国务院财政、税务主管部门另有规定外,该抵免限额应当分国(地区)不分项计算,计算公式如下:

抵免限额 = 中国境内、境外所得依照企业所得税法规定计算的应纳税总额×来源于某国(地区)的应纳税所得额÷中国境内、境外应纳税所得总额

例2:某企业应纳税所得额为100万元,适用25%的企业所得税税率。另外,该企业分别在A、B国设有分支机构,来源于A国分支机构的应纳税所得额为45万元,A国税率为30%;来源于B国分支机构的应纳税所得额为55万元,B国税率为20%。假设该企业在A、B两国所得按我国税法计算的应纳税所得额和按A、B两国税法计算的应纳税所得额是一致的,两个分支机构在A、B两国分别缴纳13.5万元和11万元的所得税。计算该企业汇总在我国应缴纳的企业所得税税额。

(1)该企业按我国税法计算的境内、境外所得的应纳税额:

应纳税额 =(100 +45 +55)×25% =50(万元)

(2)A、B两国的扣除限额:

A国扣除限额 =50×[45÷(100 +45 +55)] =11.25(万元)

B国扣除限额 =50×[55÷(100 +45 +55)] =13.75(万元)

在A国缴纳的所得税为13.5万元,高于扣除限额11.25万元,其超过扣除限额的部分2.25万元不能扣除。

在B国缴纳的所得税为11万元，低于扣除限额13.75万元，可全额扣除。

(3)在我国应缴纳的所得税：

应纳税额 = 50 − 11.25 − 11 = 27.75(万元)

六、源泉扣缴

非居民企业在中国境内未设立机构、场所的，或者虽设立机构、场所但取得的所得与其所设机构、场所没有实际联系的，应当就其来源于中国境内的所得缴纳企业所得税。这些所得具体包括股息、红利、利息、租金、特许权使用费所得、转让财产所得和其他所得。

对非居民企业取得上述所得应缴纳的所得税，实行源泉扣缴，即以这类所得的取得者为纳税义务人，以支付人为扣缴义务人。税款由扣缴义务人在每次支付或者到期应支付时，从支付或者到期应支付的款项中扣缴。

非居民企业取得的上述所得，按照下列方法计算其应纳税所得额：

1. 股息、红利等权益性投资收益和利息、租金、特许权使用费所得，以收入全额为应纳税所得额；

2. 转让财产所得，以收入全额减除财产净值后的余额为应纳税所得额；

3. 其他所得，参照前两项规定的方法计算应纳税所得额。

例3：国内某公司从国外某企业租入价值200万元的通讯设备，合同约定使用期限一年，支付使用费80万元。另外，该国外企业还从中国境内取得利息所得40万元。计算该公司应代扣代缴的所得税。

国外某企业应缴纳的营业税 = 80 × 5% = 4(万元)

国内某公司应代扣代缴的所得税 = (80 − 4 + 40) × 10% = 11.6(万元)

依照规定应当扣缴的所得税，扣缴义务人未依法扣缴或者无法履行扣缴义务的，由纳税人在所得发生地缴纳。纳税人未依法缴纳的，税务机关可以从该纳税人在中国境内其他收入项目的支付人应付的款项中，追缴该纳税人的应纳税款。

七、税收优惠

(一)下列所得免征企业所得税：

1. 外国政府向中国政府提供贷款取得的利息所得；

2. 国际金融组织向中国政府和居民企业提供优惠贷款取得的利息所得；

3. 企业从事以下农、林、牧、渔业项目的所得：蔬菜、谷物、薯类、油料、豆类、棉花、麻类、糖料、水果、坚果的种植；农作物新品种的选育；中药材的种植；林木的培育和种植；牲畜、家禽的饲养；林产品的采集；灌溉、农产品初加工、兽医、农技推广、农机作业和维修等农、林、牧、渔服务业项目；远洋捕捞。

4. 经国务院批准的其他所得。

(二)企业从事下列项目的所得，减半征收企业所得税：

花卉、茶以及其他饮料作物和香料作物的种植；海水养殖、内陆养殖。

（三）从事国家重点扶持的公共基础设施项目投资经营的所得和从事符合条件的环境保护、节能节水项目的所得享受两免三减半的优惠政策，即从项目取得第一笔生产经营收入所属年度起，第一年至第二年免征企业所得税，第三年至第五年减半征收企业所得税。

国家重点扶持的公共基础设施项目是指《公共基础设施项目企业所得税优惠目录》内的港口码头、机场、铁路、公路、电力、水利等项目。企业承包经营、承包建设和内部自建自用以上项目，不得享受企业所得税优惠。

符合条件的环境保护、节能节水包括公共污水处理、公共垃圾处理、沼气综合开发利用、风力发电、太阳能发电、潮汐发电、海水淡化等。

（四）一个纳税年度内，居民企业技术转让所得不超过500万元的部分，免征企业所得税；超过500万元的部分，减半征收企业所得税。

（五）民族自治地方的自治机关对本民族自治地方的企业应缴纳的企业所得税中属于地方分享的部分，可以决定减征或者免征。自治州、自治县决定减征或者免征的，须报省、自治区、直辖市人民政府批准。

（六）企业的固定资产由于技术进步等原因，确需加速折旧的，可以缩短折旧年限或者采取加速折旧的方法。

可以采取缩短折旧年限或者采取加速折旧的方法的固定资产，包括：由于技术进步，产品更新换代较快的固定资产；常年处于强震动、高腐蚀状态的固定资产。

（七）企业综合利用资源，生产符合国家产业政策规定的产品所取得的收入，可以在计算应纳税所得额时减按90%计入收入总额。

（八）企业购置用于环境保护、节能节水、安全生产等专用设备的投资额，该专用设备的投资额的10%可以从企业当年的应纳税额中抵免；当年不足抵免的，可以在以后5个纳税年度结转抵免。

本法公布前已经批准设立的企业，依照当时的税收法律、行政法规规定，享受低税率优惠的，按照国务院规定，可以在本法施行后五年内，逐步过渡到本法规定的税率；享受定期减免税优惠的，按照国务院规定，可以在本法施行后继续享受到期满为止，但因未获利而尚未享受优惠的，优惠期限从本法施行年度起计算。

八、征收管理

（一）纳税地点

1. 居民企业以企业登记注册地为纳税地点；但登记注册地在境外的，以实际管理机构所在地为纳税地点。居民企业在中国境内设立不具有法人资格的营业机构的，应当汇总计算并缴纳企业所得税。

2. 在中国境内设立机构、场所的非居民企业就其来源于中国境内、境外的所得计缴所得税的，以机构、场所所在地为纳税地点。非居民企业在中国境内设立两个或者两个以上机构、场所的，经税务机关审核批准，可以选择由其主要机构、场所汇总缴纳企业所得税。

非居民企业只就其来源于中国境内的所得计缴所得税的，以扣缴义务人所在地为纳税地点。

除国务院另有规定外，企业之间不得合并缴纳企业所得税。

(二)纳税期限

企业所得税是按照纳税人每一纳税年度的应纳税所得额和适用税率计算征收的。纳税年度是指自公历1月1日起至12月31日止。企业在一个纳税年度的中间开业，或者由于合并、关闭等原因，使该纳税年度的实际经营期不足12个月的，应当以其实际经营期为一个纳税年度；纳税人清算时，应当以清算期间作为一个纳税年度。

企业所得税法规定，缴纳企业所得税，按年计算，分月或者分季预缴。企业应当自月份或者季度终了之日起十五日内，向税务机关报送预缴企业所得税纳税申报表，预缴税款；自年度终了之日起五个月内，应当向税务机关报送年度企业所得税纳税申报表，并汇算清缴，结清应缴应退税款。企业在报送企业所得税纳税申报表时，应当按照规定附送财务会计报告和其他有关资料。

企业在纳税年度内无论盈利或亏损，都应当按照规定的期限，向当地主管税务机关报送所得税申报表和年度会计报表。

企业在年度中间终止经营活动的，应当自实际经营终止之日起六十日内，向税务机关办理当期企业所得税汇算清缴，并应当在办理注销登记前，就其清算所得向税务机关申报并依法缴纳企业所得税。

企业所得以人民币以外的货币计算的，预缴企业所得税时，应当按照月度或者季度最后一日的人民币汇率中间价，折合成人民币计算应纳税所得额。年度终了汇算清缴时，对已经按照月度或者季度预缴税款的，不再重新折合计算，只就该纳税年度内未缴纳企业所得税的部分，按照纳税年度最后一日的人民币汇率中间价，折合成人民币计算应纳税所得额。

第二节　个人所得税

个人所得税是对个人(自然人)取得的各项应税所得征收的一种税。它最早于1799年在英国创立，目前世界上已有140多个国家开征了这一税种。现行个人所得税的基本法律规范是1980年9月10日第五届全国人民代表大会第三次会议制定的、并分别于1993年10月、1999年8月和2005年10月三次修改的《中华人民共和国个人所得税法》，以及1994年1月28日中华人民共和国国务院令第142号发布、分别于2005年12月和2008年2月两次修订的《中华人民共和国个人所得税法实施条例》。2011年6月30日第十一届全国人民代表大会常务委员会第二十一次会议《关于修改〈中华人民共和国个人所得税法〉的决定》第六次修正。

一、纳税义务人

个人所得税的纳税义务人，包括中国公民、个体工商业户以及在中国有所得的外籍人员(

包括无国籍人员，下同）和港、澳、台同胞。上述纳税义务人依据住所和居住时间两个标准，区分为居民纳税义务人和非居民纳税义务人，分别承担不同的纳税义务。

（一）居民纳税义务人

居民纳税义务人负有无限纳税义务。其所取得的应纳税所得，无论是来源于中国境内还是中国境外任何地方，都要在中国缴纳个人所得税。根据《个人所得税法》规定，居民纳税义务人是指在中国境内有住所，或者无住所而在中国境内居住满1年的个人。

所谓在中国境内有住所的个人，是指因户籍、家庭、经济利益关系而在中国境内习惯性居住的个人。所谓在境内居住满一年，是指在一个纳税年度中在中国境内居住365日。临时离境的，不扣减日数。这里所说的临时离境，是指在一个纳税年度内，一次不超过30日或者多次累计不超过90日的离境。

现行税法中关于“中国境内”的概念，是指中国大陆地区，目前还不包括香港、澳门和台湾地区。

（二）非居民纳税义务人

非居民纳税义务人，是指习惯性居住地不在中国境内，而且不在中国居住，或者在一个纳税年度内，在中国境内居住不满1年的个人。非居民纳税义务人，实际上只能是在一个纳税年度中，没有在中国境内居住，或者在中国境内居住不满1年的外籍人员、华侨或香港、澳门、台湾同胞。非居民纳税义务人承担有限纳税义务，即仅就其来源于中国境内的所得，向中国缴纳个人所得税。

从中国境内取得的所得，是指来源于中国境内的所得；所说的从中国境外取得的所得，是指来源于中国境外的所得。

下列所得，不论支付地点是否在中国境内，均为来源于中国境内的所得：

1. 因任职、受雇、履约等而在中国境内提供劳务取得的所得；
2. 将财产出租给承租人在中国境内使用而取得的所得；
3. 转让中国境内的建筑物、土地使用权等财产或者在中国境内转让其他财产取得的所得；
4. 许可各种特许权在中国境内使用而取得的所得；
5. 从中国境内的公司、企业以及其他经济组织或者个人取得的利息、股息、红利所得。

在中国境内无住所，但是居住一年以上五年以下的个人，其来源于中国境外的所得，经主管税务机关批准，可以只就由中国境内公司、企业以及其他经济组织或者个人支付的部分缴纳个人所得税；居住超过五年的个人，从第六年起，应当就其来源于中国境外的全部所得缴纳个人所得税。

在中国境内无住所，但是在一个纳税年度中在中国境内连续或者累计居住不超过90日的个人，其来源于中国境内的所得，由境外雇主支付并且不由该雇主在中国境内的机构、场所负担的部分，免予缴纳个人所得税。

二、征税对象

个人所得税的征税对象是个人取得的应税所得。税法列举的个人应税所得项目共有11个：

（一）工资、薪金所得，是指个人因任职或者受雇而取得的工资、薪金、奖金、年终加薪、劳动分红、津贴、补贴以及与任职或者受雇有关的其他所得。

（二）个体工商户的生产、经营所得，是指：

1. 个体工商户从事工业、手工业、建筑业、交通运输业、商业、饮食业、服务业、修理业以及其他行业生产、经营取得的所得；

2. 个人经政府有关部门批准，取得执照，从事办学、医疗、咨询以及其他有偿服务活动取得的所得；

3. 其他个人从事个体工商业生产、经营取得的所得；

4. 上述个体工商户和个人取得的与生产、经营有关的各项应纳税所得。

（三）对企事业单位的承包经营、承租经营所得，是指个人承包经营、承租经营以及转包、转租取得的所得，包括个人按月或者按次取得的工资、薪金性质的所得。

（四）劳务报酬所得，是指个人从事设计、装潢、安装、制图、化验、测试、医疗、法律、会计、咨询、讲学、新闻、广播、翻译、审稿、书画、雕刻、影视、录音、录像、演出、表演、广告、展览、技术服务、介绍服务、经纪服务、代办服务以及其他劳务取得的所得。

（五）稿酬所得，是指个人因其作品以图书、报刊形式出版、发表而取得的所得。

（六）特许权使用费所得，是指个人提供专利权、商标权、著作权、非专利技术以及其他特许权的使用权取得的所得；提供著作权的使用权取得的所得，不包括稿酬所得。

（七）利息、股息、红利所得，是指个人拥有债权、股权而取得的利息、股息、红利所得。

（八）财产租赁所得，是指个人出租建筑物、土地使用权、机器设备、车船以及其他财产取得的所得。

（九）财产转让所得，是指个人转让有价证券、股权、建筑物、土地使用权、机器设备、车船以及其他财产取得的所得。

（十）偶然所得，是指个人得奖、中奖、中彩以及其他偶然性质的所得。

（十一）经国务院财政部门确定征税的其他所得

三、税率

（一）工资、薪金所得

工资、薪金所得，适用超额累进税率，税率为百分之三至百分之四十五（见表1）。

表1　　工资、薪金所得个人所得税税率表

级数	全月应纳税所得额		税率（%）	速算扣除数
	含税级距	不含税级距		
1	不超过1500元的	不超过1455元的	3	0
2	超过1500元至4500元的部分	超过1455元至4155元的部分	10	105
3	超过4500元至9000元的部分	超过4155元至7755元的部分	20	555
4	超过9000元至35000元的部分	超过7755元至27255元的部分	25	1005
5	超过35000元至55000元的部分	超过27255元至41255元的部分	30	2755
6	超过55000元至80000元的部分	超过41255元至57505元的部分	35	5505
7	超过80000元的部分	超过57505元的部分	45	13505

（注：本表所称全月应纳税所得额是指依照本法第六条的规定，以每月收入额减除费用3500元以及附加减除费用后的余额。）

（二）个体工商户经营所得

个体工商户的生产、经营所得和对企事业单位的承包经营、承租经营所得，适用百分之五至百分之三十五（见表2）。

表2　　个体工商户的生产、经营所得和对企事业单位的承包经营、承租经营所得个人所得税税率表

级数	全年应纳税所得额		税率（%）	速算扣除数
	含税级距	不含税级距		
1	不超过15000元的	不超过14250元的	5	0
2	超过15000元至30000元的部分	超过14250元至27750元的部分	10	750
3	超过30000元至60000元的部分	超过27750元至51750元的部分	20	3750
4	超过60000元至100000元的部分	超过51750元至79750元的部分	30	9750
5	超过100000元的部分	超过79750元的部分	35	14750

（注：本表所称全年应纳税所得额是指依照本法第六条的规定，以每一纳税年度的收入总额减除成本、费用以及损失后的余额。）

（三）稿酬所得

稿酬所得，适用比例税率，税率为20%，并按应纳税额减征30%。故其实际税率为14%。

（四）劳务报酬所得

劳务报酬所得，适用比例税率，税率为20%。对劳务报酬所得一次收入畸高的，可以实行

加成征收,具体办法由国务院规定。

根据《个人所得税法实施条例》规定,"劳务报酬所得一次收入畸高",是指个人一次取得劳务报酬,其应纳税所得额超过20000元。对应纳税所得额超过20000元至50000元的部分,依照税法规定计算应纳税额后再按照应纳税额加征五成;超过50000元的部分,加征十成。因此,劳务报酬所得实际上适用20%、30%、40%的三级超额累进税率(见表3)。

表3　　劳务报酬所得个人所得税税率表

级数	每次应纳税所得额	税率(%)	速算扣除数
1	不超过20000元的部分	20	0
2	超过20000元到50000元的部分	30	2000
3	超过50000元的部分	40	7000

(注:本表所称每次应纳税所得额,是指每次收入额减除费用800元后的余额(每次收入额不超过4000元时)或每次收入额减除20%的费用后的余额(每次收入额超过4000元时)。

(五)特许权使用费所得

利息、股息、红利所得,财产租赁所得,财产转让所得,偶然所得和其他所得,适用比例税率,税率为百分之二十。

四、应纳税所得额的规定

计算个人应纳税所得额,需按不同应税项目分项计算,以某项应税项目的收入额减去税法规定的该项费用减除标准后的余额,为该项应纳税所得额。

(一)费用减除标准

1. 工资、薪金所得,以每月收入额减除费用3500元,为应纳税所得额。

2011年6月30日第十一届全国人民代表大会常务委员会第二十一次会议《关于修改〈中华人民共和国个人所得税法〉的决定》第六次修正,个人所得税的费用扣除标准由2000元调整为3500元。

2. 个体工商户的生产、经营所得,以每一纳税年度的收入总额,减除成本、费用以及损失后的余额,为应纳税所得额。成本、费用,是指纳税义务人从事生产、经营所发生的各项直接支出和分配计入成本的间接费用以及销售费用、管理费用、财务费用;所说的损失,是指纳税义务人在生产、经营过程中发生的各项营业外支出。

3. 对企事业单位的承包经营、承租经营所得,以每一纳税年度的收入总额,减除必要费用后的余额,为应纳税所得额。

4. 劳务报酬所得、稿酬所得、特许权使用费所得、财产租赁所得,每次收入不超过4000元的,减除费用800元;4000元以上的,减除20%的费用,其余额为应纳税所得额。

5. 财产转让所得,以转让财产的收入额减除财产原值和合理费用后的余额,为应纳税所得额。

6. 利息、股息、红利所得,偶然所得和其他所得,以每次收入额为应纳税所得额。

(二)附加减除费用适用的范围和标准

1. 在中国境内的外商投资企业和外国企业中工作取得工资、薪金所得的外籍人员;

2. 应聘在中国境内的企业、事业单位、社会团体、国家机关中工作取得工资、薪金所得的外籍专家;

3. 在中国境内有住所而在中国境外任职或者受雇取得工资、薪金所得的个人;

4. 国务院财政税务主管部门确定的取得工资、薪金所得的其他人员。

上述适用范围内的人员每月工资、薪金所得在减除3500元费用的基础上,再减除1300元。华侨和香港、澳门、台湾同胞参照上述附加减除费用标准执行。

(三)每次收入的确定

《个人所得税法》对纳税义务人取得的劳务报酬所得,稿酬所得,特许权使用费所得,利息、股息、红利所得,财产租赁所得,偶然所得和其他所得等七项所得,都是明确应该按次计算征税的。劳务报酬所得等七个项目的"次",《个人所得税法实施条例》中作出了明确规定。具体是:

1. 劳务报酬所得,根据不同劳务项目的特点,分别规定为:

(1)只有一次性收入的,以取得该项收入为一次。

(2)属于同一事项连续取得收入的,以一个月内取得的收入为一次。例如,某歌手与一卡拉OK厅签约,在2008年1年内每天到卡拉OK厅演唱一次,每次演出后付酬50元。在计算其劳务报酬所得时,应视为同一事项的连续性收入,以其一个月内取得的收入为一次计征个人所得税,而不能以每天取得的收入为一次。

2. 稿酬所得,以每次出版、发表取得的收入为一次。具体又可细分为:

(1)同一作品再版取得的所得,应视作另一次稿酬所得计征个人所得税。

(2)同一作品先在报刊上连载,然后再出版,或先出版,再在报刊上连载的,应视为两次稿酬所得征税。即连载作为一次,出版作为另一次。

(3)同一作品在报刊上连载取得收入的,以连载完成后取得的所有收入合并为一次,计征个人所得税。

(4)同一作品在出版和发表时,以预付稿酬或分次支付稿酬等形式取得的稿酬收入,应合并计算为一次。

(5)同一作品出版、发表后,因添加印数而追加稿酬的,应与以前出版、发表时取得的稿酬合并计算为一次,计征个人所得税。

3. 特许权使用费所得,以某项使用权的一次转让所取得的收入为一次。

4. 财产租赁所得,以一个月内取得的收入为一次。

5. 利息、股息、红利所得,以支付利息、股息、红利时取得的收入为一次。

6. 偶然所得和其他所得,以每次收入为一次。

(四)应纳税所得额的其他规定

1. 个人将其所得通过中国境内的社会团体、国家机关向教育和其他社会公益事业以及遭受严重自然灾害地区、贫困地区捐赠,捐赠额未超过纳税义务人申报的应纳税所得额30%的部分,可以从其应纳税所得额中扣除。

个人通过非营利的社会团体和国家机关向农村义务教育的捐赠,准予在缴纳个人所得税前的所得额中全额扣除。

2. 个人的所得(不含偶然所得和经国务院财政部门确定征税的其他所得)用于资助非关联的科研机构和高等学校研究开发新产品、新技术、新工艺所发生的研究开发经费,经主管税务机关确定,可以全额在下月(工资、薪金所得)或下次(按次计征的所得)或当年(按年计征的所得)计征个人所得税时,从应纳税所得额中扣除,不足抵扣的,不得结转抵扣。

3. 个人取得的应纳税所得,包括现金、实物和有价证券。所得为实物的,应当按照取得的凭证上所注明的价格计算应纳税所得额;无凭证的实物或者凭证上所注明的价格明显偏低的,由主管税务机关参照当地的市场价格核定应纳税所得额。

五、应纳税额的计算

依照税法规定的适用税率和费用扣除标准,各项所得的应纳税额,应分别计算如下:

(一)工资、薪金所得应纳税额的计算

1. 工资、薪金日常所得应纳税额的计算

工资、薪金所得应纳税额的计算公式如下:

应纳税额=应纳税所得领×适用税率-速算扣除数

=(每月收入额-3500元或4800元)×适用税率-速算扣除数

例4:某纳税人2012年5月工资4200元(扣除"三险一金"后),该纳税人不适用附加减除费用的规定。计算其月应纳个人所得税税额。

(1)应纳税所得额=4200-3500=700(元)

(2)应纳税额=700×3%=21(元)

例5:某外商投资企业中工作的美国专家(假设为非居民纳税人),2012年5月份取得由该企业发放的工资收入10000元人民币。请计算其应纳个人所得税。

(1)应纳税所得额=10000-(3500+1300)=5200(元)

(2)应纳税额=5200×20%-555=485(元)

2. 年终奖个人所得税计算

年终奖个人所得税计算方法,年终奖计算公式:

应纳税额=应纳税所得额(即年终奖的总额)×适用税率-速算扣除数

(1)如果,发放奖金当月的工资超过3500,那么先将员工当月内取得的全年一次性奖金,除以12个月,按其商数确定税法规定的适用税率和速算扣除数。然后按公式:

应纳税额 = 应纳税所得额(即年终奖的总额)× 适用税率 − 速算扣除数

例6:张先生年终奖金是24000元,而且当月工资为3600元,先算税率 $24000 \div 12 = 2000$ 元 那么对应税率表应该是10%的税率和105的速算扣除数。按照公式:

应纳税额:$24000 \times 10\% - 105 = 2295$ 元

(2)如果,发放奖金当月工资低于3500,那么要先用奖金把工资补到3500,再用剩下的奖金来计算。

例7:王女士年终奖19100元,发放当月工资是3400元。那么我们就要从19100元的奖金里面拿100元来把工资补足3500元。用剩下的19000元来计算年终奖个人所得税。19000元 $\div 12 = 1583.3$ 元,对应税率表,税率为10%速算扣除数为105元。

年终奖个税应缴纳:19000元 $\times 10\% - 105 = 1795$ 元

(二)个体工商户的生产、经营所得应纳税额的计算

个体工商户的生产、经营所得的应纳税所得额等于每一纳税年度的收入总额减成本、费用及损失。其中,收入总额是指个体工商户从事生产经营以及与生产经营有关的活动所取得的各项收入;成本、费用,是指纳税义务人从事生产、经营所发生的各项直接支出和分配计入成本的间接费用以及销售费用、管理费用、财务费用;所说的损失,是指纳税义务人在生产、经营过程中发生的各项营业外支出。

个体工商户和从事生产经营的个人,取得生产经营活动无关的各项所得,应分别适用各应税项目的规定计算征收个人所得税。

个体工商户的生产、经营所得应纳税额的计算公式如下:

应纳税额 = 应纳税所得额 × 适用税率 − 速算扣除数

或 =(全年收入总额 − 成本、费用以及损失)× 适用税率 − 速算扣除数

例8:个体工商户张某2012年取得收入110000元,营业成本51000元,管理费用等允许扣除的费用30000元。计算其全年应交的个人所得税。

应纳税额 $= (110000 - 51000 - 30000) \times 10\% - 750 = 2150$(元)

(三)对企事业单位的承包经营、承租经营所得应纳税额的计算

个人对企事业单位的承包经营、承租经营所得缴纳个人所得税,区别以下两种情况对待:

1. 承包、承租人按合同(协议)的规定只向发包、出租方交纳一定费用,企业经营成果归其所有的,承包、承租人取得的所得,按对企事业单位的承包经营、承租经营所得计算缴纳个人所得税,适用5%~35%的五级超额累进税率。

应纳税所得额 = 纳税年度的承包经营、承租经营所得 − 必要费用

其中承包经营、承租经营所得是指按照承包经营、承租经营合同规定分得的经营利润,必要费用是指每月3500元。

应纳个人所得税税额 = 应纳税所得额 × 适用税率 − 速算扣除数

例9:某个人与事业单位签订承包合同经营招待所,承包期为3年。第一年招待所实现承

包经营利润 89800 元，按合同规定承包人每年应从承包经营利润中上交承包费 20000 元。计算承包人本年应纳个人所得税税额。

(1)年应纳税所得额 = 承包经营利润 - 上交费用 - 每月必要费用扣减合计

$=89800-20000-(3500\times12)=27800$（元）

(2)应纳税额 = 年应纳税所得额 × 适用税率 - 速算扣除数

$=27800\times10\%-750=2030$（元）

2. 承包、承租人对企业经营成果不拥有所有权，仅按按合同（协议）的规定取得一定所得的，其所得按工资、薪金所得计算缴纳个人所得税。

（四）劳务报酬所得应纳税额的计算

劳务报酬所得，每次收入不超过 4 000 元的，减除费用 800 元；4 000 元以上的，减除 20% 的费用，其余额为应纳税所得额。

劳务报酬所得，适用比例税率，税率为 20%。对个人一次取得劳务报酬，应纳税所得额超过 2 万元至 5 万元的部分，依照税法规定计算应纳税额后再按照应纳税额加征五成；超过 5 万元的部分，加征十成。

劳务报酬所得，属于一次性收入的，以取得该项收入为一次；属于同一项目连续性收入的，以一个月内取得的收入为一次。

劳务报酬应纳税额（4 000 元以内）=（劳务报酬 - 800）× 20%

劳务报酬应纳税额（超过 4 000 元）= 劳务报酬 ×（1 - 20%）× 税率 - 速算扣除数

个人由于担任董事职务所取得的董事费收入，属于劳务报酬所得性质，按照劳务报酬所得项目征收个人所得税。

工资、薪金所得是属于非独立个人劳务活动，即在机关、团体、学校、部队、企事业单位及其他组织中任职、受雇而得到的报酬；劳务报酬所得则是个人独立从事各种技艺、提供各项劳务取得的报酬。两者的主要区别在于，前者存在雇佣与被雇佣关系，后者则不存在这种关系。

例 10：歌星刘某一次取得表演收入 50000 元，扣除 20% 的费用后，应纳税所得额为 40000 元。计算其应纳个人所得税税额。

应纳税额 = 每次收入额 ×（1 - 20%）× 适用税率 - 速算扣除数

$=50000\times(1-20\%)\times30\%-2000=10000$（元）

（五）稿酬所得应纳税额的计算

稿酬所得，每次收入不超过 4 000 元的，减除费用 800 元；4 000 元以上的，减除 20% 的费用，其余额为应纳税所得额。稿酬所得，适用比例税率，税率为 20%，并按应纳税额减征 30%。

稿酬应纳税额（4 000 元以下）=（稿酬所得 - 800）× 20% ×（1 - 30%）

稿酬应纳税额（4 000 元以上）= 稿酬所得 ×（1 - 20%）× 20% ×（1 - 30%）

支付稿酬的单位应当在支付稿酬时代扣代缴个人所得税。

例 11：某作家取得一次未扣除个人所得税的书稿酬收入 3 万元，请计算其应缴纳的个人所得税税额。

应纳税额 = 应纳税所得额 × 适用税率 ×（1 – 30%）

= 30000 ×（1 – 20%）× 20% ×（1 – 30%）= 3360（元）

（六）财产租赁所得应纳税额的计算

财产租赁所得，是指个人出租建筑物、土地使用权、机器设备、车船以及其他财产取得的所得。财产租赁所得，每次收入不超过 4 000 元的，减除费用 800 元；4 000 元以上的，减除 20% 的费用，其余额为应纳税所得额。财产租赁所得，适用比例税率，税率为 20%。财产租赁所得，以一个月内取得的收入为一次。目前个人出租住房个人所得税税率为 10%。

个人出租财产取得的财产租赁收入，在计算缴纳个人所得税时，应依次扣除以下费用：(1) 财产租赁过程中缴纳的税费；(2) 由纳税人负担的该出租财产实际开支的修缮费用；(3) 税法规定的费用扣除标准。

财产租赁所得应纳税额的计算

1. 应纳税所得额。财产租赁所得一般以个人每次取得的收入，定额或定率减除规定费用后的余额为应纳税所得额。每次收入不超过 4000 元，定额减除费用 800 元；每次收入在 4000 元以上，定率减除 20% 的费用。财产租赁所得以 1 个月内取得的收入为一次。

在确定财产租赁的应纳税所得额时，纳税人在出租财产过程中缴纳的税金和教育费附加，可持完税（缴款）凭证，从其财产租赁收入中扣除。准予扣除的项目除了规定费用和有关税、费外，还准予扣除能够提供有效、准确凭证，证明由纳税人负担的该出租财产实际开支的修缮费用。允许扣除的修缮费用，以每次 800 元为限。一次扣除不完的，准予在下一次继续扣除，直到扣完为止。

个人出租财产取得的财产租赁收入，在计算缴纳个人所得税时，应依次扣除以下费用：财产租赁过程中缴纳的税费；由纳税人负担的该出租财产实际开支的修缮费用；税法规定的费用扣除标准。

应纳税所得额的计算公式为：

(1) 每次（月）收入不超过 4000 元的：

应纳税所得额 = 每次（月）收入额 – 准予扣除项目 – 修缮费用（800 元为限）– 800

(2) 每次（月）收入超过 4000 元的：

应纳税所得额

= 每次（月）收入额 – 准予扣除项目 – 修缮费用（800 元为限）×（1 – 20%）

2. 应纳税额的计算方法。财产租赁所得适用 20% 的比例税率。但对个人按市场价格出租的居民住房取得的所得，自 2001 年 1 月 1 日起暂减按 10% 的税率征收个人所得税。其应纳税额的计算公式为：

应纳税额 = 应纳税所得额 × 适用税率

例 12：章某于 2012 年 1 月将其自有的五间面积为 100 平方米的房屋出租给张某全家居住，租期 1 年。刘某每月取得租金收入 3000 元，全年租金收入 36000 元。计算刘某全年租金收入应缴纳的个人所得税。

财产租赁收入以每月内取得的收入为一次，因此，章某每月及全年应纳税额为：

(1)每月应纳税额 =（3000 − 800）× 10% = 220（元）

(2)全年应纳税额 = 220 × 12 = 2640（元）

本例在计算个人所得税时未考虑其他税、费。如果对租金收入计征营业税、城市维护建设税、房产税和教育附加等，还应将其从税前的收入中先扣除后才计算应缴纳的个人所得税。

假定上例中，当年12月份因下水道堵塞找人修理，发生修理费用1000元，有维修部门的正式收据，则12月份和全年的应纳税额为：

(1)12月份应纳税额 =（3000 − 800 − 800）× 10% = 140（元）

因为修缮费用为1000元，超过800元，只能按800元计算。

(2)全年应纳税额 = 220 × 11 + 140 = 2560（元）

（七）财产转让所得应纳税额的计算

财产转让所得，以转让财产的收入额减除财产原值和合理费用后的余额，为应纳税所得额。财产转让所得，适用比例税率，税率为20%。

个人转让上市公司股票取得的所得暂免征收个人所得税。

财产转让所得应纳税额的计算

财产转让所得应纳税额的计算公式为：

应纳税额 = 应纳税所得额 × 适用税率 =（收入总额 − 财产原值 − 合理税费）× 20%

例13：某人建房一栋，造价36000元，支付费用2000元。该人转让房屋，售价60000元，在卖房过程中按规定支付交易费等有关费用2500元，其应纳个人所得税税额的计算过程为：

(1)应纳税所得额 = 财产转让收入 − 财产原值 − 合理费用 = 60000 −（36000 + 2000）− 2500 = 19500（元）

(2)应纳税额 = 19500 × 20% = 3900（元）

（八）拍卖财产所得应纳税额的计算

个人拍卖除文字作品原稿及复印件外的其他财产，应以其转让收入额减除财产原值和合理费用后的余额为应纳税所得额，按照“财产转让所得”项目适用20%税率缴纳个人所得税。

个人财产拍卖所得应纳的个人所得税税款，由拍卖单位负责代扣代缴，并按规定向拍卖单位所在地主管税务机关办理纳税申报。

（九）特许权使用费所得应纳税额的计算

特许权使用费所得，每次收入不超过4 000元的，减除费用800元；4 000元以上的，减除20%的费用，其余额为应纳税所得额。特许权使用费所得，适用比例税率，税率为20%。

4 000元以下特许权使用费所得应纳税额的计算公式为：

应纳税额 =（特许权使用费所得 − 800）× 20%

4 000 元以上特许权使用费所得应纳税额的计算公式为：

应纳税额 = 特许权使用费所得 ×（1 - 20%）×20%

例 14：叶某发明一项专利技术，将该项专利技术使用权转让给 A 公司，转让价 15000 元，A 公司 8 月支付 6000 元，9 月支付 9000 元；9 月，叶某将该项专利技术使用权转让给 D 公司，获得转让收入 8000 元，计算叶某应缴的个人所得税。

叶某的该项专利技术使用权转让了两次，应分两次所得计算缴纳个人所得税。

转让给 A 公司应缴个人所得税 =（6000 + 9000）×（1 - 20%）×20% = 2400（元）

转让给 D 公司应缴个人所得税 = 8000 ×（1 - 20%）×20% = 1280（元）

叶某共应缴个人所得税 = 2400 + 1280 = 3680（元）

（十）利息、股息、红利所得应纳税额的计算

利息、股息、红利所得，适用比例税率，税率为 20%。利息、股息、红利所得，以每次收入额为应纳税所得额。储蓄存款在 2008 年 10 月 9 日（含 10 月 9 日）后孳生的利息所得，暂免征收个人所得税。

利息、股息、红利所得应纳税额的计算

应纳税额 = 应纳税所得额 × 适用税率 = 每次收入额 ×20%

例 15：2012 年 1 月，李先生应从其入股的单位分得 2011 年股息 5 万元，扣除单位代扣代缴个人所得税后，李先生实际会获多少股息？

应纳个人所得税 = 50000 ×20% = 10000（元）

李先生实际可分得股息 = 50000 - 10000 = 40000（元）

（十一）偶然所得和其他所得应纳税额的计算

偶然所得和其他所得，适用比例税率，税率为 20%。偶然所得和其他所得，以每次收入额为应纳税所得额。税法第六条第二款所说的个人将其所得对教育事业和其他公益事业的捐赠，是指个人将其所得通过中国境内的社会团体、国家机关向教育和其他社会公益事业以及遭受严重自然灾害地区、贫困地区的捐赠。

捐赠额未超过纳税义务人申报的应纳税所得额 30% 的部分，可以从其应纳税所得额中扣除。

应纳税额 = 应纳税所得额 × 适用税率 = 每次收入额 ×20%

例 16：陈某在参加商场的有奖销售过程中，中奖所得共计价值 20000 元。陈某领奖时告知商场，从中奖收入中拿出 4000 元通过教育部门向某希望小学捐赠。按照规定，计算商场代扣代缴个人所得税后，陈某实际可得中奖金额。

（1）根据税法有关规定，陈某的捐赠额可以全部从应纳税所得额中扣除（因为 4000 ÷ 20000 = 20%，小于捐赠扣除比例 30%）。

（2）应纳税所得额 = 偶然所得 - 捐赠额

= 20000 - 4000 = 16000（元）

(3)应纳税额(即商场代扣税款)=应纳税所得额×适用税率

=16000×20%=3200(元)

(4)陈某实际可得金额=20000-4000-3200=12800(元)

六、境外所得的税额扣除

税法规定,纳税义务人从中国境外取得的所得,准予其在应纳税额中扣除已在境外缴纳的个人所得税税额。但扣除额不得超过该纳税义务人境外所得依照本法规定计算的应纳税额。

所谓的“已在境外缴纳的个人所得税税额”,是指纳税义务人从中国境外取得的所得,依照该所得来源国家或者地区的法律应当缴纳并且实际已经缴纳的税额。

所谓的“依照税法规定计算的应纳税额”,是指纳税义务人从中国

境外取得的所得,区别不同国家或者地区和不同应税项目,依照税法规定的费用减除标准和适用税率计算的应纳税额;同一国家或者地区内不同应税项目的应纳税额之和,为该国家或者地区的扣除限额。

纳税义务人在中国境外一个国家或者地区实际已经缴纳的个人所得税税额,低于依照前款规定计算出的该国家或者地区扣除限额的,应当在中国缴纳差额部分的税款;超过该国家或者地区扣除限额的,其超过部分不得在本纳税年度的应纳税额中扣除,但是可以在以后纳税年度的该国家或者地区扣除限额的余额中补扣。补扣期限最长不得超过五年。

七、税收优惠

《个人所得税法》及其实施条例以及财政部、国家税务总局的若干规定等,都对个人所得项目给予了减税免税的优惠,主要有:

1. 下列各项个人所得,免纳个人所得税:

(1)省级人民政府、国务院部委和中国人民解放军军以上单位,以及外国组织、国际组织颁发的科学、教育、技术、文化、卫生、体育、环境保护等方面的奖金;

(2)国债和国家发行的金融债券利息;

(3)按照国家统一规定发给的补贴、津贴;

(4)福利费、抚恤金、救济金;

(5)保险赔款;

(6)军人的转业费、复员费;

(7)按照国家统一规定发给干部、职工的安家费、退职费、退休工资、离休工资、离休生活补助费;

(8)依照我国有关法律规定应予免税的各国驻华使馆、领事馆的外交代表、领事官员和其他人员的所得;

(9)中国政府参加的国际公约、签订的协议中规定免税的所得;

(10)经国务院财政部门批准免税的所得。

2. 有下列情形之一的,经批准可以减征个人所得税:

(1)残疾、孤老人员和烈属的所得；

(2)因严重自然灾害造成重大损失的；

(3)其他经国务院财政部门批准减税的。

八、纳税申报及缴纳

个人所得税的纳税办法，主要有自行申报纳税和代扣代缴两种。

(一)自行申报纳税

自行申报纳税，是由纳税人自行在税法规定的纳税期限内，向税务机关申报取得的应税所得项目和数额，如实填写个人所得税纳税申报表，并按照税法规定计算应纳税额，据此缴纳个人所得税的一种方法。

1. 自行申报纳税的纳税义务人。纳税义务人有下列情形之一的，应当按照规定到主管税务机关办理纳税申报：

(1)年所得12万元以上的；

(2)从中国境内二处或者二处以上取得工资、薪金所得的；

(3)从中国境外取得所得的；

(4)取得应纳税所得，没有扣缴义务人的；

(5)国务院规定的其他情形。

2. 自行申报纳税的纳税期限

(1)年所得12万元以上的纳税义务人，在年度终了后3个月内到主管税务机关办理纳税申报。

(2)个体工商户和个人独资、合伙企业的生产、经营所得应纳的税款，按年计算、分月预缴，由纳税人在次月15日内申报预缴，年度终了后3个月内汇算清缴，多退少补。

纳税人年终一次性取得承包经营、承租经营所得的，自取得收入之日起30日内申报纳税；在1年内分次取得承包经营、承租经营所得的，应在取得每次所得后的15日内申报预缴，年度终了后3个月内汇算清缴，多退少补。

(3)从中国境外取得所得的纳税人，在纳税年度终了后30日内向中国主管税务机关申报纳税。

(二)代扣代缴

代扣代缴，是指按照税法规定负有扣缴税款义务的单位或者个人，在向个人支付应纳税所得时，应计算应纳税额，从其所得中扣出并缴入国库，同时向税务机关报送扣缴个人所得税报告表。这种方法，有利于控制税源、防止漏税和逃税。

1. 扣缴义务人。凡支付个人应纳税所得的企业(公司)、事业单位、机关、社团组织、军队、驻华机构、个体户等单位或者个人，为个人所得税的扣缴义务人。

这里所说的驻华机构，不包括外国驻华使领馆和联合国及其他依法享有外交特权和豁免的国际组织驻华机构。

2. 代扣代缴的范围。扣缴义务人向个人支付下列所得，应代扣代缴个人所得税：工资、薪金所得；对企事业单位的承包经营、承租经营所得；劳务报酬所得；稿酬所得；特许权使用费所得；利息、股息、红利所得；财产租赁所得；财产转让所得；偶然所得；经国务院财政部门确定征税的其他所得。

扣缴义务人向个人支付应纳税所得（包括现金、实物和有价证券）时，不论纳税人是否属于本单位人员，均应代扣代缴其应纳的个人所得税税款。

这里所说支付，包括现金支付、汇拨支付、转账支付和以有价证券、实物以及其他形式的支付。

3. 代扣代缴的期限。扣缴义务人每月所扣的税款，应当在次月 15 日内缴入国库，并向主管税务机关报送《扣缴个人所得税报告表》、代扣代收税款凭证和包括每一纳税人姓名、单位、职务、收入、税款等内容的支付个人收入明细表以及税务机关要求报送的其他有关资料。

小　结

本章是关于企业所得税和个人所得税的税收征收制度的介绍，主要介绍了企业所得税和个人所得税的纳税义务人、征税对象、税率、应纳税额的计算、税收优惠和申报缴纳。其中重点是两税种的纳税义务人、征税对象、税率、应纳税额的计算。难点是企业所得税的应纳税所得额的确定及应纳税额的计算。

1. 企业所得税的纳税人为中国境内的企业和其他取得收入的组织，包括企业、事业单位、社会团体以及其他取得收入的组织、外商投资企业和外国企业，不包括个人独资企业、合伙企业。企业所得税的纳税义务人分为居民企业和非居民企业。

2. 企业所得税实行 25% 的比例税率，并设置三档优惠税率分别为 15%、10% 和 20%。

3. 企业所得税的计税依据为应纳税所得额。应纳税所得额为企业每一纳税年度的收入总额，减除不征税收入、免税收入、各项扣除以及允许弥补的以前年度亏损后的余额。

4. 个人所得税的纳税义务人为取得的各项应税所得的中国公民、个体工商业户以及外籍人员和港、澳、台同胞。依据住所和居住时间两个标准，区分为居民纳税义务人和非居民纳税义务人，分别承担无限纳税义务和有限纳税。

5. 个人所得税的征税对象即应税所得项目为工资、薪金所得、个体工商户的生产、经营所得、对企事业单位的承包经营、承租经营的所得、劳务报酬所得、稿酬所得、特许权使用费所得、利息、股息、红利所得、财产租赁所得、财产转让所得、偶然所得和其他所得共十一项；税率有 3% ~45% 的七级超额累进税率、5% ~35% 的五级超额累进税率和 20% 的比例税率三种。

6. 个人所得税的计税依据为应纳税所得额。计算个人应纳税所得额，需按不同应税项目分项计算，以某项应税项目的收入额减去税法规定的该项费用减除标准后的余额，为该项应纳税所得额。

※ 思考题

1. 什么是企业所得税？企业所得税法对于纳税义务人是如何规定的？

2. 什么是居民企业？什么是非居民企业？企业所得税法对其纳税义务是如何规定的？他们分别适用什么税率？

3. 什么是个人所得税？个人所得税法对于纳税义务人是如何规定的？

4. 个人所得税法对居民纳税义务人和非居民纳税义务人及其纳税义务是如何规定的？

5. 个人所得税的征税对象是什么？有哪些项目？

※ 练习题

一、单项选择题

1. 按《中华人民共和国企业所得税法》的规定，以下不属于企业所得税纳税义务人的是(　　)。

A. 国营企业　　B. 个人独资企业　　C. 外商投资企业　　D. 集体企业

2. 不可以在所得税前扣除的税金是(　　)。

A. 增值税　　B. 土地增值税　　C. 出口关税　　D. 资源税

3. 下列支出中，不可以在税所得前据实扣除的有(　　)。

A. 新产品、新工艺、研究开发费　　B. 业务招待费

C. 差旅费　　D. 职工工资薪金支出

4. 某企业2008年度利润总额50万元，经核查，当年"营业外支出"账户列支了通过当地教育部门和民政部门分别向灾区捐赠5万元、贫困地区的捐赠10万元。该企业2008年准予在所得税扣除的捐赠支出为(　　)万元 。

A. 15　　B. 10　　C. 6　　D. 5

5. 在计算应纳税所得额时不得扣除的项目是(　　)。

A. 工资薪金支出　　B. 非公益性捐赠

C. 财产损失　　D. 按照规定计算的固定资产折旧

6. 某企业2002年开始投入生产经营，各年获利情况如下：

年度	2002	2003	2004	2005	2006	2007	2008
获利	-50	-10	5	15	20	-5	25

该企业2008年应纳企业所得税为(　　)。

A. 0　　B. 2.5万元　　C. 3.75万元　　D. 6.25万元

7. 下列不属于应该征收个人所得税的工资、薪金所得是(　　)。

A. 误餐补贴　　B. 劳动分红

C. 年终加薪　　D. 实行内部退养的个人的工资、薪金

8. 下列属于非居民纳税人的自然人有(　　)。

A. 在中国境内无住所，但有来源于中国境内所得

B. 在中国境内无住所

C. 在中国境内无住所，但居住时间 满1个纳税年度

D. 在中国境内有住所，但目前未居住1个纳税年度

9. 下列所得项目中，属于一次收入畸高，须加成征收个人所得税的是(　　)。

A. 稿酬所得　　B. 利息、股息、红利所得

C. 偶然所得　　D. 劳务报酬所得

二、辨析题

1. 年度终了，企业报送的损益表反映全年利润总额 -10 万元，因此该企业当年肯定不需缴纳企业所得税。(　　)

2. 某企业发生火灾，损失存货价值2000万元，该货物适用的增值税率17%，保险公司赔偿1600万元，则该企业财产损失为400万元。(　　)

3. 纳税人2008年1月1日起租用一间门面房经营，租赁期2年，2年租金12万元，已全部支付，则当年可在所得税前扣除租赁费12万元。(　　)

4. 企业转让资产，该项资产的净值，准予在计算应纳税所得额时扣除。(　　)

5. 内资企业只对来源于我国境内的所得计缴所得税。(　　)

6. 王某承包某单位商店，承包协议中规定发包方每年支付王某承包费5万元，并视盈亏情况，给予适当奖励或罚款，故王某应对该项所得按九级超额累进税率缴纳个人所得税。(　)

7. 个人转让股票取得的所得不属于个人所得税的征税项目。(　　)

8. 劳务报酬收入一次超过2万元的，个人所得税实施加征。(　　)

9. 个人独资企业和合伙企业不缴纳个人所得税，缴纳企业所得税。(　　)

10. 同一作品出版、发表后，因添加印数而追加的稿酬，应视为另一次稿酬计征个人所得税。(　　)

三、计算题

1. 某国有企业2011年度生产经营情况如下：

(1) 产品销售收入6000万元，销售成本3000万元，增值税800万元，销售税金及附加80万元；

(2) 其他业务收入80万元；

(3) 销售费用300万元，其中含广告费180万元；

(4) 管理费用540万元，其中含业务招待费40万元，研究新产品费用100万元；

(5) 财务费用200万元，其中含未完工工程利息40万元，向非金融机构借款60万元的利息5万元(银行同期贷款利率5%)；

(6) 营业外支出160万元，其中赞助费4万元，向通过民政局向受灾地区捐款20万元，接受税收罚款1万元；

(7) 投资收益12.5万元，其中从外地联营企业分回税后利润10.2万元(联营企业适用税率15%)，国债利息0.5万元；

要求:计算该工业企业:

(1)2011 年的会计利润

(2)2011 年的收入总额调整项目金额

(3)2011 年的成本、费用、支出调整项目金额

(4)2011 年应纳税所得额

(5)2011 年应纳企业所得税

2. 中国公民李某 2012 年的收入情况如下:

(1)3 月份出版一本书,取得稿酬 5000 元。该书 6 月至 8 月被某晚报连载,6 月份取得稿费 1000 元,7 月份取得稿费 1000 元,8 月份取得稿费 1500 元。因该书畅销,9 月份出版社增加印数,又取得追加稿酬 3000 元;

要求:计算李某当年稿酬收入应纳的个人所得税;

(2)6 月份,取得翻译收入 20000 元,从中先后拿出 6000 元、5000 元,通过国家机关分别捐给了农村义务教育和贫困地区;

要求:计算李某当年翻译收入应纳的个人所得税;

(3)每月取得工资收入 3500 元,另在 3 月底、6 月底、9 月底、12 月底分别取得季度奖金 3000 元;

要求:计算李某当年工资与奖金收入应纳的个人所得税;

(4)11 月份,在 A 国取得翻译收入 3 万元,在 A 国已经实际缴纳个人所得税 5000 元;

要求:计算李某当年 A 国取得翻译收入应纳的个人所得税。

7 第七章 资源、财产税

◆ **学习目标**

本章主要介绍资源类、财产类各有关税种的征收制度,目前我国开征的资源税类有资源税、城镇土地使用税;开征的财产税有房产税、车船税、契税。学生应从以下六个方面对每个税种的内容进行把握:纳税义务人、征税范围、税率、应纳税额的计算、税收优惠和征收管理。要求熟悉各税种的征收制度,熟练掌握各税种应纳税额的计算。

◇ **案例导入**

山西某煤矿占地面积120万平方米,拥有房产原值1200万元,拥有轿车、载货汽车若干。某月销售所开采原煤4000吨,售价650元/吨;销售洗煤100吨,售价1400元/吨;将原煤1000吨用于加工煤炭制品;将100吨原煤用于职工食堂;当月准予抵扣的进项税额152000元。该企业本月计算缴纳的增值税$=(4000\times650+100\times1400)\times17\%-152000=313800$(元)。

试利用你所掌握的有关增值税的知识分析:该煤矿计算缴纳的增值税税额是否正确?

你知道该煤矿除了要计算缴纳增值税以外,它还要缴哪些税吗?

第一节 资源税

资源税是对在我国境内开采应税矿产品和生产盐的单位和个人,就其应税数量征收的一种税。1994年1月起实施的《中华人民共和国资源税暂行条例》对矿产品和盐开征资源税,旨在使自然资源条件优越的级差收入归国家所有,排除因资源优劣造成企业利润分配上的不合理状况。

一、资源税纳税人

在中华人民共和国境内开采应税矿产品或者生产盐的单位和个人,为资源税的纳税义务人。单位是指国有企业、集体企业、私有企业、股份制企业、其他企业和行政单位、事业单位、军事单位、社会团体及其他单位。个人是指个体经营者及其他个人。其他单位和个人包括外商投资企业、外国企业和外籍人员。

中外合作开采石油、天然气,按照现行规定只征收矿区使用费,暂不征收资源税。因此中外合作开采石油、天然气的企业不是资源税的纳税义务人。

收购未税矿产品的单位为资源税的扣缴义务人。收购未税矿产品的单位是指独立矿山、联合企业及其他收购未税矿产品的单位。规定资源税的扣缴义务人,是为了加强资源税的征管,主要适应税源小、零散、不定期开采、易漏税等情况,由扣缴义务人在收购时代扣代缴未税矿产品的资源税。

二、税目、单位税额

我国现行资源税实行从量定额征收,按照"资源条件好、收入多的多征;资源条件差、收入少的少征"的原则,根据矿产资源等级分别确定不同的税额,以有效地调节资源级差收入。

(一)原油。是指开采的天然原油,不包括人造石油。税额为8~30元/吨。

(二)天然气。是指专门开采或与原油同时开采的天然气,暂不包括煤矿生产的天然气。税额为2~15元/千立方米。

(三)煤炭。是指原煤,不包括洗煤、选煤及其他煤炭制品。税额为0.3~5元/吨。

(四)其他非金属矿原矿。是指上列产品和井矿盐以外的非金属矿原矿,包括宝石、金刚石、玉石、膨润土、石墨、石英砂、萤石、重晶岩、毒重石、蛭石、长石、氟石、滑石、白云石、硅灰石、凹凸棒石黏土、耐火黏土、石膏、硅线石、工业用金刚石、石棉、硫铁矿、自然硫、云母、大理石、花岗石、石灰石、菱镁矿、磷铁矿等等。税额0.5~20元/吨或立方米。

(五)黑色金属矿原矿。包括铁矿石、锰石和铬矿石。税额为2~30元/吨。

(六)有色金属矿原矿。包括铜矿石、铅锌矿石、铝土矿石、钨矿石、锡矿石、锑矿石、铝矿石、镍矿石、黄金矿石等。税额为0.4~30元/吨。

(七)盐。一是固体盐,指海盐原盐、湖盐原盐和井矿盐,税额为10~60元/吨 。二是液体盐,指卤水,税额为2~10元/吨。

未列举名称的其他非金属矿原矿和其他有色金属矿原矿,由省、自治区、直辖市人民政府决定征收或暂缓征收资源税,并报财政部和国家税务总局备案。

纳税人开采或者生产不同税目应税产品的,应当分别核算不同税目应税产品的课税数量;未分别核算或者不能准确提供不同税目应税产品课税数量的,从高适用税额。

扣缴义务人适用税额规定:

(1)独立矿山、联合企业收购未税矿产品的单位,按照本单位应税产品税额标准,依据收购的数量代扣代缴资源税。

(2)其他单位收购的未税矿产品,按其主管税务机关核定的应税产品税额标准,依据收购的数量代扣代缴资源税。

三、课税数量的确定

(一)课税数量的一般规定

1. 纳税人开采或生产应税产品销售的,以销售数量为课税数量。

2. 纳税人开采或生产应税产品自用的,以自用数量为课税数量。

(二)课税数量的特殊规定

1. 纳税人不能准确提供应税产品销售数量或移送使用数量的,以应税产品的产量或主管税务机关确定的折算比换算成的数量为课税数量。

2. 原油中的稠油、高凝油与稀油划分不清或不易划分的,一律按原油的数量课税。

3. 对于煤炭连续加工前无法正确计算原煤移送使用量的,可按加工产品的综合回收率,将加工产品实际销量和自用量折算成原煤数量作为课税数量。

4. 对金属矿和非金属矿原矿,无法准确掌握纳税人移送使用原矿数量的,可将其精矿按选矿比折算成原矿数量作为课税数量。

选矿比 = 精矿数量 ÷ 耗用原矿数量

5. 纳税人以自产的液体盐加工固体盐,按固体盐税额征税,以加工的固体盐数量为课税数量。纳税人以外购的液体盐加工成固体盐,其加工固体盐所耗用的液体盐的已纳税额准予抵扣。

四、资源税应纳税额的计算

根据应税产品的课税数量和规定的单位税额可以计算应纳税额,具体计算公式如下:

应纳资源税税额 = 课税数量 × 单位税额

代扣代缴应纳税额 = 收购未税矿产品的数量 × 适用的单位税额

例 1:某煤矿 3 月份生产原煤 10 万吨,销售原煤 8 万吨,将原煤 400 吨加工成煤炭制品全部销售;生产天然气 5000 万立方米,全部销售。已知该煤矿适用的单位税额为 1.5 元/吨,煤矿临近的某石油管理局天然气使用的单位税额为 8 元/千立方米。计算该矿山 3 月应纳资源税。

煤矿生产的天然气暂不征税,故该矿山 3 月:

应纳资源税 = 课税数量 × 单位税额

= (80000 + 400) × 1.5 = 120600(元)

例 2:某矿山 5 月开采铜矿石 20000 吨,没有原矿销售,入选精矿 3000 吨,矿选比 30%,铜矿单位税额 1.2 元/吨,据当月应纳资源税要求,计算该矿山 5 月应纳资源税。

精矿耗用原矿数量 = 精矿数量 ÷ 选矿比 = 3000 ÷ 30% = 10000(吨)

应纳资源税 = 课税数量 × 单位税额 × 70%

= 10000 × 1.2 × 70% = 8400(元)

例3：某盐场某月自产液体盐30000万吨，以自产液体盐25000万吨和外购液体盐7000万吨（每吨已纳资源税5元），加工成固体盐8000万吨销售。已知固体盐单位税额为30元/吨，则该盐场当月应纳资源税为多少？

应纳资源税 = 固体盐课税数量 × 单位税额 − 耗用的外购液体盐已纳税额

= 8000 × 30 − 7000 × 5 = 205000（万元）

五、税收优惠

（一）开采原油过程中用于加热、修井的原油免税。

（二）纳税人开采或者生产应税产品过程中，因意外事故或者自然灾害等原因遭受重大损失的，由省、自治区、直辖市人民政府酌情决定减税或者免税。

（三）国务院规定的其他减免税项目。具体包括：

1. 冶金联合企业矿山铁矿石资源税，减按规定税额标准的40%征收。

2. 对有色金属矿的资源税在规定税额的基础上减征30%。

纳税人的减税、免税项目，应当单独核算课税数量；未单独核算或者不能准确提供课税数量的，不予减税或者免税。

六、申报与缴纳

（一）纳税义务发生时间

纳税人销售应税产品，纳税义务发生时间为收讫销售款或者取得索取销售款凭据的当天；自产自用应税产品，纳税义务发生时间为移送使用的当天。

（二）纳税期限

纳税人的纳税期限为一日、三日、五日、十日、十五日或者一个月，由主管税务机关根据实际情况具体核定。不能按固定期限计算纳税的，可以按次计算纳税。

纳税人以一个月为一期纳税的，自期满之日起十日内申报纳税；以一日、三日、五日、十日或者十五日为一期纳税的，自期满之日起五日内预缴税款，于次月一日起十日内申报纳税并结清上月税款。

（三）纳税地点

1. 纳税人应纳的资源税，应当向应税产品的开采或者生产所在地主管税务机关缴纳。

2. 纳税人在本省、自治区、直辖市范围内开采或者生产应税产品，其纳税地点需要调整的，由省、自治区、直辖市税务机关决定。

3. 跨省开采的，纳税人下属的生产单位与核算单位不在同一省、自治区、直辖市的，对其开采的矿产品一律在开采地纳税。

4. 扣缴义务人代扣代缴的资源税，也应当向收购地主管税务机关缴纳。

第二节 城镇土地使用税

城镇土地使用税是以开征范围的土地为征税对象，以实际占用的土地单位面积为计税标准，按规定税额对拥有土地使用权的单位和个人征收的一种税。现行城镇土地使用税的基本法律依据是 1988 年 9 月国务院颁布、2006 年 12 月 30 日修订的《中华人民共和国城镇土地使用税暂行条例》，修订后的《暂行条例》自 2007 年 1 月 1 日起施行。

一、征税范围

城镇土地使用税的征税范围是城市、县城、建制镇和工矿区内的国家所有和集体所有的土地。

二、纳税人

凡在城市、县城、建制镇、工矿区范围内使用土地的单位和个人，为城镇土地使用税的纳税义务人。

单位，包括国有企业、集体企业、私营企业、股份制企业、外商投资企业、外国企业以及其他企业和事业单位、社会团体、国家机关、军队以及其他单位；个人，包括个体工商户以及其他个人。

1. 拥有土地使用权的单位或个人；

2. 拥有土地使用权的单位或个人不在土地所在地的，其土地的实际使用人和代管人为纳税人；

3. 土地使用权未确定或权属纠纷未解决的，由实际使用人纳税；

4. 土地使用权共有的，由共有各方分别纳税。

三、应纳税额的计算

（一）计税依据

土地使用税以纳税人实际占用的土地面积为计税依据，依照规定税额计算征收。土地面积计量标准为每平方米。

1. 纳税人实际占用的土地面积，是指由省、自治区、直辖市人民政府确定的单位组织测定的土地面积。

2. 尚未组织测量，但纳税人持有政府部门核发的土地使用证书的，以证书确认的土地面积为准。

3. 尚未核发土地使用证书的，应由纳税人据实申报土地面积，据以纳税，待核发土地使用证以后再作调整。

（二）税率

城镇土地使用税采用定额税率，即采用有幅度的差别税额，每平方米年税额如下：

1. 大城市1.5元至30元；

2. 中等城市1.2元至24元；

3. 小城市0.9元至18元；

4. 县城、建制镇、工矿区0.6元至12元。

省、自治区、直辖市人民政府可根据市政建设状况、经济繁荣程度等条件，在规定的税额幅度内确定所辖地区的适用税额幅度。经省、自治区、直辖市人民政府批准，经济落后地区土地使用税的适用税额标准可以适当降低，但降低额不得超过上述规定最低税额的30%。经济发达地区土地使用税的适用税额标准可以适当提高，但须报经财政部批准。

（三）应纳税额的计算

全年应纳税额＝实际占用应税土地面积（平方米）×适用税额

例4：某城市的一公司实际占地面积共计10000平方米，均为应税土地，年税额为2元/平方米。计算该企业应缴纳城镇土地使用税。

年应纳城镇土地使用税税额＝10000×2＝20000（元）

四、税收优惠

下列土地免缴土地使用税：

（一）国家机关、人民团体、军队自用的土地。

（二）由国家财政部门拨付事业经费的单位自用的土地。

（三）宗教寺庙、公园、名胜古迹自用的土地。

（四）市政街道、广场、绿化地带等公共用地。

（五）直接用于农、林、牧、渔业的生产用地。

（六）经批准开山填海整治的土地和改造的废弃土地，从使用的月份起免缴土地使用税5年至10年。

（七）企业办的学校、医院、托儿所、幼儿园，其用地能与企业其他用地明确区分的，可比照财政拨付事业经费的单位自用的土地，免征土地使用税。

（八）对免税单位使用纳税单位土地，免征土地使用税。

（九）疾病控制、妇幼保健等卫生机构和非营利性医疗机构自用的土地，免征土地使用税。

（十）由财政部另行规定免税的能源、交通、水利设施用地和其他用地。

个人所有的居住房屋及院落用地，房产管理部门在房租调整改革前经租的居民住房用地，免税单位职工家属的宿舍用地，民政部门举办的安置残疾人占一定比例的福利工厂用地、集体和个人举办的各类学校、医院、托儿所、幼儿园用地等的征免税，由各省、自治区、直辖市税务局确定。

五、申报与缴纳

（一）纳税义务发生时间

1. 纳税人购置新建商品房，自房屋交付使用之次月起，缴纳城镇土地使用税。

2. 购置存量房，自办理房屋权属转移、变更登记手续，房地产权属登记机关签发房屋权属证书之次月起，缴纳城镇土地使用税。

3. 纳税人出租、出借房产，自交付出租、出借房产之次月起，缴纳城镇土地使用税。

4. 房地产开发企业自用、出租、出借本企业建造的商品房，自房屋使用或交付之次月起，缴纳城镇土地使用税。

5. 纳税人新征用的耕地，自批准之日起满1年时开始缴纳城镇土地使用税。

6. 纳税人新征用的非耕地，自批准征用次月起缴纳城镇土地使用税。

（二）纳税期限

土地使用税按年计算、分期缴纳。缴纳期限由省、自治区、直辖市人民政府确定。

（三）纳税地点

城镇土地使用税在土地所在地缴纳，由土地所在地的税务机关征收。

第三节　房产税

房产税是以房产为征税对象，依据房产价格或租金收入向房屋产权所有人或经营人征收的一种财产税。现行房产税的基本法律依据是1986年9月国务院颁布的《中华人民共和国房产税暂行条例》。课征此税有助于运用税收的杠杆作用，加强房产管理，提高房屋利用效率，控制固定资产投资规模，调节收入，增加财政收入。

一、征税范围

房产税在城市、县城、建制镇和工矿区征收，不包括农村。所谓房产，是以房屋形态表现的财产。房屋则是指有屋面和围护结构（有墙或两边有柱），能够遮风避雨，可供人们在其中生产、工作、学习、娱乐、居住或储藏物资的场所。

二、纳税义务人

房产税以在征税范围内的房屋产权所有人为纳税人。其中：

1. 产权属国家所有的，由经营管理单位纳税；产权属集体和个人所有的，由集体单位和个人纳税。

2. 产权出典的，由承典人纳税。

3. 产权所有人、承典人不在房屋所在地的，由房产代管人或者使用人纳税。

4. 产权未确定及租典纠纷未解决的，亦由房产代管人或者使用人纳税。

5. 无租使用其他房产的问题。纳税单位和个人无租使用房产管理部门、免税单位及纳税单位的房产，应由使用人代为缴纳房产税。

故产权所有人、经营管理单位、承典人、房产代管人或者使用人，统称为纳税义务人。

外商投资企业、外国企业暂不缴纳房产税。

三、税率

我国现行房产税采用的是比例税率。由于房产税的计税依据分为从价计征和从租计征两种形式，所以房产税的税率也有两种。从价计征的税率为1.2%，从租计征的税率为12%。个人按市场价格出租的居民住房，房产税暂减按4%的税率征收。

四、计税依据及应纳税额的计算

房产税的计税依据是房产的计税价值或房产的租金收入。按照房产计税价值征税的，称为从价计征；按照房产租金收入征税的，称为从租计征。

（一）从价计征

对自用的房屋采用从价计征的方法，以房产的计税余值作为计税依据。所谓计税余值，是指依照税法规定按房产原值一次减除10%至30%的价值以后的余额。具体减除比例，由省、自治区、直辖市人民政府确定。其计税公式为：

全年应纳税额 = 应税房产原值 ×（1 − 扣除比例）×1.2%

其中：

（1）房产原值是指纳税人按照会计制度规定，在账簿“固定资产”科目中记载的房屋原价。

（2）房产原值应包括与房屋不可分割的各种附属设备或一般不单独计算价值的配套设施。

（3）纳税人对原有房屋进行改建、扩建的，要相应增加房屋的原值。

（4）在确定计税余值时，房产原值的具体减除比例，由省、自治区、直辖市人民政府在在税法规定的减除幅度内自行确定。

例5：某企业有营业大楼一幢，房产价值5000万元，已知计算房产余值的减除幅度为20%，请计算该企业当年应纳的房产税。

年应纳税额 = 5000 ×（1 − 20%）×1.2% = 48（万元）

（二）从租计征

对于出租的房屋，以租金收入为计税依据。房产的租金收入，是房屋产权所有人出租房产使用权取得的报酬，包括货币收入和实物收入。其计税公式为：

全年应纳税额 = 租金收入 ×12%（或4%）

例 6:某企业出租一栋仓库,全年租金收入 50 万元,计算本年度应缴纳的房产税。

年应纳税额 = 50 × 12% = 6(万元)

五、税收优惠

下列房产免纳房产税:

(一)国家机关、人民团体、军队自用的房产免征房产税。

(二)国家财政部门拨付事业经费的单位自用的房产免征房产税。

(三)宗教寺庙、公园、名胜古迹自用的房产免征房产税。

(四)个人拥有的非营业用的房产免征房产税。

(五)对行使国家行政管理只能的中国人民银行总行(含国家外汇管理局)所属分支自用的房产,免征房产税。

(六)经财政部批准免税的其他房产 。

除上述规定者外,纳税人纳税确有困难的,可由省、自治区、直辖市人民政府确定,定期减征或者免征房产税。

六、申报与缴纳

(一) 纳税义务发生时间

1. 纳税人将原有房产用于生产经营,从生产经营之月起缴纳。

2. 纳税人自行新建房屋用于生产经营,从建成之次月起缴纳。

3. 委托施工企业建设的房屋 ,从办理验收手续之次月起缴纳。

4. 纳税人购置新建商品房 ,自房屋交付使用之次月起缴纳。

5. 购置存量房 ,自办理房屋权属转移、变更登记手续,房地产权属登记机关签发房屋权属证书之次月起缴纳。

6. 纳税人出租、出借房产,自交付出租、出借房产之次月起缴纳 。

7. 房地产开发企业自用、出借本企业建造的商品房,自房屋使用或交付之次月起缴纳。

(二)纳税期限

房产税实行按年征收,分期缴纳。纳税期限由省、自治区、直辖市人民政府规定。各地一般按季或半年预征。

(三)纳税地点

房产税在房产所在地缴纳。房产不在同一地方的纳税人,应按房产的坐落地分别向房产所在地的税务机关缴纳。

第四节 车船税

车船税是对在我国境内依法应当到公安、交通、农业、渔业、军事等管理部门办理登记的车辆、船舶,根据其种类,按照规定的计税单位和年税额标准计算征收的一种财产税。

2006年12月29日,国务院以第482号令公布了《中华人民共和国车船税暂行条例》,自2007年1月1日起施行。2007年2月1日财政部、国家税务总局公布《中华人民共和国车船税暂行条例实施细则》自公布之日起实施。新条例是在原车船使用税和车船使用牌照税的基础上合并修订而成的,对于统一税制、公平税负、拓宽税基,增加地方财政收入,加强地方税征管都具有重要的意义。《中华人民共和国车船税法》已由中华人民共和国第十一届全国人民代表大会常务委员会第十九次会议于2011年2月25日通过,自2012年1月1日起施行。2011年11月23日国务院第182次常务会议通过《中华人民共和国车船税法实施条例》,自2012年1月1日起施行。

一、车船税纳税义务人

在中华人民共和国境内属于本法所附《车船税税目税额表》规定的车辆、船舶(以下简称车船)的所有人或者管理人,为车船税的纳税人,应当依照本法缴纳车船税。

《车船税暂行条例》还规定,从事机动车第三者责任强制保险业务的保险机构为机动车车船税的扣缴义务人,应当依法代收代缴车船税。

二、车船税征税对象

车船税的征税对象是依法应当在车船登记管理部门登记的机动车辆和船舶,具体可分为机动车辆和船舶两大类。其中,机动车辆包括乘用车、商用车、挂车、专用作业车、轮式专用机械车和摩托车;船舶为机动船舶和游艇。

1. 机动车辆

乘用车,是指在设计和技术特性上主要用于载运乘客及随身行李,核定载客人数包括驾驶员在内不超过9人的汽车。

商用车,是指除乘用车外,在设计和技术特性上用于载运乘客、货物的汽车,划分为客车和货车。

半挂牵引车,是指装备有特殊装置用于牵引半挂车的商用车。

三轮汽车,是指最高设计车速不超过每小时50公里,具有三个车轮的货车。

低速载货汽车,是指以柴油机为动力,最高设计车速不超过每小时70公里,具有四个车轮的货车。

挂车,是指就其设计和技术特性需由汽车或者拖拉机牵引,才能正常使用的一种无动力的道路车辆。

专用作业车,是指在其设计和技术特性上用于特殊工作的车辆。

轮式专用机械车，是指有特殊结构和专门功能，装有橡胶车轮可以自行行驶，最高设计车速大于每小时 20 公里的轮式工程机械车。

摩托车，是指无论采用何种驱动方式，最高设计车速大于每小时 50 公里，或者使用内燃机，其排量大于 50 毫升的两轮或者三轮车辆。

2. 船舶

船舶，是指各类机动、非机动船舶以及其他水上移动装置，但是船舶上装备的救生艇筏和长度小于 5 米的艇筏除外。其中，机动船舶是指用机器推进的船舶；拖船是指专门用于拖（推）动运输船舶的专业作业船舶；非机动驳船，是指在船舶登记管理部门登记为驳船的非机动船舶；游艇是指具备内置机械推进动力装置，长度在 90 米以下，主要用于游览观光、休闲娱乐、水上体育运动等活动，并应当具有船舶检验证书和适航证书的船舶。

三、车船税的税率

车船税采用定额税率，即对征税的车船规定单位固定税额，适用于从量计征。

1. 车辆税额

省、自治区、直辖市人民政府根据车船税法所附《车船税税目税额表》确定车辆具体适用税额，应当遵循以下原则：

（一）乘用车依排气量从小到大递增税额；

（二）客车按照核定载客人数 20 人以下和 20 人（含）以上两档划分，递增税额。

省、自治区、直辖市人民政府确定的车辆具体适用税额，应当报国务院备案。

2. 船舶税额 具体适用税额为：

船舶的具体适用税额由国务院在本法所附《车船税税目税额表》规定的税额幅度内确定。

1. 机动船舶具体适用税额为：

（1）净吨位不超过 200 吨的，每吨 3 元；

（2）净吨位超过 200 吨但不超过 2000 吨的，每吨 4 元；

（3）净吨位超过 2000 吨但不超过 10000 吨的，每吨 5 元；

（4）净吨位超过 10000 吨的，每吨 6 元。

拖船按照发动机功率每 1 千瓦折合净吨位 0.67 吨计算征收车船税。

2. 游艇具体适用税额为：

（1）艇身长度不超过 10 米的，每米 600 元；

（2）艇身长度超过 10 米但不超过 18 米的，每米 900 元；

（3）艇身长度超过 18 米但不超过 30 米的，每米 1300 元；

（4）艇身长度超过 30 米的，每米 2000 元；

（5）辅助动力帆艇，每米 600 元。

车船税法和本条例所涉及的排气量、整备质量、核定载客人数、净吨位、千瓦、艇身长度，以车船登记管理部门核发的车船登记证书或者行驶证所载数据为准。

车船税税目税额表

税目		计税单位	年基准税额	备注
乘用车〔按发动机汽缸容量（排气量）分档〕	1.0升（含）以下的	每辆	60元至360元	核定载客人数9人（含）以下
	1.0升以上至1.6升（含）的		300元至540元	
	1.6升以上至2.0升（含）的		360元至660元	
	2.0升以上至2.5升（含）的		660元至1200元	
	2.5升以上至3.0升（含）的		1200元至2400元	
	3.0升以上至4.0升（含）的		2400元至3600元	
	4.0升以上的		3600元至5400元	
商用车	客车	每辆	480元至1440元	核定载客人数9人以上，包括电车
	货车	整备质量每吨	16元至120元	包括半挂牵引车、三轮汽车和低速载货汽车等
挂车		整备质量每吨	按照货车税额的50%计算	
其他车辆	专用作业车	整备质量每吨	16元至120元	不包括拖拉机
	轮式专用机械车		16元至120元	
摩托车		每辆	36元至180元	
船舶	机动船舶	净吨位每吨	3元至6元	拖船、非机动驳船分别按照机动船舶税额的50%计算
	游艇	艇身长度每米	600元至2000元	

四、车船税的计税依据

按照车船的种类和性能，分别确定为辆、整备质量吨位（自重）、净吨位和艇身长度四种：

1. 乘用车、客车和摩托车，以"辆"为计税依据。

2. 货车、挂车和其他车辆，以"整备质量吨位"为计税依据。

3. 船舶，机动船舶以"净吨位"为计税依据；游艇以"艇身长度"为计税依据

五、车船税的应纳税额的计算

1. 乘用车、客车和摩托车：

应纳税额 = 应税车辆数量 × 单位税额

2. 货车、挂车和其他车辆：

应纳税额 = 应税车辆整备质量吨位 × 单位税额

3. 机动船舶：

应纳税额 = 应税船舶净吨位 × 单位税额

4. 游艇：

应纳税额 = 应税游艇艇身长度 × 单位税额

例 7：某公司拥有机动船 20 只（其中 5000 吨位机动船 1 只，1500 吨位机动船 2 只）；另有游艇 2 只（游艇艇身长 20 米）。企业另有客车 5 辆，车船税年税额税额 500 元/辆；自重吨位 50 吨的货车 10 辆，该省载货汽车车船税年税额 40 元/吨。试计算该企业全年应纳车船税税额。

机动船应纳税额 = 5000 × 5 + 1500 × 4 × 2 = 36000（元）

游艇应纳税额 = 5 × 1300 × 2 = 13000（元）

客车应纳税额 = 500 × 5 = 2500（元）

货车应纳税额 = 50 × 10 × 40 = 20000（元）

全年应纳车船税税额 = 36000 + 13000 + 2500 + 20000 = 71500（元）

六、车船税的税收优惠

1. 下列车船免征车船税：

（1）捕捞、养殖渔船；

（2）军队、武装警察部队专用的车船；

（3）警用车船；

（4）依照法律规定应当予以免税的外国驻华使领馆、国际组织驻华代表机构及其有关人员的车船。

2. 对节约能源、使用新能源的车船可以减征或者免征车船税；对受严重自然灾害影响纳税困难以及有其他特殊原因确需减税、免税的，可以减征或者免征车船税。具体办法由国务院规定，并报全国人民代表大会常务委员会备案。

3. 省、自治区、直辖市人民政府根据当地实际情况，可以对公共交通车船，农村居民拥有并主要在农村地区使用的摩托车、三轮汽车和低速载货汽车定期减征或者免征车船税。

4. 对受地震、洪涝等严重自然灾害影响纳税困难以及其他特殊原因确需减免税的车船，可以在一定期限内减征或者免征车船税。具体减免期限和数额由省、自治区、直辖市人民政府确定，报国务院备案。

七、车船税的申报与缴纳

（一）车船税的纳税义务发生时间

车船税纳税义务发生时间为取得车船所有权或者管理权的当月。

购置的新车船，购置当年的应纳税额自纳税义务发生的当月起按月计算。应纳税额为年应纳税额除以12再乘以应纳税月份数。

计算公式为：应纳税额=（年应纳税额÷12）×应纳税月份

从事机动车第三者责任强制保险业务的保险机构为机动车车船税的扣缴义务人，应当在收取保险费时依法代收车船税，并出具代收税款凭证。

扣缴义务人已代收代缴车船税的，纳税人不再向车辆登记地的主管税务机关申报缴纳车船税。没有扣缴义务人的，纳税人应当向主管税务机关自行申报缴纳车船税。

（二）车船税的纳税期限

车船税按年申报，分月计算，一次性缴纳。纳税年度为公历1月1日至12月31日。

（三）车船税的纳税地点

车船税属于地方税，由地方税务机关负责征收管理。

车船税的纳税地点为车船的登记地或者车船税扣缴义务人所在地。依法不需要办理登记的车船，车船税的纳税地点为车船的所有人或者管理人所在地。

第五节 契 税

契税是以所有权发生转移变动的不动产为征税对象，向产权承受人征收的一种财产税。现行契税的基本法律依据是1997年7月国务院颁布、10月1日起实施的《中华人民共和国契税暂行条例》。

一、契税征税范围

契税的征税范围为发生土地使用权和房屋所有权权属转移的土地和房屋。其具体征税范围包括：

（一）国有土地使用权出让

国有土地使用权出让是指土地使用者向国家交付土地使用权出让费用，国家将国有土地使用权在一定年限内让予土地使用者的行为。

（二）土地使用权转让

土地使用权转让是指土地使用者以出售、赠与、交换或者其他方式将土地使用权转移给其他单位和个人的行为。包括出售、赠与和交换，不包括农村集体土地承包经营权的转移。

（三）房屋买卖

房屋买卖是指房屋所有者将其房屋出售，由承受者交付货币、实物、无形资产或者其他经济利益的行为。包括：

1. 以房产抵债或实物交换房屋。

2. 以房产作投资或作股权转让。

3. 买房拆料或翻建新房。

（四）房屋赠与

房屋赠与，是指房屋所有者将其房屋无偿转让给受赠者的行为。以获奖方式取得房屋产权的，其实质是接受赠与房产，也应照章缴纳契税。

（五）房屋交换

房屋交换，是指房屋所有者之间相互交换房屋的行为。

二、契税纳税义务人

在中华人民共和国境内转移土地、房屋权属，承受的单位和个人为契税的纳税人。单位，是指企业单位、事业单位、国家机关、军事单位和社会团体以及其他组织。个人，是指个体经营者及其他个人。

三、契税税率

契税实行3% ~5% 幅度比例税率，由省、自治区、直辖市人民政府在3% ~5% 幅度内，按照本地区的实际情况确定，并报财政部和国家税务总局备案。

四、契税计税依据及应纳税额的计算

（一）计税依据

契税的计税依据为不动产的价格。由于土地、房屋权属转移方式不同，定价方法不同，因而具体计税依据视不同情况而定。

1. 国有土地使用权出让、土地使用权出售、房屋买卖，其计税依据为成交价格。

2. 土地使用权赠与、房屋赠与，其计税依据由征收机关参照土地使用权出售、房屋买卖的市场价格核定。

3. 土地使用权交换、房屋交换，其计税依据是所交换的土地使用权、房屋的价格差额。房屋产权相互交换，双方交换价值相等，免纳契税，办理免征契税手续。其价值不相等的，按超出部分由支付差价方缴纳契税。

4. 以划拨方式取得土地使用权，经批准转让时，应由转让者依法缴纳契税，其计税依据为应补缴的土地出让金和其他出让费用 。

(二)应纳税额的计算

应纳税额 = 计税依据 × 税率

例 8:甲厂与乙厂互换房屋产权,甲厂房屋价格 1000 万元,乙厂房屋价格为 1200 万元。成交后,甲厂支付乙厂 200 万元的房屋差价款。乙又将自己的一处土地使用权转让给丙,成交价 4000 万元。假定该省规定契税税率为 5%,计算甲、乙、丙各方应纳的契税。

(1)甲厂为支付差价方

应纳契税 = 200 × 5% = 10(万元)

(2)乙厂不缴纳契税

(3)丙厂为土地使用权承受方

应纳契税 = 4000 × 5% = 200(万元)

五、税收优惠

(一)国家机关、事业单位、社会团体、军事单位承受土地、房屋用于办公、教学、医疗、科研和军事设施的,免征契税。

(二)城镇职工按规定第一次购买公有住房的,免征契税。

(三)因不可抗力丧失住房而重新购买住房的,酌情准予免征契税。

(四)土地、房屋被县级以上人民政府征用、占用后,重新承受土地、房屋权属的,由省级人民政府确定是否减免 。

(五)承受荒山、荒沟、荒丘、荒滩土地使用权,并用于农、林、牧、渔业生产的,免征契税 。

(六)经外交部确认,依照我国有关法律以及我国缔结或参加的双边和多边条约或协定给予的免征契税。

(七)财政部规定的其他减免税项目。

以上经批准减税、免税的纳税人,改变有关土地、房屋的用途,不再属于减免税的范围的,应当补缴已经减免的税款。纳税义务发生时间为改变有关土地、房屋用途的当天。

六、契税申报与缴纳

(一)纳税义务发生时间

契税的纳税义务发生时间是纳税人签订土地、房屋权属转移合同的当天,或者纳税人取得其他具有土地、房屋权属转移合同性质凭证的当天。

(二)纳税期限

纳税人应当自纳税义务发生之日起 10 日内,向土地、房屋所在地的契税征收机关办理纳税申报,并在契税征收机关核定的期限内缴纳税款。

（三）纳税地点

契税在土地、房屋所在地的征收机关缴纳。

小　结

本章是关于资源税、城镇土地使用税、房产税、车船税、契税收征收制度的介绍，主要介绍了各税种的纳税义务人、征税范围、税率、应纳税额的计算、税收优惠和申报缴纳。其中重点是各税种的纳税义务人、征税对象（或范围）、税率、应纳税额的计算。难点是资源税税的应纳税额的计算。

1. 资源税的纳税义务人是在中华人民共和国境内开采应税矿产品或者生产盐的单位和个人。中外合作开采石油、天然气，按照现行规定只征收矿区使用费，暂不征收资源税。收购未税矿产品的单位为资源税的扣缴义务人。税目如下：原油、天然气、煤炭、其他非金属矿原矿、黑色金属矿原矿、有色金属矿原矿、盐。资源税实行从量定额征收，应纳税额＝销售（或自用、收购）数量×单位税额。

2. 城镇土地使用税的纳税义务人为在城市、县城、建制镇、工矿区范围内使用土地的单位和个人，包括外商投资企业、外国企业、外籍个人。采用定额税率，全年应纳税额＝实际占用应税土地面积（平方米）×适用税额。

3. 房产税的纳税人是，在城市、县城、建制镇、工矿区范围内的房屋产权所有人、经营管理单位、承典人、房产代管人或者使用人，暂不包括外商投资企业、外国企业。房产税采用比例税率，对自用的房屋采用从价计征，全年应纳税额＝应税房产原值×（1－扣除比例）×1.2%；对于出租的房屋采用从租计征，全年应纳税额＝租金收入×12%（或4%）。

4. 车船税的纳税义务人是我国境内车船的所有人或者管理人，包括外商投资企业、外国企业、外籍个人。从事机动车交通事故责任强制保险业务的保险机构为机动车车船税的扣缴义务人。车船税采用定额税率，载客汽车、摩托车应纳税额＝应税车辆数量×单位税额；载货汽车、三轮汽车、低速货车应纳税额＝应税车辆自重吨位×单位税额；船舶应纳税额＝应税船舶净吨位×单位税额。

5. 契税的纳税人为在中华人民共和国境内转移土地、房屋权属，承受的单位和个人。契税实行3%～5%幅度比例税率，以不动产的价格为计税依据。

※ 思考题

1. 什么是资源税？属于资源税征税范围的资源有哪些？资源税的计税依据是什么？

2. 什么是城镇土地使用税？城镇土地使用税的征税范围和计税依据是什么？

3. 什么是房产税？房产税的征税范围和计税依据是什么？

4. 什么是车船税？车船税的征税对象和计税依据是什么？

5. 什么是契税？契税的征税范围和计税依据是什么？

※ 练习题

一、单项选择题

1. 下列油类产品中，应征收资源税的为(　　)

A. 人造石油　　B. 天然原油　　C. 汽油　　D. 柴油

2. 以下应缴纳资源税的有(　　)

A. 社区服务站销售天然气　　B. 家用燃气公司进口天然气

C. 股份公司开采天然气　　D. 中外合作开采天然气

3. 城镇土地使用税的征税范围，包括(　　)

A. 在县城的国有土地　　B. 在建制镇上的集体土地

C. 在工矿区的国有土地　　D. 在农村的集体土地

4. 下列应征土地使用税的是(　　)

A. 财政局办公楼　　B. 学校出租的房屋

C. 公园自用土地　　D. 军队训练场

5. 房产税由房产所在地的(　　)负责征收。

A. 国家税务局　　B. 财征机关

C. 其他机关　　D. 地方税务局

6. 以下不属于房产税的纳税人的有(　　)

A. 房产的代管人　　B. 房产的经营管理单位

C. 房产的使用人　　D. 房产的出典人

7. 公交车的计税依据单位为(　　)

A. 自重吨位　　B. 辆　　C. 净吨位　　D. 载重吨位

8. 下列应交车船税的是(　　)

A. 自行车　　B. 外商投资企业运输汽车

C. 畜力驾驶车　　D. 汽车贸易中心待售汽车

9. 转让土地使用权的单位不应缴纳的税金有(　　)

A. 营业税　　B. 土地增值税　　C. 印花税　　D. 契税

10. 下列行为中不属于土地房屋权属转让的是(　　)

A. 房屋赠与　　B. 房屋出租

C. 土地使用权交换　　D. 土地使用权赠与

二、辨析题

1. 开采原油过程中用于加热、修井的原油视同自用，照章纳税(　　)

2. 某矿山5月开采铜矿石20000吨，没有原矿销售，入选精矿3000吨，矿选比30%，铜矿单位税额1.2元/吨，其当月应纳资源税为8400元。(　　)

3. 土地使用税以纳税人实际占用的房地产的建筑面积为计税依据。(　　)

4. 土地使用权未确定的,不用缴纳城镇土地使用税。(   )

5. 个人拥有房产权,不用缴纳房产税。(   )

6. 李大爷将农村的祖屋出租,他应按租金收入计算缴纳房产税。(   )

7. 凡在我国境内行驶或运行的车船均应缴纳车船使用。(   )

8. 企业的车船上了外省的牌照,仍应在企业经营所在地纳税。(   )

9. 房屋交换价格相等时,免征契税。(   )

10. 甲向乙售房,则甲为契税纳税人。(   )

三、计算题

1. 某海盐场本期出售原盐400吨;用自产的原盐连续加工制成精致盐30吨,其中28吨销售,2吨发给职工。该盐场1吨原盐可加工成0、5吨精致盐,原盐单位税额为25元/吨。计算应纳资源税。

2. 某企业某年共计拥有土地60000平方米,其中子弟学校占地3000平方米、幼儿园占地2000平方米。该企业上半年共有房产价值4000万元,6月25日签定合同约定,7月1日起企业将原值200万元、占地面积400平方米的一栋仓库出租给某商场存放货物,租期1年,每月租金收入1.5万元。8月10日对委托施工单位建设的生产车间办理验收手续,由在建工程转入固定资产原值500万元。已知城镇土地使用税4元/平方米,房产税计算余值的扣除比例20%,计算本年度应缴纳的城镇土地使用税、房产税。

3. 2007年某公司拥有3辆载客汽车,4辆载货汽车,其自重吨位分别为3吨、4吨、2.5吨、2吨。当地车船税的年税额为:载客汽车每辆100元,载货汽车自重每吨50元。计算2007年该公司应纳车船税。

4. 某外商投资企业接受某国有企业以房产投资入股,房产市场价值为100万元,并以自有房产与另一企业交换一处房产,支付差价款300万元,同年政府有关部门向该企业出让土地一块,该企业缴纳土地出让金150万元。该地契税税率为5%,计算企业应缴契税。

5. 某油田4月生产原油200万吨(单位税额12元/吨),伴产天然气2000万立方米(单位税额5元/千立方米)。当月用于加热、修井使用原油5万吨,职工食堂使用天然气100万立方米,将其余的原油、天然气全部销售。计算该企业应纳的资源税。

四、案例分析

1. 某稽查分局2007年2在对该市娱乐场所进行税收稽查时发现,原属某机关的办公大楼现已改变为营业用房。稽查人员随即对该机关进行稽查,发现该机关因精简机构,人员减少,于2006年1月将原作为办公用房的大楼用于出租,被改造成酒店和歌厅,已收全年租金200万元。该机关财会人员认为机关房屋一直不用纳税,故未向税务部门申报缴纳。已知该办公大楼占地面积500平方米,本市城镇土地使用税4元/平方米。试对该案例进行分析。

2. 某矿山开采铁矿石,该铁矿石资源税单位税额15元/吨。某稽查人员对该矿山上半年的纳税情况进行稽查时发现,该矿山铁矿石原矿销售明细账记录的销售数量与其资源税纳税申报表上的销售数量不相符。而将原矿销售数量和精矿销售数量(400吨)相加,正好与资源税纳税申报表上的销售数量相符。经核定铁精矿选矿比为1:4,试对该案例进行分析。

8 第八章 特定目的税、行为税

◆　**学习目标**

本章主要介绍特定目的税、行为税各有关税种的征收制度，具体包括城市维护建设税、土地增值税、印花税。通过本章的学习，要求学生从纳税义务人、征税范围、税率、应纳税额的计算、税收优惠和申报缴纳六个方面对每个税种的内容进行掌握，熟悉各税种的征收制度，并应熟练掌握各税种应纳税额的计算。

◇　**案例导入**

2007 年 1 月 16 日，国家税务总局发布《关于房地产开发企业土地增值税清算管理有关问题的通知》。这份签署日期为 2006 年 12 月 28 日的通知指出，从 2007 年 2 月 1 日起开始，全国房地产企业将全面进行土地增值税的清算工作。这个消息一出，立刻引起社会各方的广泛关注：土地增值税的清算，将会为高热的房价降温，还是推波助澜？房地产开发企业的利润空间还有多少？一时间众说纷纭，使本就变化莫测的楼市变得更扑朔迷离。更有甚者，一些媒体将其误解为新税种征收的通知，进而在业内外展开了该不该开征土地增值税的讨论，并在股市产生不小的影响。《通知》下发次日，沪深两市地产股全线下跌，沪市股指下跌 42 点，跌幅达 1.49%；深市股指跌去 227.24 点，跌幅达 2.84%，直接"杀伤力"巨大。

1 月 18 日，国家税务总局有关负责人指出，日前发布的《关于房地产开发企业土地增值税清算管理有关问题的通知》，是根据有关规定制定的征管办法，不是一项新的税收政策。这位负责人强调，土地增值税是国家为了进行房地产市场宏观调控而出台的税种，主要目的是调节房地产开发企业土地增值收益和利润。在国税总局有关负责人发布《通知》与调控楼市股市无关的声明以及上市房地产开发企业连续发布公告之后，投资人才打消疑虑，股市又重拾升势。

这个早在 1994 年便已开征的土地增值税，因一则"清算通知"居然导致业内外如此大的震动和争议。那么，土地增值税究竟是什么样的税种呢？它对房地产开发企业有些什么样的影响？你对它了解多少？

本章就将对土地增值税进行介绍。

第一节 城市维护建设税

城市维护建设税是对从事生产经营活动的单位和个人，以实际缴纳的增值税、营业税、消费税"三税"的税额为计税依据，按纳税人所在地适用的不同税率计算征收的一种税。城市维护建设税具有附加税的性质，开征此税的目的是为了加强城市的维护建设，扩大和稳定城市的公用事业和公共设施的维护建设资金的来源。

现行城市维护建设税的基本规范，是1985年2月8日国务院颁布并于同年1月1日实施的《中华人民共和国城市维护建设税暂行条例》。

一、纳税义务人

城市维护建设税的纳税人是缴纳增值税、消费税、营业税的单位和个人，包括各类企业、单位、个体经营者和其他个人。但目前，对外商投资企业、外国企业缴纳的"三税"暂不征收城市维护建设税。

二、税率

城市维护建设税按纳税人所在地的行政区划不同，设置了三档地区差别比例税率：

1. 纳税人所在地在市区的，税率为7%；
2. 纳税人所在地在县城、镇的，税率为5%；
3. 纳税人所在地不在市区、县城或镇的，税率为1%。

城市维护建设税的适用税率，应当按纳税人所在地的规定税率执行。但对下列两种情况，可按缴纳"三税"所在地的规定税率就地缴纳城市维护建设税：

第一种情况是，由受托方代扣代缴、代收代缴"三税"的单位和个人，其代扣代缴、代收代缴的城市维护建设税按受托方所在地的适用税率执行。

第二种情况是，流动经营等无固定纳税地点的单位和个人，在经营地缴纳"三税额"的，其城市维护建设税的缴纳按经营地的适用税率执行。

三、计税依据及应纳税额的计算

城市维护建设税以纳税人实际缴纳的增值税、消费税、营业税税额为计税依据，分别与上述三种税同时缴纳。纳税人违反"三税"有关规定而加收的滞纳金和罚款，不作为城市维护建设税的计税依据。纳税人在被查补"三税"和被处以罚款时，应对其偷漏的城市维护建设税进行补税、征收滞纳金和罚款。

应纳税额计算公式：

应纳税额 = 实际缴纳的增值税、消费税、营业税税额 × 适用税率例1：位于某县城的一卷烟厂，2006年5月缴纳增值税30000元、消费税40000元、营业税10000元，加收滞纳金600元，计算该企业本月应缴纳城建税。

应纳税额 =（30000 + 40000 + 10000）× 5% = 4000（元）

四、税收优惠

1. 税法规定对纳税人缴纳的增值税、消费税、营业税减免时，相应减免城市维护建设税。

2. 海关对进口产品代征的增值税、消费税，不征收城市维护建设税。

3. 出口产品按规定退还增值税、消费税时，不退还已征的城市维护建设税、

4. 对于因减免税而需要进行“三税”退库的，城市维护建设税也可同时退库。

五、申报与缴纳

1. 纳税环节和纳税期限 城市维护建设税的纳税环节和纳税期限分别与“三税”的纳税环节和纳税期限一致。

2. 纳税地点 纳税人缴纳“三税”的地点，就是城市维护建设税的纳税地点。但属于下列情况的，纳税地点为：

（1）代扣代缴、代收代缴“三税”的单位和个人，同时也是城市维护建设税的代扣代缴、代收代缴义务人，其城建税的纳税地点在代扣代收地。

（2）跨省开采的油田，下属生产单位和核算单位不在一个省内的，各油田应纳的城市维护建设税，应由核算单位计算，随同增值税一并汇拨油井所在地，在缴纳增值税的同时，一并缴纳城市维护建设税。

（3）对管道局输油部分的收入，由取得收入的各管道局于所在地缴纳营业税。所以，其应缴纳的城市维护建设税，也应由取得收入的各管道局于所在地缴纳营业税时一并缴纳。

（4）流动经营等无固定纳税地点的单位和个人，应随同“三税”在经营地按适用税率缴纳。

第二节　土地增值税

土地增值税是对有偿转让国有土地使用权、地上的建筑物及其附着物的单位和个人就其转让房地产所取得的增值额征收的一种税。我国开征土地增值税的目的是为了规范土地、房地产市场交易秩序，加强房地产市场的宏观调控，抑制房地产投机和暴利，合理调节土地增值收益，增加国家财政收入。

土地增值税的基本法律依据是1993年12月国务院颁布的《中华人民共和国土地增值税暂行条例》和1995年1月财政部制定的《中华人民共和国土地增值税暂行条例实施细则》。

一、纳税义务人

土地增值税的纳税义务人为转让国有土地使用权、地上的建筑物及其附着物（以下简称转让房地产）并取得收入的单位和个人。单位包括各类企业单位、事业单位、国家机关和社会

团体及其他组织。个人,包括个体经营者。

二、征税范围

1. 土地增值税的征税范围是有偿转让的房地产,包括:

(1)国有土地使用权转让。这里所称的“国有土地”,是指按国家法律法规属于国家所有的土地。

(2)地上建筑物及其附着物连同国有土地使用权一并转让。这里所称的地上建筑物,是指建于土地上的一切建筑,包括地上地下的各种附属设施。这里 所称的“附着物”,是指附着于土地上的不能移动,一经移动即遭损坏的物品。

2. 征税范围的界定标准

(1)转让的土地,其使用权是否为国家所有;

(2)国有土地使用权、地上的建筑物及其附着物的产权是否发生转让;

(3)转让国有土地使用权、地上的建筑物及其附着物是否取得收入。

3. 对征税范围的具体判定。根据以上三条判定标准,对以下具体情况是否属于土地增值税的征税范围进行判定:

1. 以出售方式转让国有土地使用权、地上的建筑物及其附着物的,属于土地增值税的征税范围。

2. 以继承、赠与方式转让房地产的,因其只发生了房地产权属的转让,没有取得相应收入,不属于土地增值税的征税范围。但“赠与”是指房地产所有人将房地产赠予直系亲属或承担直接赡养义务的人,或通过中国境内非营利的社会团体、国家机关赠与教育、民政和其他社会福利、公益事业。

3. 房地产的出租、抵押、重新评估,由于没有发生房地产权属的转移,因此不属于土地增值税的征税范围。

4. 房地产权的交换,属于土地增值税的征税范围。但对个人间互换自有居住用房地产的,经税务机关核实,可免征土地增值税。

5. 合作建房、企业兼并转让房地产、以房地产进行投资联营的,暂免征收土地增值税。

三、税率

土地增值税实行四级超率累进税率,具体如下表:

级数	土地增值额与扣除项目金额的比例	税率(%)	速算扣除系数
1	增值额未超过扣除项目金额 50% 的部分	30	0
2	增值额超过扣除项目金额 50% 未超过 100% 的	40	5%
3	增值额超过扣除项目金额 100% 未超过 200% 的	50	15%
4	增值额超过扣除项目金额 200% 的部分	60	35%

四、计税依据及应纳税额的计算

(一)计税依据

土地增值税的计税依据为转让房地产所取得的增值额。

增值额 = 转让房地产收入 - 扣除项目金额

其中,扣除项目金额包括以下几部分:

(1)取得土地使用权所支付的金额。是指纳税人为取得土地使用权所支付的地价款和按国家统一规定交纳的有关费用。

(2)房地产开发成本。是指纳税人房地产开发项目实际发生的成本,包括土地征用及拆迁补偿费、前期工程费、建筑安装工程费、基础设施费、公共配套设施费、开发间接费用。

(3)房地产开发费用。是指与房地产开发项目有关的销售费用、管理费用、财务费用。作为土地增值税扣除项目的房地产开发费用,不按纳税人房地产开发项目实际发生的费用进行扣除,而按《中华人民共和国土地增值税暂行条例实施细则》的规定进行扣除。

纳税人能够按转让房地产项目计算分摊并提供金融机构证明的,其允许扣除的房地产开发费用为:利息 +(取得土地使用权所支付的金额 + 房地产开发成本)×5% 以内(注:利息最高不能超过按商业银行同类同期贷款利率计算的金额)。

纳税人不能按转让房地产项目计算分摊利息支出或不能提供金融机构证明的,其允许扣除的房地产开发费用为:(取得土地使用权所支付的金额 + 房地产开发成本)×10% 以内。

上述计算扣除的具体比例,由各省、自治区、直辖市人民政府规定。

(4)与转让房地产有关的税金。是指在转让房地产时缴纳的营业税、城市维护建设税、印花税。因转让房地产交纳的教育费附加,也可视同税金予以扣除。但房地产开发企业缴纳的印花税因列入管理费用中,故在此不允许单独再扣除。

(5)其他扣除项目。对从事房地产开发的纳税人可按取得土地使用权所支付的金额与房地产开发成本金额之和,加计 20% 的扣除。

(6)旧房及建筑物的评估价格。是指在转让已使用的房屋及建筑物时,由政府批准设立的房地产评估机构评定的重置成本价乘以成新度折扣率后的价格。评估价格须经当地税务机关确认。

(二)应纳税额的计算

应纳税额 = Σ(每级距的土地增值额 × 适用税率)

或 = 增值额 × 适用税率 - 扣除项目金额 × 速算扣除系数

例 2:某房地产开发公司出售一幢住宅的销售收入为 1600 万元,已知该公司为取得土地使用权支付金额为 300 万元,投入的房地产开发成本为 200 万元,房地产开发费用中利息支出为 80 万元(不能够提供金融机构证明),与转让有关的税金 88 万元,公司所在地政府规定的房地产开发费用的计算扣除比例为 10% 。请计算该公司转让此楼应纳的土地增值税。

1. 计算增值额

扣除项目如下：

(1)取得土地使用权所支付的金额:300 万元；

(2)房地产开发成本:200 万元；

(3)房地产开发费用。按照税法的有关规定,凡不能按转让房地产项目计算分摊利息支出或不能提供金融机构证明的,房地产开发费用按(1)、(2)计算的金额之和的10%以内计算扣除：

(300 + 200) × 10% = 50 万元；

(4)与转让房地产有关的税金:88 万元；

(5)其他扣除项目。根据《实施细则》之规定,本案例中的纳税义务人为房地产开发公司,可以依法进行加计扣除：

(300 + 200) × 20% = 100(万元)

扣除项目金额合计:738(万元)

增值额 = 收入额 - 扣除项目金额 = 1600 - 738 = 862(万元)

2. 计算增值率(土地增值额与扣除项目金额的比例)

增值率 = 增值额 ÷ 扣除项目金额 × 100% = (862 ÷ 738) × 100% = 117%

由此可见,增值额超过扣除项目金额100%未超过200%,根据税率表确定适用税率为50%,速算扣除系数为15%。

3. 计算应纳税额

应纳土地增值税税额 = 增值额 × 适用税率 - 扣除项目金额 × 速算扣除系数

= 862 × 50% - 738 × 15%

= 320.3(万元)

例3:某单位有一幢旧楼房转让后,实现转让收入2600万元,随即依法缴纳了有关税金(税率为印花税0.05%,营业税5%,城建税7%,教育费附加3%),根据有关资料查实,该楼当时造价610万元,现经当地政府批准设立的房地产评估公司评定,确定其重置成本价格为2500万元,楼房现有五成新,根据有关规定转让以行政划拨方式取得的土地使用权补交出让金95万元,计算应纳土地增值税。

1. 计算增值额 。根据我国税法的有关规定,转让旧房时,应以房屋及建筑的评估价格、取得土地使用权所支付的地价款和按国家统一规定交纳的有关费用及在转让环节缴纳的有关费用及在转让环节缴纳的税金作为扣除项目金额计征土地增值税。评估价格须经当地税务机关确认。

扣除项目如下：

(1)取得土地使用权所支付的金额。按照税法的有关规定,该单位补交的划拨国有土地出让金95万元,即为取得土地使用权所支付的金额。

(2)房屋建筑物的评估价格:2500 × 50% = 1250(万元)

(3)可扣除的税金

①营业税、城市维护建设税及教育费附加：2600×5%×(1+7%+3%)=143(万元)

②印花税：2600×0.05%=1.3(万元)

税金合计：144.3 万元

(4)扣除项目金额合计：95+1250+144.3=1489.3(万元)

增值额=收入额-扣除项目金额=2600-1489.3=1110.7(万元)

2. 计算增值率(土地增值额与扣除项目金额的比例)

增值率=增值额÷扣除项目金额×100%=(1110.70÷1489.3)×100%=74.6%

由此可见，增值额超过扣除项目金额 50% 未超过 100%，根据税率表确定适用税率为 30%，速算扣除系数为 0 。

3. 计算应纳税额

应纳土地增值税税额=增值额×适用税率-扣除项目金额×速算扣除系数

=1110.7×30%=333.21(万元)

五、税收优惠

(一)纳税人建造普通标准住宅出售，增值额未超过扣除项目金额 20% 的。

(二)因国家建设需要依法征用、收回的房地产。

(三)个人因工作调动或改善居住条件而转让原自用住房，经向税务机关申报核准，凡居住满五年以上的，免予征收土地增值税；居住满三年未满五年的，减半征收土地增值税；居住未满三年的，按规定计征土地增值税。

六、纳税申报

纳税人应在转让房地产合同签订后的七日内，到房地产所在地主管税务机关办理纳税申报，并向税务机关提交房屋及建筑物产权、房产买卖合同，房地产评估报告及其他与转让房地产有关的资料。纳税人因经常发生房地产转让而难以在每次转让后申报的，经税务机关审核同意后，可以定期进行纳税申报，具体期限由税务机关根据情况确定。

纳税人在项目全部竣工结算前转让房地产取得的收入，由于涉及成本确定或其他原因，而无法据以计算土地增值税的，可以预征土地增值税，待该项目全部竣工、办理结算后再进行清算，多退少补。具体办法由各省、自治区、直辖市地方税务局根据当地情况制定。

根据国家税务总局《关于房地产开发企业土地增值税清算管理有关问题的通知》规定，从 2007 年 2 月 1 日起符合下列情形之一的纳税人应进行土地增值税的清算：

1. 房地产开发项目全部竣工、完成销售的；

2. 整体转让未竣工决算房地产开发项目的；

3. 直接转让土地使用权的。

符合下列情形之一的，主管税务机关可要求纳税人进行土地增值税清算：

1. 已竣工验收的房地产开发项目，已转让的房地产建筑面积占整个项目可售建筑面积的比例在 85% 以上，或该比例虽未超过 85%，但剩余的可售建筑面积已经出租或自用的；

2. 取得销售(预售)许可证满三年仍未销售完毕的;

3. 纳税人申请注销税务登记但未办理土地增值税清算手续的;

4. 省税务机关规定的其他情况。

各省税务机关可依据本通知的规定并结合当地实际情况制定具体清算管理办法。

第三节　印花税

印花税是对经济活动和经济交往中书立、使用、领受具有法律效力的经济凭证所征收的一种税。印花税是一种具有行为税性质的凭证税,凡发生书立、使用、领受应税凭证的行为,就必须履行纳税义务。因纳税人主要是通过在应税凭证上粘贴印花税票来完成纳税义务,故名印花税。它的基本法律依据是1988年8月国务院发布、同年10月实施的《中华人民共和国印花税暂行条例》。

一、纳税义务人

凡在我国境内书立、领受属于征税范围内所列凭证的单位和个人,都是印花税的纳税义务人。包括各类企业、事业、机关、团体、部队,以及中外合资经营企业、合作经营企业、外资企业、外国公司企业和其他经济组织及其在华机构等单位和个人。按照征税项目划分的具体纳税人是:

1. 立合同人。书立各类经济合同的,以立合同人为纳税人,所谓立合同人,是指合同的当事人。当事人在两方或两方以上的,各方均为纳税人。

2. 立账簿人。建立营业账簿的,以立账簿人为纳税人。

3. 立据人。订立各种财产转移书据的,以立据人为纳税人。

4. 领受人。领取权利证可证照的,以领受人为纳税人。

二、税目、税率

(一)税目

1. 购销合同。包括供应、预购、采购、购销结合及协作、调剂、补偿、易货等合同;还包括各出版单位与发行单位(不包括订阅单位和个人)之间订立的图书、报刊、音像征订凭证。

2. 加工承揽合同。包括加工、定做、修缮、印刷、广告、测绘、测试等合同。

3. 建设工程勘察设计合同。包括勘察、设计合同的总包合同、分包合同和转包合同。

4. 建筑安装工程承包合同。包括建筑、安装工程承包合同的总包合同、分包合同和转包合同。

5. 财产租赁合同。不包括企业与主管部门签订的租赁承包合同。

6. 货物运输合同。包括民用航空铁路运输、海上运输、内河运输、公路运输和联运合同,以及作为合同使用的单据。

7. 仓储保管合同。包括仓储、保管合同，以及作为合同使用的仓单、栈单等。

8. 借款合同。包括银行及其他金融组织和借款人（不包括银行同业拆借）所签订的借款合同。

9. 财产保险合同。包括财产、责任、保证、信用等保险合同，以及作为合同使用的单据。

10. 技术合同。包括技术开发、转让、咨询、服务等合同。但一般的法律、会计、审计等方面的咨询不属于技术咨询，其所立合同不贴印花。

11. 产权转移书据。是指单位和个人产权的买卖、继承、赠与、交换、分割等所立的书据，包括财产所有权、版权、商标专用权、专利权、专有技术使用权。

12. 营业账簿。是指单位或者个人记载生产经营活动的财务会计核算账薄。包括资金账簿和其他营业账簿。

13. 权利、许可证照。是政府授予单位、个人某种法定权利和准予从事特定经济活动的各种证照的统称。包括政府部门发给的房屋产权证、工商营业执照、商标注册证、专利证、土地使用证等。

（二）税率

1. 比率税率

(1) 适用0.05‰税率的为借款合同；

(2) 适用0.3‰税率的为购销合同、建筑安装工程承包合同、技术合同；

(3) 适用0.5‰税率的为加工承揽合同、建设工程勘察设计合同、货物运输合同、产权转移书据、营业账簿税目中记载资金的账簿；

(4) 适用1‰税率的为财产租赁合同、仓储保管合同、财产保险合同；

(5) 适用3‰税率的为股权转让书据。

应纳税额不足一角的，免纳印花税。应纳税额在一角以上的，其税额尾数不满五分的不计，满五分的按一角计算缴纳。财产租赁合同税额不足1元的，按1元贴花。

2. 定额税率 。在印花税的13个税目中，适用定额税率的是权利、许可证照和营业账簿税目中的其他账簿，单位税额均为每件5元。

在确定适用税率时，如果一份合同载有一个或几个经济事项的，可以同时适用一个或几个税率分别计算贴花。但属于同一笔金额或几个经济事项金额未分开的，应按其中一个较高税率计算纳税，而不是分别按多种税率贴花。

三、计税依据及应纳税额的计算

（一）计税依据

印花税根据不同征税项目，分别实行从价计征和从量计征两种征收方法。实行从价计征的以应税凭证上所记载的金额为计税依据，不得作任何扣除；实行从量计征的以应税凭证的件数为计税依据。

(1)购销合同的计税依据为购销金额。

(2)加工承揽合同的计税依据是加工或承揽收入的金额。

对于由受托方提供原材料的加工、定做合同,凡在合同中分别记载加工费金额和原材料金额的,应分别按“加工承揽合同”、“购销合同”计税,两项税额相加数,即为合同应贴印花;若合同中未分别记载,则应就全部金额依照加工承揽合同计税贴花。

对于由委托方提供主要材料或原料,受托方只提供辅助材料的加工合同,无论加工费和辅助材料金额是否分别记载,均以辅助材料与加工费的合计数,依照加工承揽合同计税贴花。对委托方提供的主要材料或原料金额不计税贴花。

例如,某公司受托加工制作广告牌,双方签订的加工承揽合同中分别注明加工费 40000 元,委托方提供价值 60000 元的主要材料,受托方提供价值 2000 元的辅助材料。则该公司此项合同计算缴纳印花税为:受托方收取的加工费 40000 元与辅助材料 2000 元的合计 42000 元按“加工承揽合同”0.5‰税率计税。

如果上例中,价值 60000 元的主要材料由受托方提供,则该公司此项合同计算缴纳印花税为:受托方收取的加工费 40000 元与辅助材料 2000 元的合计 42000 元按“加工承揽合同”0.5‰税率计税贴花;60000 元的主要材料按“购销合同”0.3‰税率计税。

(3)建设工程勘察设计合同的计税依据为勘察、设计收取的费用(即勘察、设计收入)。

(4)建筑安装工程承包合同的计税依据为承包金额。

(5)财产租赁合同的计税依据为租赁金额(即租金收入)。

(6)货物运输合同时的计税依据为取得的运输费金额(即运费收入),不包括所运货物的金额、装卸费和保险费等。

(7)仓储保管合同的计税依据为仓储保管的费用(即保管费收入)。

(8)借款合同的计税依据为借款金额。

(9)财产保险合同的计税依据为支付(收取)的保险费金额,不包括所保财产的金额。

(10)技术合同的计税依据为合同所载的价款、报酬或使用费。研究开发经费不作为计税依据。

(11)产权转移书据以书据中所载的金额为计税依据。

(12)记载资金的营业账簿,以实收资本和资本公积的两项合计金额为计税依据。凡资金账簿在次年度的实收资本和资本公积未增加的,对其不再计算贴花。

其他营业账簿以应税额凭证件数为计税依据。

(13)权利、许可证照,以应税额凭证件数为计税依据。

(二)应纳税额的计算

应纳税额 = 应税凭证所载金额(或应税凭证件数) × 适用税率

例 4:某企业 2005 年发生以下有关业务:领受《税务登记证》1 件,《房产证》、《土地使用证》各 2 件;实收资本比上年增加 400 万元;新设其他账簿 11 本;订立借款合同一份,贷款金额 600 万元,应付利息 50 万元;签订运输合同,载明运输费 15 万元、保管费 5 万元;签订购销合同5份,所载金额1000万元。计算该企业本年应纳的印花税。

(1)企业领受权利、许可证照

应纳税额 $=4\times5=20$(元)

(2)企业记载资金的账簿

应纳税额 $=4000000\times0.5‰=2000$(元)

(3)企业其他营业账簿

应纳税额 $=11\times5=55$(元)

(4)企业订立借款合同

应纳税额 $=6000000\times0.05‰=300$(元)

(5)企业签订运输、保管合同

应纳税额 $=150000\times0.5‰+50000\times1‰=125$(元)

(6)企业签订购销合同

应纳税额 $=10000000\times0.3‰=3000$(元)

本年企业应纳印花税额 $=20+2000+55+300+125+3000=5500$(元)

四、税收优惠

1. 对已缴纳印花税的凭证的副本或抄本免税。

2. 对财产所有人将财产赠给政府、社会福利单位、学校所立的书据免税。

3. 对国家指定收购部门与村民委员会、农民个人书立的农业产品收购合同免税。

4. 对无息、贴息贷款合同免税。

5. 对外国政府或国际金融组织向我国政府及国家金融机构提供优惠贷款所书立的合同免税。

6. 对房地产管理部门与个人订立的房租合同,凡房屋属于用于生活居住的,暂免贴花。

7. 对军事货物运输、抢险救灾物资运输,以及新建铁路临管线运输等的特殊货运凭证免税。

8. 对农牧业保险合同免税。

五、申报与缴纳

1. 纳税方法 印花税通常根据应纳税额的大小、贴花次数以及税收征管的需要,采取自行贴花、汇贴或汇缴、委托代征三种方法纳税。

2. 纳税环节 应纳税凭证应当于书立或者领受时贴花。具体是指,在合同签订时、账簿启用时和证照领受时贴花。

3. 纳税地点 印花税一般实行就地纳税。

小 结

目前我国开征的特定目的税类有城市维护建设税、土地增值税；开征的行为税类有印花税。本章是关于城市维护建设税、土地增值税、印花税的税收征收制度的介绍，主要介绍了城市维护建设税、土地增值税、印花税的纳税义务人、征税范围、税率、应纳税额的计算、税收优惠和申报缴纳。其中重点是各税种的纳税义务人、征税对象、税率、应纳税额的计算。难点是土地增值税的应纳税额的计算。

1. 城市维护建设税的纳税人是缴纳增值税、消费税、营业税的单位和个人，暂不包括缴纳的“三税”外商投资企业、外国企业。该税种按纳税人所在地的行政区划不同，分别设置了7%、5%、1%三档地区差别比例税率，应纳税额 = 实际缴纳的增值税、消费税、营业税税额×适用税率。

2. 土地增值税的纳税义务人为转让国有土地使用权、地上的建筑物及其附着物并取得收入的单位和个人，实行30%～60%的四级超率累进税率，应纳税额 = Σ(每级距的土地增值额×适用税率)或 = 增值额×适用税率 - 扣除项目金额×速算扣除系数。

3. 印花税的纳税义务人是在我国境内书立、领受属于征税范围内所列凭证的单位和个人，即立合同人、立账簿人、立据人、领受人。印花税采用比例税率和定额税率，税目、税率如下：借款合同适用0.05‰的税率；购销合同、建筑安装工程承包合同、技术合同适用0.3‰的税率；加工承揽合同、建设工程勘察设计合同、货物运输合同、产权转移书据、营业账簿税目中记载资金的账簿适用0.5‰的税率；财产租赁合同、仓储保管合同、财产保险合同适用1‰的税率；股权转让书据适用3‰的税率；权利、许可证照和营业账簿税目中的其他账簿适用每件5元的定额税率。应纳税额 = 应税凭证所载金额(或应税凭证件数)×适用税率。

※ 思考题

1. 什么是城市维护建设税？城市维护建设税的计税依据是什么？

2. 什么是土地增值税？土地增值税的征税范围和计税依据是什么？

3. 什么是印花税？印花税的纳税义务人是谁？印花税的征税范围和计税依据是什么？

※ 练习题

一、单项选择题

1. 城市维护建设税的纳税义务人不包括(　　)

A. 缴纳增值税的私营企业

B. 缴纳消费税的中外合资企业

C. 营业税、增值税和消费税的事业单位

D. 缴纳增值税和消费税的国有企业军事单位

2. 某纳税人位于市区，其适用的城市维护建设税税率为(　　)

A. 1%　　B. 3%　　C. 5%　　D. 7%

3. 下列各项中应征土地增值税的有(　　)

A. 房地产出租　　B. 房地产商销售住宅

C. 将住房赠与他人　　D. 将住房用于抵押

4. 纳税人如果不能按转让房地产项目计算分摊利息支出，其房地产开发费用按地价款加开发成本之和的( )计算扣除。

A. 5%之内　　B. 10%　　C. 10%以内　　D. 20%以内

5. 下列各项中，不属于印花税应税凭证的是(　　)

A. 产品加工合同　　B. 法律咨询合同

C. 技术开发合同　　D. 出版印刷合同

6. 某公司受托加工制作广告牌，双方签订的加工承揽合同中分别注明加工费40000元，委托方提供价值60000元的主要材料，受托方提供价值2000元的辅助材料。该公司此项合同应缴纳印花税(　　)

A. 20元　　B. 21元　　C. 38元　　D. 39元

7. 以下缴纳印花税的证照有(　　)

A. 商标注册证　　B. 银行开户许可证

C. 税务登记证　　D. 法人代码证

8. 甲方(某建设单位)与乙方(建筑公司)签订了一份经济合同，将建筑安装工程承包给乙方，总承包金额40000万元；乙又将项目的安装工程分包给丙方，签订了一份分包合同，分包工程款1000万元，则乙应交纳的印花税额是(　　)。

A. 12万元　　B. 15万元　　C. 20万元　　D. 25万元

9. 某企业转让旧房，在计算应纳土地增值税时，不得作为土地增值税的扣除项目是(　　)

A. 房屋及建筑物的评估价格

B. 取得土地使用权所支付的金额

C. 旧房的原值

D. 转让环节缴纳的税金

10. 按税法规定，纳税人建造一幢普通标准住宅出售，增值额未超过扣除项目金额(　　)的，免征土地增值税。

A. 5%　　B. 10%　　C. 15%　　D. 20%

二、辨析题

1. 由受托方代收代缴消费税的，应代收代缴的城市维护建设税按委托方所在地的适用税率计算。(　　)

2. 依照税法，除另有规定者外，对出口商品退还增值税消费税的，不退还已缴纳的城市维护建设税。(　　)

3. 纳税人建造标准住宅出售，增值额超过扣除项目金额20%的就其超过部分征税。

(　　)

4. 某市政府为加速发展本地经济,出让土地一块,取得收入2500万元,按规定此收入应征土地增值税。(　　)

5. 对从事房地产开发的纳税人可按取得土地使用权所支付的金额与房地产开发成本金额之和,加计20%的扣除。(　　)

6. 应税凭证,凡由两方或两方以上当事人共同书立的,其当事人各方都是印花税的纳税人,应各就其所持凭证的计税金额履行纳税义务。(　　)

7. 财产保险合同印花税的计税依据是保险费金额。(　　)

8. 印花税的应税合同包括所有合同。(　　)

9. 货物运输合同时的计税依据为取得的运输费金额,包括装卸费和保险费。(　　)

10. 在计算土地增值额时,房地产开发企业在管理费用中列支的印花税可单独从作为扣除项目予以扣除。(　　)

三、计算题

1. 某县城一生产企业为增值税一般纳税人。本期进口原材料一批,向海关缴纳进口环节增值税10万元;本期在国内销售甲产品缴纳增值税30万元、消费税50万元,由于缴纳消费税时超过纳税期限10天,被罚滞纳金1万元;本期出口一批乙产品,按规定退回增值税5万元。计算该企业本期应缴纳城市维护建设税。

2. 位于市区的某房地产开发公司销售商品房两幢,共取得转让收入7000万元,公司按税法规定缴纳了有关税金。已知该公司为土地使用权而支付的地价款和按国家统一规定交纳的有关费用为800万元,投入的房地产开发成本为2000万元,房地产开发费用200万元,其中按银行同期同类贷款利率计算的利息支出为100万元(能够按转让房地产项目计算分摊并提供金融机构证明)。另知公司所在地政府规定的其他房地产开发费用的计算扣除比例为5%,请计算该公司转让此楼应纳的土地增值税。

3. 某企业2007年度有关资料如下:

(1)实收资本比上年增加400万元;

(2)与银行签订1年期借款合同,借款金额400万元,年利率7%;

(3)与甲公司签订以货换货合同,本企业的货物价值400万元,甲公司的货物价值450万元;

(4)与乙公司签订受托加工合同,由本企业提供价值60万元的原材料、价值10万元的辅助材料并收取加工费20万元;

(5)领受《专利权证》、《土地使用证》各1件;新设其他账簿8本;

(6)与货运公司签订货运保管合同,载明运输费10万元(其中含装卸费1万元),保管费5万元;

(7)在上交所购买股票成交价500万元,出售股票成交价300万元;

(8)与律师事务所签定法律合同一份,年顾问费3万元。

要求:逐项计算该企业应缴纳的印花税。

四、案例分析

1. 某市区一事业单位将一幢旧楼房转让，实现转让收入3000万元，该房建于上世纪70年代，根据有关资料查实，该楼当时造价600万元，现经当地政府批准设立的房地产评估公司评定，确定其重置成本价格为2500万元，楼房现有六成新。由于旧房占地原来是行政划拨的，因此转让旧房时根据有关规定补交了国有土地出让金100万元。经查，该单位只缴纳了转让环节的营业税、城建税、印花税和教育费附加。请对该案例进行分析。

2. 某年6月，税务人员对某机械制造厂的加工、购销合同进行检查。企业的相关人员称没有签订合同。经税务人员向企业反复宣讲税收政策，企业交出购销合同、加工合同共25份。其中购销合同20份，合同总标的800万元，全部没有贴印花税票；委托加工合同5份，合同总标的150万元，只是按件贴印花5元。由此税务机关责令该厂3日内以缴款书方式汇总补缴税款，处以应补贴印花税票4倍的罚款，与所欠税款一并缴清。请对该案例进行分析。

3. 某公司在2005年增资后，其"实收资本"新增加1亿元，但在2006年初资金账簿开账时，集团公司认为资金账簿已缴纳过印花税了，没有就新增的实收资本计算缴纳印花税。某市地税稽查局在税务检查中，发现了该情况，要求该集团公司补缴了印花税5万元，滞纳金8千余元，并被罚款2万余元。那么，增资后增加注册资本应当补缴印花税吗？

9 第九章 税收征收管理

◆ 学习目标

我国的税收征收管理工作，是根据《中华人民共和国税收征收管理法》（简称《征管法》）进行的，即依法征收管理。本章以税收征管法为依据，介绍我国现行的税收征管制度和办法以及税务法律责任的相关内容。通过对本章的学习，要求掌握税收征收管理中的税务管理、税款征收、税务检查及法律责任的基本知识。

◇ 案例导入

某地税局接到匿名电话，举报某企业 1996 年有重大偷税行为，分局安排第三税务检查所任真、陈实前去稽查。2002 年 6 月 30 日检查组一行二人前往该厂进行税务稽查。该厂财务科长以检查组事先未发检查通知为由拒绝检查，后又以稽查员任真与该厂某职工为远方亲戚为由申请该同志回避。检查组同志一致认为企业的理由站不住脚，遂坚持要求企业配合检查，组长仍由任真同志担任。税务检查组 2002 年 6 月 30 日，检查该餐饮服务企业的纳税情况时发现，该企业 1996 年度采取隐瞒收入等手段，偷逃营业税税款 10 万元。据此，该检查组提出处理意见如下：（一）补税 8 万元；（二）依法加收滞纳金 3 万元；（三）处以偷税金额 0.5 倍的罚款 4 万元。补税罚款合计 15 万元。7 月 6 日，第三税务检查所根据税务检查组的意见下达了《税务处罚决定书》，填开税务处罚决定书交给其法人代表，责令该企业 10 日内补税 8 万元，缴纳罚款及其滞纳金 7 万元。由于企业拒收处罚决定书，税务人员直接将处罚决定书放在法人代表的办公室，并邀请当地国税局同志签字，以示证明。纳税人逾期未缴纳税款、罚款及其滞纳金。7 月 20 日，该所执行人员经县地税局局长书面批准，扣押该企业商品一批，价值约 20 万元。7 月 23 日，该企业缴纳 110000 元。地税局开具有关税收解交入库凭证，并解交入库。7 月 25 日，该所归还其商品，发现其中大约 30000 元的商品由于天气原因已经变质。纳税人于是以牙还牙，也强行扣押了税务机关的办公用车一部。7 月 30 日，企业口头电话向地税局申请复议。地税局电话通知纳税人第二天来法制科签字，未果。8 月 7 日，地税局以书面提交复议申请为由,作出拒绝受理的决定。8月10日,该企业向县人民法院提起诉讼。要求:①撤销税务行政处理决定,退还全部税款;②撤销税务行政处罚决定,③提出赔偿要求,要求税务机关赔偿直接损失30000元与影响生产经营的间接损失70000元。纳税人在本案中有哪些不当之处?第三税务稽查所在本案中又有哪些不当之处?

案例中企业的行为是税收征收管理过程中常见的问题,税务部门的处理必须依据《中华人民共和国税收征收管理法》进行,本章就将对税收征收管理工作进行具体阐述。

第一节　税收征收管理概述

一、税收征收管理的概念及意义

税收征收管理是国家征税机关依据国家税收法律、行政法规的规定,按照统一的标准,通过一定的程序,对纳税人应纳税额组织入库的一种行政活动,是国家将税收政策贯彻实施到每个纳税人,有效地组织税收收入及时、足额入库的一系列活动的总称。

税收征收管理作为国家的行政行为,一方面要维护国家的利益,另一方面要保护纳税人的合法权益不受侵犯。加强税收征收管理,对于完成税收收入计划,保证财政收入和实现对经济运行的调控及监督,促进我国社会主义市场经济的健康发展,都具有非常重要的意义和作用。

1. 税收征收管理可以使税收法律得到贯彻实施。
2. 税收征收管理可以实现税收财政职能。
3. 税收征收管理可以实现税收调控经济的职能。
4. 税收征收管理可以实现税收监督的职能。
5. 税收征收管理可以增强公民的纳税意识、提高纳税的自觉性。

二、税收征收管理的适用范围

我国税收的征收机关有税务、海关、财政等部门,税务机关征收各种工商税收,海关征收关税,农业税在部分地区由税务机关征收,部分地区由财政机关征收,税收征收管理只适用于由税务机关征收的各种税收的征收管理。

农业税征收机关负责征收的农业税、牧业税、耕地占用税、契税的征收管理,由国务院另行规定;海关征收的关税及代征的增值税、消费税,适用其他法律、法规的规定。

值得注意的是,目前还有一部分费由税务机关征收,如教育费附加。这些费不适用税收征收管理,不能采取税收征收管理规定的措施,其具体管理办法由各种费的条例和规章决定 。

三、税收征收管理权利和义务的设定

(一)税务机关和税务人员的权利和义务

1. 税务机关和税务人员的权利

(1)负责税收征收管理工作。

(2)税务机关依法执行职务,任何单位和个人不得阻挠。

2. 税务机关和税务人员的义务

(1)税务机关应当广泛宣传税收法律、行政法规,普及纳税知识,无偿地为纳税人提供纳税咨询服务。

(2)税务机关应当加强队伍建设,提高税务人员的政治业务素质。

(3)税务机关、税务人员必须秉公执法、忠于职守、清正廉洁、礼貌待人、文明服务,尊重和保护纳税人、扣缴义务人的权利,依法接受监督。

(4)税务人员不得索贿受贿、徇私舞弊、玩忽职守,不征或者少征税款;不得滥用职权多征税款或者故意刁难纳税人和扣缴义务人。

(5)各级税务机关应当建立、健全内部制约和监督管理制度。

(6)上级税务机关应当对下级税务机关的执法活动依法进行监督。

(7)各级税务机关应当对其工作人员执行法律、行政法规和廉洁自律准则的情况进行监督检查。

(8)税务机关负责征收、管理、稽查、行政复议的人员的职责应当明确,并相互分离、相互制约。

(9)税务机关应为检举人保密,并按照规定给予奖励。

(10)税务人员在核定应纳税额、调整税收定额、进行税务检查、实施税务行政处罚、办理税务行政复议时,与纳税人、扣缴义务人或者其法定代表人、直接责任人有下列关系之一的,应当回避:

夫妻关系;直接血亲关系;三代以内旁系血亲关系;近姻亲关系和可能影响公正执法的其他利益关系。

(二)纳税人、扣缴义务人的权利与义务

1. 纳税人、扣缴义务人的权利

(1)纳税人、扣缴义务人有权向税务机关了解国家税收法律、行政法规的规定以及与纳税程序有关的情况。

(2)纳税人、扣缴义务人有权要求税务机关为纳税人、扣缴义务人的情况保密。税务机关应当为纳税人、扣缴义务人的情况保密。

(3)纳税人依法享有申请减税、免税、退税的权利。

(4)纳税人、扣缴义务人对税务机关所作出的决定,享有陈述权、申辩权;依法享有申请行政复议、提起行政诉讼、请求国家赔偿等权利。

(5)纳税人、扣缴义务人有权控告和检举税务机关、税务人员的违法违纪行为。

2. 纳税人、扣缴义务人的义务

(1)纳税人、扣缴义务人必须依照法律、行政法规的规定缴纳税款、代扣代缴、代收代缴税款。

(2)纳税人、扣缴义务人和其他有关单位应当按照国家有关规定如实向税务机关提供与纳税和代扣代缴、代收代缴税款有关的信息。

(3)纳税人、扣缴义务人和其他有关单位应当接受税务机关依法进行的税务检查。

(三)地方各级人民政府、有关部门和单位的权利与义务

1. 地方各级人民政府、有关部门和单位的权利

(1)地方各级人民政府应当依法加强对本行政区域内税收征收管理工作的领导或者协调,支持税务机关依法执行职务,依照法定税率计算税额,依法征收税款。

(2)各有关部门和单位应当支持、协助税务机关依法执行职务。

(3)任何单位和个人都有权检举违反税收法律、行政法规的行为。

2. 地方各级人民政府、有关部门和单位的义务

(1)任何机关、单位和个人不得违反法律、行政法规的规定,擅自作出税收开征、停征以及减税、免税、退税、补税和其他与税收法律、行政法规相抵触的决定。

(2)收到违反税收法律、行政法规行为检举的机关和负责查处的机关应当为检举人保密。

第二节 税务管理

税务管理是在税收理论和实践中经常使用的高频词之一,但为法律所认可的是我国新税收《征管法》第二章的"税务管理",即自我税收征管的一个环节,其内容包括税务登记、纳税申报和账簿凭证管理等三个方面,也称基础管理。

一、税务登记

税务登记是税务机关对纳税人的生产、经营活动进行登记并据此对纳税人实施税务管理的一种法定制度。税务登记又称纳税登记,它是税务机关对纳税人实施税收管理的首要环节和基础工作,是征纳双方法律关系成立的依据和证明,也是纳税人必须依法履行的义务。

(一)开业登记

1. 办理开业登记的时间。从事生产、经营的纳税人应当自领取营业执照之日起三十日内,主动依法向税务机关申报办理登记。按照规定不需要领取营业执照的纳税人,应当自有关部门批准之日起三十日内或者自发生纳税义务之日起三十日内,主动依法向主管税务机关申报办理税务登记。

2. 办理开业登记的地点。纳税企业和事业单位向当地主管税务机关申报办理税务登记;纳税企业和事业单位跨县(市)、区设立的分支机构和从事生产经营的场所,除总机构向当地主管税务机关申报办理税务登记外,分支机构还应当向其所在地主管税务机关申报办理税务登记;有固定生产经营场所的个体工商业户向经营地主管税务机关申报办理税务登记;流动经营的个体工商户,向户籍所在地主管税务机关申报办理税务登记;对未领取营业执照从事承

包、租赁经营的纳税人,向经营地主管税务机关申报办理税务登记。

3. 办理开业登记的手续。纳税人必须提出书面申请报告,并提供下列有关证件、资料:

(1)营业执照;

(2)有关章程、合同、协议书;

(3)银行账号证明;

(4)法定代表人或业主居民身份证、护照或者回乡证等其他合法证件;

(5)总机构所在地税务机关证明;

(6)税务机关要求提供的其他有关证件、资料。

填报税务登记表,纳税人领取税务登记表或者注册税务登记表后,应当按照规定内容逐项如实填写,并加盖企业印章,经法定代表人签字或业主签字后,将税务登记表或者注册税务登记表报送主管税务机关。企业在外地设立的分支机构或者从事生产、经营的场所,还应当按照规定内容逐项如实填报总机构名称、地址、法定代表人、主要业务范围、财务负责人等。

领取税务登记证件,纳税人报送的税务登记表或者注册税务登记表和提供的有关证件、资料,经主管税务机关审核后,报有权税务机关批准予以登记的,应当按照规定的期限到主管税务机关领取税务登记证或者注册税务登记证及其副本,并按规定缴付工本管理费。

4. 开业税务登记的审批。税务机关应当自收到纳税人填报的税务登记表之日起30日内审核完毕,对符合规定条件的纳税人予以登记,核发税务登记证或注册税务登记证。对取得一般纳税人的认定资格的企业,税务机关还应在税务登记证副本首页上方加盖"增值税一般纳税人"确认专用章,作为领购增值税专用发票的凭证。

(二)变更税务登记

1. 变更条件。纳税人税务登记内容发生变化,有下列情况之一的,均应办理变更登记:改变单位名称、法定代表人或者业主姓名及其居民身份证、护照或者其他合法证件的号码;改变住所、经营地点;改变登记类型;改变核算方式;改变生产经营方式;改变生产经营范围;改变注册资金(资本)、投资总额;改变生产经营期限;改变财务负责人、联系电话(网址)。

2. 登记地点为原地方税务登记机关。

3. 变更登记期限及申报办理所需证件

(1)纳税人应当自工商行政管理机关变更登记之日起30日内,持下列证件、资料申报办理变更税务登记:①变更税务登记申请书;②工商登记变更表及工商营业执照;③纳税人变更登记内容的有关证明文件;④原税务登记证件(登记证正、副本和登记表等);⑤其他有关资料。

(2)纳税人按照规定不需要在工商行政管理机关办理变更登记,或者其变更登记的内容与工商登记内容无关的,应当自税务登记内容实际发生变化之日起30日内,或者自有关机关批准或者宣布变更之日起30日内,持下列证件申报办理变更税务登记:①变更税务登记申请书;②纳税人变更税务登记内容的有关证明文件③原税务登记证件(登记证正、副本和登记表等);④其他有关资料。

4. 税务机关对提交证件、资料齐全的纳税人，发给《税务登记变更表》；纳税人应如实填写并交回税务机关，税务机关应当场审核，符合规定的，即时办理。对提交证件、资料不齐全或登记变更表填写不符合规定的，税务机关应当场予以说明并一次性告知补正内容。

5. 变更税务登记的内容涉及税务登记证件需作更改的，税务机关收回原税务登记证件，并按变更后的内容，即时重新核发税务登记证件。

（三）停业、复业登记

1. 实行定期定额征收方式的纳税人需要停业的，应在停业前 7 个工作日内向税务机关提出停业申请，并如实填写《停业申请登记表》，说明停业理由、停业期限（不得超过一年）、停业前的纳税情况和发票的领、用、存情况。

2. 税务机关经过审核（必要时可实地审查），对已结清应纳税款、滞纳金、罚款并交回税务登记证件及副本、发票领购簿、未使用完的发票和其他税务证件的申请停业纳税人，即时办理停业登记，发放《核准停业通知书》。

3. 纳税人停业期满或提前恢复营业，应在恢复生产、经营前 5 个工作日内，向税务机关申报办理复业登记，如实填写《停、复业报告书》，税务机关确认后，制作《复业单证领取表》，纳税人确认签章后即时领回并启用税务登记证件、发票领购簿及其停业前领购的发票，纳入正常管理。

4. 纳税人停业期满不能及时恢复生产、经营的，应当在停业期满前填写《延期复业申请审批表》向税务机关提出延长停业登记申请，如实填写《停、复业报告书》，税务机关核准后发放《核准延期复业通知书》，方可延期。

5. 纳税人停业期满未按期复业又不申请延长停业的，税务机关视为已恢复营业，实施正常的税收征收管理。纳税人在停业期间发生纳税义务的，应当按照税收法律、行政法规的规定申报缴纳税款。

（四）注销登记

1. 注销条件、法定期限及登记地点

（1）纳税人发生解散、破产、撤销以及其他情形，依法终止纳税义务的，应当在向工商行政管理机关或者其他机关办理注销登记前，向原地方税务登记机关申报办理注销税务登记。按照规定不需要在工商行政管理机关或者其他机关办理注销登记的，应当自有关机关批准或者宣告终止之日起 15 日内，向原地方税务登记机关申报办理注销税务登记。

（2）纳税人被工商行政管理机关吊销营业执照或者被其他机关予以撤销登记的，应当自营业执照被吊销或者被撤销登记之日起 15 日内，向原地方税务登记机关申报办理注销登记。

（3）纳税人因住所、经营地点变动，涉及改变税务登记机关的，应当在向工商行政管理机关或者其他机关申请办理变更、注销登记前或者住所、经营地点变动前，向原主管税务登记机关申报办理注销税务登记，并自注销税务登记之日起 30 日内向迁达地税务机关申报办理税务登记。原主管税务登记机关在对其注销税务登记的同时，向迁达地税务机关递交《纳税人迁移通知书》,由迁达地税务机关重新办理税务登记。如遇纳税人已经或正在享受税收优惠待遇的,迁出地税务机关应当在迁移通知书上注明。

(4)境外企业在中国境内承包建筑、安装、装配、勘探工程和提供劳务的,应当在项目完工、离开中国前15日内,向原税务登记机关申报办理注销税务登记。

2. 纳税人办理注销税务登记时,应当向地方税务机关提交《注销税务登记申请表》、主管部门或董事会(职代会)的决议以及其他有关证明文件,结清应纳税款、多退(免)税款、滞纳金和罚款,缴销发票、税务登记证件和其他税务证件。

3. 经地方税务机关核准(原则上定期定额纳税人在缴清税款和发票后,即时予以核准;其他纳税人30个工作日内予以核准(有偷税、欠税的纳税人除外),办理注销税务登记手续,注销工作完毕,税务机关向纳税人发放《注销税务登记通知书》。

(五)扣缴税款登记

1. 法定期限:自扣缴义务人的扣缴义务发生之日起30日内。

2. 登记地点

(1)已办理税务登记的扣缴义务人向其办理税务登记的税务机关申报办理扣缴税款登记;

(2)根据税收法律、行政法规的规定可不办理税务登记的扣缴义务人向机构所在地的主管税务机关申报办理扣缴税款登记。

地方税务机关应当场审核扣缴义务人填报的登记表格、提供的证件和资料,对提供的证件、资料齐全且表格填写符合规定的,即时予以登记,发给扣缴税款登记证件(对已办理税务登记的扣缴义务人,在其税务登记证件上登记扣缴税款事项,不再发给扣缴税款登记证件);对提供的证件、资料不齐全或表格填写不符合规定的,应当场一次性告知补正内容。

(六)税务登记证件的管理和使用

纳税人办理下列事项时,必须持税务登记证件:开立银行账户;领购发票;申请减税、免税、退税;申请办理延期申报、延期缴纳税款;申请开具外出经营活动税收管理证明;办理停业、歇业等。

1. 地方税务机关对税务登记证件实行验证和换证制度。纳税人应当在税务机关规定的期限内持有关证件和资料到税务机关办理验证或换证手续。

2. 纳税人应当将税务登记证件正本在其生产、经营场所或者办公场所公开悬挂,接受税务机关检查。

3. 纳税人遗失税务登记证件或者扣缴义务人遗失扣缴税款登记证件,应当自遗失登记证件之日起15日内,书面报告税务机关,如实填写《税务登记证件遗失报告表》,并将纳税人的名称、登记证件名称、证件号码、证件有效期、发证机关名称在县级以上公开报刊上作遗失声明,凭报刊上刊登的遗失声明向税务机关申请补办登记证件。

4. 税务登记证件和扣缴税款登记证件不得转借、涂改、损毁、买卖或者伪造。

二、纳税申报

(一)纳税申报概述

纳税申报是纳税人按照税法规定的期限和内容,向税务机关提交有关纳税事项书面报告的法律行为,是纳税人履行纳税义务、界定纳税人法律责任的主要依据,是税务机关管理信息的主要来源和税务管理的重要制度。

纳税人和扣缴义务人都必须按照法定的期限和规定的内容办理纳税申报。除此之外,还应特别注意做到如实办理纳税申报,确保申报内容的准确性。

(二)纳税申报方式

纳税申报方式是指纳税人和扣缴义务人在发生纳税义务和代扣代缴、代收代缴义务后,在其申报期限内,依照税收法律、行政法规的规定到指定税务机关进行申报纳税的形式。具体来说,有以下几种申报方式:

1. 自行申报。纳税人、扣缴义务人按照规定的期限自行到税务机关办理纳税申报手续,是一种传统的申报方式。

2. 邮寄申报。经税务机关批准,纳税人、扣缴义务人使用统一规定的纳税申报特快专递信封,通过邮政部门办理交寄手续,并向邮政部门索取收据作为申报凭证。

3. 电文申报。数据电文,是指税务机关批准的纳税人经由电子手段、光学手段或类似手段生成、储存或传递信息的电子方式。这些手段包括电话语音、电子数据交换和网络传输等。

4. 代理申报。纳税人、扣缴义务人可以委托注册税务师办理纳税申报。

(三)纳税申报时应报送的资料

纳税申报表;财务会计报表及其说明材料;与纳税有关的合同、协议书及凭证;税控装置的电子报税资料;外出经营活动税收管理证明和异地完税证明;境内或者境外公证机构出具的有关证明文件;地税机关规定报送的其他有关证件、资料。

扣缴义务人申报应报送的材料:代扣代缴、代收代缴税款报告表;代扣代缴、代收代缴税款的合法凭证;地方税务机关规定的其他有关证件、资料。

(四)延期申报

延期申报是指纳税人、扣缴义务人不能按照税法规定的期限办理纳税申报或扣缴税款报告。凡纳税人因不可抗力或财务处理的特殊原因需要延期申报纳税的,税务机关本着保护纳税人、扣缴义务人合法权益的原则,经纳税人在法定的纳税期限之前提出书面延期申请后,经税务机关核准,可在核准的期限内办理。凡纳税人和扣缴义务人完全出于主观原因或有意拖缴税款而不按期办理纳税申报的,应按照税法的有关规定给予处罚。

（五）纳税申报违章处理

纳税人未按照规定的期限办理纳税申报，或者扣缴义务人未按规定期限向税务机关报送代扣代缴、代收代缴报告表（含零申报）的，由主管税务机关发出《责令限期改正通知书》和《税务行政处罚事项告知书》，告知纳税人改正内容和处罚事项，纳税人无异议的，主管征收机关送达《税务行政处罚决定书》，按照规定的处罚标准处罚。税务机关责令限期改正，可以处以2000元以下的罚款；逾期不改正的，可以处以2000元以上10000元以下的罚款。

三、账簿、凭证管理制度

（一）账簿、凭证管理

1. 设置账簿的范围

（1）纳税人、扣缴义务人应当按照有关法律、行政法规和国务院财政、税务主管部门的有关规定，从领取营业执照或者发生纳税义务之日起15日内按规定设置账簿（包括总账、明细账、日记账以及其他辅助性账簿），根据合法、有效凭证记账和核算。

（2）生产经营规模小又确无建账能力的纳税人，可聘请经批准从事会计代理记账业务的专业机构或者经税务机关认可的财会人员代为建账和办理账务。聘请上述机构或者人员有实际困难的，经过县以上税务机关批准，可以按照规定建立收支凭证粘贴簿，进货销货登记簿或者使用税控装置。

（3）扣缴义务人应当按照法律、行政法规规定的扣缴义务发生之日起10日之内，按照所代扣代征的税种分别设置代扣代缴、代收代缴账簿。

2. 备案制度。纳税人的财务、会计制度或者财务、会计处理方法和会计核算软件，应当在办理税务登记证件之日起15日内报送主管税务机关备案。

3. 财会制度处理。纳税人、扣缴义务人的财务会计制度或者财务、会计处理方法与国务院或者国务院财政、税务主管部门有关税收的规定相抵触的，应当按照税法和国务院或者国务院财政、税务主管部门有关税收的规定计算应纳税款、代扣代缴和代 收代缴税款。

账本、会计凭证和报表，应当使用中文，外商投资企业和外国企业可以同时使用一种外国文字。

4. 账簿、凭证的保存和管理。纳税人、扣缴义务人应当按照财政部和税务总局规定的保管期限保管账簿、记账凭证、完税凭证、发票、出口凭证及其他有关涉税资料，一般规定保存期为10年；账簿、记账凭证、完税凭证、发票、出口凭证及其他有关涉税资料不得伪造、变造或者擅自损毁。

（二）发票的管理

1. 发票的印制。省、自治区、直辖市税务机关对发票印制实行统一管理。发票由省、自治区、直辖市税务机关指定的企业印制，增值税专用发票由税务总局统一印制，禁止私自印制、伪造、变造发票;发票应当套印全国统一发票监制章,全国统一发票监制章的式样和发票版面印刷的要求,由税务总局规定;发票监制章由省、自治区、直辖市税务机关制作,禁止伪造发票监制章;发票实行不定期换版制度。

2. 发票的领购。依法办理税务登记的单位和个人申请领购发票,应当提出购票申请,提供经办人身份证明、税务登记证件或者其他有关证明,以及财务印章或者发票专用章的印模,经主管税务机关审核后 ,发给发票领购簿。领购发票的单位和个人凭发票领购簿核准的种类、数量以及购票方式,向主管税务机关领购发票。

临时到本省、自治区、直辖市以外从事经营活动的单位或者个人,应当凭所在地税务机关的证明,向经营地税务机关申请领购经营地的发票。对外省、自治区、直辖市来本地从事临时经营活动的单位和个人申请领购发票的,可以要求其提供保证人或者根据所领购发票的票面限额及数量交纳不超过10000万的保证金,并限期缴销发票。

3. 发票的开具。销售商品、提供服务以及从事其他经营活动的单位和个人,对外发生经营业务收取款项,收款方应当向付款方开具发票;特殊情况下,由付款方向收款方开具发票。开具发票应当按照规定的时限、顺序,逐栏、全部联次一次性如实开具,并加盖单位财务印章或者发票专用章。任何单位和个人不得转借、转让、代开发票,未经税务机关批准,不得折本使用发票;不得自行扩大专业发票使用范围。开具发票后,如发生销货退回需开红字发票的,必须收回原发票并注明“作废”字样或取得对方有效证明;发生销售折让的,在收回原发票并证明“作废”后,重新开具发票。

4. 发票的保管。开具发票的单位和个人应当建立发票使用登记制度,设置发票登记簿,并定期向主管税务机关报告发票使用情况。

发票应当按照税务机关的规定存放和保管,不得擅自损毁。已经开具的发票存根联和发票登记簿,应当保存五年。保存期满,报经税务机关查验后销毁。

5. 发票的检查。税务机关在发票管理中有权进行下列检查:检查印制、领购、开具、取得和保管发票的情况;调出发票查验;查阅、复制与发票有关的凭证、资料;向当事各方询问与发票有关的问题和情况;在查处发票案件时,对与案件有关的情况和资料,可以记录、录音、录像、照相和复制。

(三)税控管理

税控管理是税收征收管理的一个重要组成部分,也是近期提出来的一个崭新的概念。它是指税务机关利用税控装置对纳税人的生产经营情况进行监督和管理,以保障税收收入,防止税款流失,提高税收征管工作效率,降低征收成本的各项活动的总称。这里所说的税控装置是指为遏止在交易过程中实施作弊行为而达到有效控制税源的目的,正确反映纳税人收入情况,保证计税依据和有关数据的正确生成、安全传递及可靠存储,并能实现税收控制、管理的器具和支持该器具的管理系统。

根据税收征收管理的需要,积极推广和使用税控装置。纳税人应当按照规定安装、使用税控装置,税控装置为税务机关专用控管装置,未经主管税务机关批准,任何单位和个人不得以任何理由和方式出售、出租或转让税控装置。推广使用税控装置,加强税控管理,这是社会主义市场经济不断发展的客观需要,也是税收征收管理为适应现代化信息技术、电子技术不断发展的客观需要。

第三节　税款征收

税款征收制度是指税务机关按照税法规定将纳税人应纳的税款收缴入库的法定制度。它是税收征收管理工作中的中心环节,是全部税收征管工作的目的和归宿,在整个税收工作中占据极其重要的地位,直接关系到税收能否及时、足额的入库。

一、税款征收方式

科学合理的税款征收方式是确保税款顺利足额征收的前提条件。由于各类纳税人的具体情况不同,因而税款的征收方式也应有所区别。税款征收方式主要有以下几种:

1. 查账征收。查账征收,是指纳税人在规定的期限内根据自己的财务报告表或经营成果,向税务机关申报应税收入或应税所得及纳税额,并向税务机关报送有关账册和资料,经税务机关审查核实后,填写纳税缴款书,由纳税人到指定的银行缴纳税款的一种征收方式。因此,这种征收方式比较适用于财务会计制度比较健全,能够认真履行纳税义务的纳税单位。

2. 查定征收。查定征收,是指由税务机关通过按期查实纳税人的生产经营情况则确定其应纳税额,分期征收税款的一种征收方式。这种征收方式主要适用于对生产经营规模小,账册不够健全,但是能够控制原材料或进销货的纳税单位。

3. 查验征收。查验征收,是指税务机关对某些难以进行源泉控制的征税对象,通过查验证照和实物,据以确定应征税额的一种征收方式。在实际征管工作中,这种方式又分就地查验征收和设立检查站两种形式。这种方式一般适用于经营品种比较单一,经营地点、时间和商品来源不固定的纳税单位。

4. 定期定额征收。定期定额征收,是指税务机关根据纳税人的生产经营情况,按税法规定直接核定其应纳税额,分期征收税款的一种征收方式。这种征收方式主要适用于一些没有记账能力,无法查实其销售收入或经营收入和所得额的个体工商户。

5. 委托代征。委托代征是指税务机关委托代征人以税务机关的名义征收税款,并将税款缴入国库的方式。一般适用于小额、零散税源的征收。

6. 邮寄纳税。邮寄纳税是一种新的纳税方式。这种方式主要适用于那些有能力按期纳税,但采用其他方式纳税又不方便的纳税人。

7. 其他方式。如:利用网络申报、用 IC 卡纳税等方式。

二、税款征收制度

(一)税款征收的基本规定

税务机关依照法律、行政法规的规定征收税款,不得违反法律、行政法规的规定开征、停征、多征、少征、提前征收、延缓征收或者摊派税款。农业税应纳税额按照法律、行政法规的规定核定。除税务机关、税务人员以及经税务机关依照法律、行政能够法规委托的单位和人员外,任何单位和个人不得进行税款征收活动。

扣缴义务人依照法律、行政法规的规定履行代扣、代收税款的义务。对法律、行政法规没有规定负有代扣、代收税款义务的单位和个人,税务机关不得要求其履行代扣、代缴义务。扣缴义务人依法履行代扣、代缴税款义务时,纳税人不得拒绝。纳税人拒绝的,扣缴义务人应当及时报告税务机关处理。税务机关按照规定付给扣缴义务人代扣、代收手续费。

纳税人、扣缴义务人按照法律、行政法规规定或者税务机关依照法律、行政法规的规定确定期限,或者解缴税款。纳税人因有特殊困难,不能按期缴纳税款的,经省、自治区、直辖市税务局、地方税务局批准,可以延期缴纳税款,但是最长不得超过 3 个月。纳税人未按照规定期限缴纳税款的,扣缴义务人未按照规定期限解缴税款的,税务机关除责令限期缴纳外,从滞纳税款之日起,按日加收滞纳税款万分之五的滞纳金。拒绝缴纳滞纳金的,可以按不履行纳税义务实行强制执行措施,强行划拨或者强制征收。

纳税人可以依照法律、行政法规的规定书面申请减税、免税。减税、免税的申请须经法律、行政法规规定的减税、免税审查批准机关审批。

税务机关征收税款时,必须给纳税人开具完税凭证。扣缴义务人代扣、代收税款时,纳税人要求扣缴义务人开具代扣、代收税款凭证的,扣缴义务人应当开具。

(二)税额核定制度和税收调整制度

1. 税额核定制度。纳税人有下列情形之一的,税务机关有权核定其应纳税额:

(1)依照法律、行政法规的规定可以不设置账簿的;

(2)依照法律、行政法规的规定应当设置账簿但未设置的;

(3)擅自销毁账簿或者拒不提供纳税资料的;

(4)虽设置账簿,但账目混乱或者成本资料、收入凭证、费用凭证残缺不全,难以查账的;

(5)发生纳税义务,为按照规定的期限办理纳税申报,经税务机关责令限期申报,逾期仍不申报的;

(6)纳税人申报的计税依据明显偏低,又无正当理由的。

2. 税收调整制度。企业或者外国企业在中国境内设立的从事生产、经营的机构、场所与其关联企业之间的业务往来,应当按照独立企业之间的业务往来收取或者支付价款、费用;不按照独立企业之间的业务往来收取或者支付价款、费用,而减少其应纳税的收入或者所得额的,税务机关有权进行合理调整。

(三)未办理税务登记的从事生产、经营的纳税人,以及临时从事经营的纳税人的税款征收制度

对未按照规定办理税务登记的从事、经营的纳税人以及临时从事经营的纳税人,由税务机关核定其应纳税额,责令缴纳;不缴纳的,税务机关可以扣押其价值相当于应纳税款的商品、货物。扣押后缴纳应纳税款的,经县以上税务局(分局)局长批准,依法拍卖或者变卖所扣押的

商品、货物,以拍卖或者变卖所得抵缴税款。

(四)税收保全措施

税务机关有根据认为从事生产、经营的纳税人有逃避纳税义务的行为的,可以在规定的纳税期之前,责令限期缴纳应纳税款;在限期内发现纳税人有明显的转移、隐匿其应纳税的商品、货物以及其他财产或者应纳税的收入的迹象的,税务机关可以责成纳税人提供纳税担保。如果纳税人不能提供纳税担保,经县以上税务局(分局)局长批准,税务机关可以采取下列税收保全措施:

(1)书面通知纳税人开户银行或者其他金融机构冻结纳税人的金额相当于应纳税款的存款。

(2)扣押、查封纳税人的价值相当于应纳税款的商品、货物或者其他财产。

纳税人在规定的期限内缴纳税款的,税务机关必须立即解除税收保全措施;限期期满仍未缴纳税款的,经县以上税务局(分局)局长批准,税务机关可以书面通知纳税人开户银行或者其他金融机构从其冻结的存款中扣缴税款,或者依法拍卖或者变卖所扣押、查封的商品、货物或者其他财产,以拍卖或者变卖所得抵缴税款。

个人及其所扶养家属维持生活必须的住房和用品,不在税收保全措施的范围之内。

纳税人在限期内已缴纳税款,税务机关未立即解除税收保全措施,使纳税人的合法利益遭受损失的,税务机关应当承担赔偿责任。

(五)税收强制执行措施

从事生产经营的纳税人、扣缴义务人未按照规定的期限缴纳或者解缴税款,纳税担保人未按照规定的期限缴纳所担保的税款,由税务机关责令限期缴纳,逾期仍未缴纳的,经县以上税务局(分局)局长批准,税务机关可以采取下列强制执行措施:

(1)书面通知其开户银行或者其他金融机构从其存款中扣缴税款。

(2)扣押、查封、依法拍卖或者变卖其价值相当于应纳税款的商品、货物或者其他财产,以拍卖或者变卖所得抵缴税款。

税务机关采取强制执行措施时,对纳税人、扣缴义务人、纳税担保人未缴纳的滞纳金同时强制执行。

个人及其所扶养家属维持生活必需的住房和用品,不再强制执行措施的范围之内。

采取税收保全措施、强制执行措施的权力,不得由法定的税务机关以外的单位和个人行使。

税务机关采取税收保全措施和强制执行措施必须依照法定权限和法定程序,不得查封、扣押纳税个人及其所抚养家属维持生活必需的住房和用品。

税务机关滥用职权违法采取税收保全措施、强制执行措施,或者采取税收保全措施、强制执行措施不当,使纳税人、扣缴义务人或者纳税担保人的合法权益遭受损失的,应当依法承担赔偿责任。

（六）欠税清缴制度

阻止出境，欠缴税款的纳税人或者他的法定代表人需要出境的，应当在出境前向税务机关结清应纳税款、滞纳金或者提供担保。为结清税款、滞纳金，又不提供担保的，税务机关可以通知出境管理机关阻止其出境。

税务机关征收税款，税收优先于无担保债权，法律另有规定的除外；纳税人欠缴的税款发生在纳税人以其财产设定抵押、质押或者纳税人的财产被留置之前的，税收应当先于抵押权、质权、留置权执行。

纳税人欠缴税款，同时又被行政机关决定处以罚款、没收违法所得的，税收优先于罚款、没收违法所得。

纳税人有欠税情形而以其财产设定抵押、质押的，应当向抵押权人、质权人说明其欠税情况。抵押权人、质权人可以请求税务机关提供有关的欠税情况。

税务机关扣押商品、货物或者其他财产时，必须开付收据；查封商品、货物或者其他财产时，必须开付清单。

纳税人有合并、分立情形的，应当向税务机关报告，并依法缴清税款。纳税人合并时未缴清税款的，应当由合并后的纳税人继续履行未履行的纳税义务；纳税人分立时未缴清税款的，分立后的纳税人对未履行的纳税义务应当承担连带责任。

欠缴税款数额较大的纳税人在处分其不动产或者大额资产之前，应当向税务机关报告。

欠缴税款的纳税人因怠于行使到期债权，或者放弃到期债权，或者无偿转让财产，或者以明显不合理的低价转让财产而受让人不知道该情形，对税收造成损害的，税务机关可以依照《合同法》第 73 条、第 74 条的规定行使代位权、撤销权。

税务机关依照规定行使代位权、撤销权的，不免除欠缴税款的纳税人尚未履行的纳税义务和应承担的法律责任。

（七）税款的退还和追征制度

1. 税款的退还。纳税人超过应纳税额缴纳的税款，税务机关发现后应当立即退还；纳税人自结算纳税款之日起 3 年内发现的，可以向税务机关要求退还多缴的税款并加算银行同期存款利息，税务机关及时查实后应当立即退还；涉及从国库中退库的，依照法律、行政法规有关国库管理的规定退还。

2. 税款的追征。因税务机关的责任，致使纳税人、扣缴义务人未缴或者少缴税款的，税务机关在 3 年内可以要求纳税人、扣缴义务人补缴税款，但是不得加收滞纳金。因纳税人、扣缴义务人计算错误等失误，未缴或者少缴税款的，税务机关在 3 年内可以追征税款、滞纳金；上述税款在追缴期限内累计数额在 10 万元以上的，追征期可以延长到 5 年。对偷税、抗税、骗税的，税务机关追征其未缴或者少缴的税款、滞纳金或者所骗取的税款，不受前款规定期限的限制。

第四节　税务检查

税务检查是税务机关依据税收法律、法规和财务会计制度的规定，审查和监督纳税人、扣缴义务人履行纳税义务和代扣代缴、代收代缴税款义务情况的一项管理制度。税务检查是税收征收管理工作的重要步骤和环节。通过检查，可以核实并惩治纳税人的违法犯罪行为，也可以发现并堵塞税务机关的执法漏洞，对保证做好税务管理和税款征收工作具有重大的作用。

一、税务检查双方的权利和义务

（一）纳税人和扣缴义务人的权利

对未出示税务检查证和税务检查通知书的，被检查人有权拒绝检查。

（二）纳税人和扣缴义务人的义务

纳税人、扣缴义务人必须接受税务机关依法进行的税务检查，如实反映情况，提供有关资料，不得拒绝隐瞒。

（三）税务机关和税务人员的权利

1. 税务机关有权依法进行税务检查。

2. 税务机关对从事生产、经营的纳税人以前纳税期的纳税情况依法进行税务检查时，发现纳税人有逃避纳税义务行为，并有明显的转移、隐匿其应纳税的商品、货物以及其他财产或者应纳税的收入的迹象的，可以按法定批准权限采取税收保全措施或者强制执行措施。

3. 税务机关依法进行税务检查时，有权向有关单位和个人调查纳税人、扣缴义务人和其他当事人与纳税或者代扣代缴、代收代缴税款有关的情况，有关单位和个人有义务向税务机关如实提供有关资料及证明材料。

4. 税务机关调查税务违法案件时，对与案件有关的情况和资料，可以记录、录音、录像、照相和复制。

（四）税务机关和税务人员的义务

税务机关派出的人员进行税务检查时，应当出示税务检查证和税务检查通知书，并有责任为被检查人保守秘密。

二、税务检查的原则

税务检查税务管理过程中的一个重要环节，不仅关系到利益，而且还关系到纳税人的切身利益，同时还涉及许多经济和法律问题。进行税务检查，一般要坚持以下原则：

（一）依法治税

坚持依法治税是税务机关做好税收工作的永恒的主题，这个主题也是我国坚持依法治国的一个方面。纳税检查必须以税收法律、法规为准绳，以的有关经济政策和有关财务制度为依据，才能顺利进行。同时，纳税人也只有依法进行税收的会计核算，依法配合税务机关进行税务管理，从而正确处理纳税人与的利益关系，纳税人与税务机关才有一个共同的行为准则。否则彼此就无法进行协调，税务管理也就无法顺利进行。

（二）实事求是

税务检查人员只有坚持实事求是的原则，才能掌握第一手资料，取得大量的违法事实，从而查明问题产生的原因及其规律，最终做出正确的结论。而从纳税人的角度来说，也只有坚持实事求是的原则，对有关经济业务，按照会计制度的规定和财务制度的标准，实事求是的进行会计核算，在进行纳税申报过程中，对有关经济事项再根据有关税法的规定，实事求是的进行纳税调整，才能够做到正确处理纳税人与的利益关系。

（三）与有关部门配合

税收执法是一项综合性很强的社会管理活动，因此，税务机关地进行纳税检查过程中，应根据税收征管法的有关规定，取得有关部门配合，如与工商行政管理部门、公安、银行、交通、邮电、铁路等部门协同进行管理。从而建立一个良好的税收法律环境。有关部门也应该依法给予配合，共同维护利益，为维护市场经济秩序作出应有的贡献。当然，建立良好的税收法治环境也离不开纳税人作为税务管理主体的积极有效的配合和协作。

（四）规范、合理、高效

首先，税务检查必须坚持规范的原则，因为如果税务检查不规范，经济活动就无以健康发展。税务机关进行税务检查应依照法定权限和法字程序，运用税收法律法规，进行检查和处理。其次，税务检查还要坚持合理的原则，在具体操作过程中掌握一个合理的尺度，否则，经济活动也将难以适应。比如，同一级税务机关在一个纳税年度内不能对同一个纳税人反复多次检查等。再次，税务检查应坚持高效原则，方便、快捷、及时地发现和打击税收违法行为，从而达到教育纳税人的目的。另一方面，税务检查坚持规范、合理、高效，也是维护纳税人合法权益的一个重要体现，纳税人可以根据规范、统一、权威的税收法律规定合理地安排生产经营管理活动。

（五）稽查机构的专业检查与征收管理部门的专项检查相结合

目前，在我国的大多数地区，税务机关实行的是两级检查机制，即税收征管部门的管理性检查和税务稽查部门的专业性检查，两者的分工是：征管部门检查和评估当年企业的纳税情况，税务稽查部门检查企业以往年度的纳税情况，但是，特殊情况下，经批准也有可能出现交叉检查。因此,专业检查要与专项检查有机地结合起来,从而在提高税务机关内部的管理效率的同时,尽量避免妨碍纳税人的政党生产和经营活动。

(六)坚持专业化分工和监督制约

税务机关内部按照稽查的程序和分工,互相配合、互相制约,既保证了税务检查工作准确、有效地进行,又保证了税收法律、法规得以贯彻执行,防止执法失准,损害纳税人的正当权益。

(七)处罚与教育相结合

对存在违法行为的纳税人进行处罚,目的是要对其进行教育,而不是为处罚而处罚,所以,对纳税人进行教育,即是税务机关的义务,也是保护纳税人合法权益的需要。

三、税务检查的方法和程序

(一)税务检查的程序也称税务检查步骤

税务检查的程序也称税务检查步骤。通常分为三个阶段,即"检查的准备阶段"、"检查的实施阶段"、"检查的终结阶段"。

1. 税务检查准备阶段的工作程序

第一,下达检查通告。各级税务部门的检查计划确定后,一般由县级以上的(含县级)税务部门的负责人用指令方式委派检查人员,并于进户检查前签发《税务检查通知书》、《税务检查通知书》一式三份,一份送主管征收局,一份送交被查单位及个人,一份留存。

第二,查前业务培训。检查人员查前要根据检查的对象、范围,有针对性地选择学习有关的税收政策和财会制度。

第三,制定检查方案。检查人员在查前要根据检查工作的需要以及纳税单位的实际情况,制定详细的检查方案,明确被检查单位的名称、拟定检查的时间、检查税种、日程安排、人员分工和检查方法。

第四,收集检查资料。各检查小组在进入纳税单位进行检查前,先要从有关单位调阅纳税单位的档案,熟悉了解被查单位的自然情况、生产情况、财务情况、纳税情况、财会人员素质、核算质量、审查分析财务计划、会计决算报表和纳税申报表、纳税鉴定、纳税缴款书,以及税务机关历次检查和单位自查所发现的问题。

2. 税务专业检查的实施阶段的工作程序

(1)说明检查事项。税务检查人员到户后,要主动向纳税人员出示税务检查证。对保密单位要出示特别税务检查证,然后就检查的有关事宜向被查单位作以介绍和交代。

(2)检查账簿凭证。在检查过程中,税务检查人员要使用统一的检查文书,并由检查人员签名盖章以示负责。检查文书不得销毁,一律与其他检查资料一起装订入卷。检查人员在审阅账簿和凭证时,对遇到的可疑问题,应随时做好记录,并针对问题的性质,进行调查核对。检查开始后,检查人员首先要对所检查的账簿、凭证进行登记,注明本次检查的账簿名称、账户名称、页次、凭证号码及起止日期、检查人、检查日期、检查期限等。

对在账簿、凭证中发现的问题，要在检查工作底稿上摘录下来，或制成抄件注明发生的日期及原始凭证号码，进行追踪检查。不论是否发现问题都要在检查工作底稿上标明。

对账簿、凭证的检查，一般可采用序时记录的方式，对其他事项的检查可采取事项记录方式。

对于检查账簿、凭证不能解决的问题，检查人员应深入车间、仓库、工地、门市部等部门，向有关人员调查，并且查阅原始记录、盘点实物与账簿、凭证核对。

3. 税务专业检查的终结阶段的工作程序

第一，填写税务检查报告。对检查出的偷漏税问题，与企业有关人员交换意见，逐笔落实。然后填制税务检查报告表，并附以必要的文字说明。填写税务检查报告表的基本要求是：税务违法行为的事实、情节、手段清楚；原因、责任分明；数字准确，语言简练。《税务检查报告表》形成后，交企业领导和有关人员核对并签字。

第二，发现税务违章问题及时立案，并按照查处违章案件办法及本办法的有关规定办理。

第三，下达检查处理决定。检查全部结束后，根据领导签批意见，以书面的形式对被查单位下达检查处理决定。包括：被查单位的简要基本情况；被查单位的违章手段及事实；处理依据和处理决定；通告被查单位调整账务；告知被查单位申诉和复议事项等。

第四，定案处理问题。税务检查结束后，检查人员要组织税款入库。对检查出来的偷税、骗税，故意拖欠税款及滞纳金、罚款，要根据职责分工，移交有关部门组织入库或自行入库，构成犯罪的应移交司法机关处理；针对检查中发现的问题，向有关部门提出改进征管工作的具体建议；最后整理检查资料，将检查文书及有关资料，编写目录，建立“检查卷宗”分类编号，归档存查。

（二）税务检查的工作方法

税务检查是一项技术性很强的工作，因此，要使税务检查工作取得较好成果，必须有一套行之有效的方法。税务检查方法主要有：

1. 按照税务检查的内容和范围，可分为“全查法”和“抽查法”。

“全查法”又称为“详查法”。它是对企事业单位被查期间的所有凭证、账册和报表全部详细地检查核实的一种方法，这种方法通常适用于经济业务比较简单和会计核算不够健全及财务制度比较混乱的企业。采用此种方法检查，易于发现问题，能够全面和深入地了解企业的情况，检查结论也比较可靠。但是这种检查方法工作量大，往往受主客观条件的限制，难以普遍应用。特别是对于那些资产规模大的联合企业和业务比较复杂的企业单位，要想进行全面的检查，必须投入相当多的力量。

“抽查法”又称“选查法”，是有选择地抽取某些内容或一定范围、期间的账目及报表的抽查核实的一种方法。这种方法适用于会计核算比较健全的企业。由于采取了科学的选择，抓住了重点，有目的的进行抽查，可以省时省力，效果明显。但是，由于抽查法是有重点地选择检查，易于忽视某个方面的检查，如果在实践中发现比较复杂、涉及单位比较多，时间较长的问题，可以再根据实际情况运用详查法。

2. 按照税务检查与会计核算程序，可分为“顺查法”和“逆查法”。

“顺查法”又称“正查法”，它是顺着会计核算程序，由查核会计凭证到进而审核会计报表的一种检查方法。通常适用于借助原始凭证和账簿，来核对采购物资和费用开支中的应税项目、代扣税金以剔除那些不合理的或扩大开支范围、提高开支标准的费用的抽查内容。对于那些管理混乱，制度不严，核算不准的企业，同样要从凭证着手，依次核对证、账、表，一查到底，便于查实问题。采用这种检查方法进行检查，比较系统全面，可以避免遗漏。但是，采用此法工作量大，耗时费力。

“逆查法”又称“倒查法”，它是根据查账人员所掌握的线索，先从审查分析会计报表着手，然后审查有关账簿以及有关的记账凭证、原始凭证的一种检查方法。倒查法同顺查法相反，是从检查审核报表的内容开始，根据发现的问题，由报表核对账、证。这种检查方法可节省检查的时间，节省人力并且容易发现问题，是一种经常采用的检查方法。

3. 按照税务检查所掌握的资料，可分为“联系查法”和“侧面查法”。

“联系查法”是根据证、账、表内在联系，按照复式记账的原理，对会计凭证、账簿、报表之间的相关内容、相互对照检查的一种方法。它包括账内联系和收外联系两种方法。账内联系是指会计资料内部的账与账、账与证、账与表之间的相互核对的关系。账外联系是指企业本身的会计资料记录与企业外部相关单位财务会计资料的相互核对，采用这种方法，内查与外调相结合，易把问题查清查透。

“侧面查法”是根据检查人员平时所掌握的侧面资料或根据有关人员口头或书面揭发检举的侧面反映的情况。对照企事业单位账簿、凭证记录进行的一种检查方法。它不是就账查账，是在掌握一定线索的前提下进行。多用于一些人民群众的信访案件。

4. 按照税务检查的逻辑推理，可分为“比较分析法”和“控制计算法”。

“比较分析法”是通过企事业单位的报表资料与企业单位的历史资料、计划指标或者国内外同行业的相同口径指标，进行对比分析的一种检查方法。

“控制计算法”是根据有关的可靠数据，按照逻辑推理的方法来判断证实账簿资料是否正确，以便发现问题的一种检查方法。

第五节　法律责任

一、税收法律责任概念

所谓税收法律责任，是指税收法律关系的主体因违反税收法律规范所应承担的法律后果。税收法律责任依其性质和形式的不同，可分为经济责任、行政责任和刑事责任；依承担法律责任主体的不同，可分为纳税人的责任、扣缴义务人的责任、税务机关及其工作人员的责任。明确规定税收法律责任，不仅有利于维护正常的税收征纳秩序，确保的税收收入及时足额入库，而且有利于增强税法的威慑力，为预防和打击税收违法犯罪行为提供有力的法律武器，也有利于维护纳税人的合法权益。

二、税收法律责任的形式

所谓税收法律责任的形式,是指纳税人因不履行或不完全履行税法规定的义务所应承担的法律后果的类型。根据现行规定,税收法律责任的形式主要有三种,即经济责任、行政责任和刑事责任。

(一)经济责任

所谓经济责任,是指对违反税法的行为人在强制其补偿经济损失的基础上给予的经济制裁。追究经济责任的主要形式有两种:(1)罚款;(2)加收滞纳金。所谓滞纳金,是指税务机关对违反税法的规定,不按期缴纳税款或未能及时、足额缴纳税款的当事人加收的处罚。

(二)行政责任

所谓行政责任,是指对违反税法的当事人,由税务机关或由税务机关提请有关部门依照行政程序所给予的一种税务行政制裁。行政责任的追究一般以税务违法行为发生为前提,这种税务违法行为不一定造成直接的经济损失。对违反税法的当事人追究行政责任,通常是在运用经济制裁还不足以消除其违法行为的社会危害性的情况下采取的。

追究行政责任的方式具体有以下两种:(1)行政处罚;(2)行政处分。

(三)刑事责任

刑事责任是对违反税法行为情节严重,已构成犯罪的当事人或直接责任人所给予的刑事制裁。追究刑事责任以税务违法行为情节严重、构成犯罪为前提。经济责任和行政责任通常是由税务机关依法追究的,而刑事责任则是由司法机关追究。刑事责任是税收法律责任中最严厉的一种制裁措施。

现结合上述法律规定,对纳税主体和征税主体的行政制裁、刑事制裁分述如下:

(一)对于纳税主体

1. 对一般性违反税收征管的行为,采取行政制裁的手段。

对于纳税主体(纳税人、扣缴义务人以及纳税担保人等)违反税务管理制度,情节轻微,损害较小,不直接影响到税款缴纳的违法行为,一般不构成犯罪。对其基本采用行政制裁的手段,如行政罚款等。根据税收征管法及其实施细则的规定:

(1)对于纳税人未按照规定的申报办理税务登记、变更或注销登记的;未按照规定设置、保管账簿或者保管记账凭证和有关资料的;未按照规定将财务、会计制度或者财务、会计处理办法报送税务机关备查的,未按照规定将其全部银行账号向税务机关报告的,未按照规定安装、使用税控装置,或者损毁或者擅自改动税控装置的,由税务机关责令限期改正,逾期不改正的,可以处2000元以下的罚款,情节严重的,处2000元以上、10000元以下的罚款。

(2)纳税人在规定的保存期限以前擅自损毁账簿、记账凭证和有关资料的,税务机关可以处2000元以上、10000元以下的罚款。

扣缴义务人未按照规定设置、保管代扣代缴、代收代缴税款账簿或者保管代扣代缴、代收代缴税款记账凭证及有关资料的，由税务机关责令限期改正，可以处2000元以下的罚款；情节严重的，处2000元以上5000元以下的罚款。

(3)纳税人未按照规定的期限办理纳税申报的，或扣缴义务人未按照规定的期限向税务机关报送代扣代缴、代收代缴报告表的，由税务机关责令限期改正，可以处2000元以下的罚款；情节严重的，可以处2000元以上、10000元以下的罚款。

(4)纳税人不办理税务登记的，由税务机关责令限期改正；逾期不改正的，经税务机关提请，由工商行政管理机关吊销其营业执照。

(5)纳税人未按照规定使用税务登记证件，或者转借、涂改、损毁、买卖、伪造税务登记证件的，处2000元以上10000元以下的罚款；情节严重的，处10000元以上50000元以下的罚款。

(6)纳税人、扣缴义务人编造虚假计税依据的，由税务机关责令限期改正，并处50000元以下的罚款。

(7)纳税人、扣缴义务人在规定期限内不缴或者少缴应纳或者应解缴的税款，经税务机关责令限期缴纳，逾期仍未缴纳的，税务机关除依照本法第四十条的规定采取强制执行措施追缴其不缴或者少缴的税款外，可以处不缴或者少缴的税款50%以上5倍以下的罚款。

(8)私自印制、伪造变造、倒买倒卖发票，私自制作发票监制章，发票防伪专用品的，由税务机关依法予以查处、扣押或者销毁，没收非法所得和作案工具，尚未构成犯罪的，可以并以10000元以下、5000元以上的罚款。构成犯罪的，依法追究刑事责任。

对非法携带、邮寄、运输或者存放空白发票的，有税务机关收缴发票，没收非法所得，可以并处10000元以下的罚款。

2. 对危害税收征管的违法行为，如偷税、抗税、骗税等行为，视情节及危害程序，分别采取行政制裁和刑事制裁的手段。税收征收管理法和刑法规定：

(1)偷税。纳税人采取伪造、变造、隐匿、擅自销毁账簿、记账凭证，在账簿上多列支出或者不列、少列收入，或者进行虚假的纳税申报的手段，不缴或者少缴应纳税款的，是偷税。偷税数额不满1万元或者偷税数额占应纳税额不到10%的，由税务机关追缴其偷税款，处以偷税数额50%以上5倍以下的罚款。偷税数额占应纳税额的10%以上不满30%并且偷税数额在1万元以上、不满10万元的，或因偷税被税务机关给予二次行政处罚又偷税的，处3年以下有期徒刑或者拘役，并处偷税数额1倍以上、5倍以下罚金；偷税数额占应纳税额的30%以上并且偷税数额在10万元以上的，处3年以上、7年以下有期徒刑，并处偷税数额1倍以上、5倍以下罚金。

扣缴义务人采取前款所列手段，不缴或者少缴已扣、已收税款，数额不满1万元或者数额占应缴税额不到10%的，由税务机关追缴其不缴或少缴的税款，处以不缴或者少缴的税款50%以上5倍以下的罚款。数额占应纳税额的10%以上并且数额在1万元以上的，依照前款规定处罚。

对多次犯有前两款行为，未经处理的，按照累计数额计算。单位犯有上述违法行为，未构成犯罪的，由税务机关追缴其不缴或少缴的税款，处以不缴或少缴的税款5倍以下的罚款。构成犯罪的，依上述规定处罚。

(2)抗税。以暴力、威胁方法拒不缴纳税款，情节轻微，未构成犯罪的，是抗税。情节轻微，未构成犯罪的，由税务机关追缴其拒缴的税款、滞纳金，并处拒缴税款1倍以上5倍以下的罚款。构成犯罪的，处3年以下有期徒刑或者拘役，并处拒缴税款1倍以上5倍以下罚金；情节严重的，处3年以上、7年以下有期徒刑，并处拒缴款1倍以上、5倍以下罚金。以暴力方法抗税，致人重伤或死亡的，按照伤害罪、杀人罪从重处罚。

(3)逃避追缴欠税。纳税人欠缴应纳税款，采取转移或者隐匿财产的手段，致使税务机关无法追缴欠缴的税款，由税务机关责令改正，可以处一万元以下的罚款；情节严重的，处一万元以上五万元以下的罚款。数额在1万元以上、不满10万元的，处3年以下有期徒刑或者拘役，并处或者单处欠缴税款1倍以上5倍以下罚金；数额在10万元以上的，处3年以上、7年以下有期徒刑，并处欠缴税款1倍以上5倍以下罚金。单位犯有上述违法行为，未构成犯罪的，由税务机关追缴其不缴或少缴的税款，处以不缴或少缴的税款5倍以下的罚款。构成犯罪的，依上述规定处罚。

(4)骗取出口退税。以假报出口或者其他欺骗手段，骗取出口退税款，由税务机关追缴其骗取的退税款，并处骗取税款1倍以上5倍以下的罚款；数额较大的，处5年以下有期徒刑或者拘役，并处骗取税款1倍以上、5倍以下罚金；数额巨大或者有其他严重情节的，处5年以上、10年以下有期徒刑，并处骗取税款1倍以上、5倍以下罚金；数额特别巨大或者有其他特别严重情节的，处10年以上有期徒刑或者无期徒刑，并处骗取税款1倍以上、5倍以下罚金或者没收财产。

(5)虚开专用发票。虚开增值税专用发票或者虚开用于骗取出口退税、抵扣税款的其他发票，是指有为他人虚开、为自己虚开、让他人为自己虚开、介绍他人虚开行为之一的，处3年以下有期徒刑或者拘役，并处2万元以上、20万元以下罚金；虚开的税款数额较大或者情节严重的，处3年以上、10年以下有期徒刑，并处5万元以上、50万元以下罚金；虚开的税款数额巨大或者有其他特别严重情节的，处10年以上有期徒刑或者无期徒刑，并处5万元以上、50万元以下罚金或者没收财产。骗取税款，数额特别巨大，情节特别严重，给利益造成特别重大损失的，处无期徒刑或者死刑，并处没收财产。

单位犯该罪的，对单位判处罚金，并对其直接负责的主管人员和其他直接责任人员，处3年以下有期徒刑或者拘役；虚开税款数额较大或者有其他严重情节的，处3年以上、10年以下有期徒刑；虚开的税款数额特别巨大或者有其他特别严重情节的，处10年以上有期徒刑或者无期徒刑。

(6)伪造、出售伪造的增值税专用发票。伪造或者出售伪造的增值税专用发票的，处3年以下有期徒刑、拘役或者管制，并处2万元以上、20万元以下罚金；数额较大或者有其他严重情节的，处3年以上、10年以下有期徒刑，并处5万元以上、50万元以下罚金；数额巨大或者有其他特别严重情节的，处10年以上有期徒刑或者无期徒刑，并处5万元以上、50万元以下罚金或者没收财产。伪造并出售伪造的增值税专用发票，数额特别巨大，情节特别严重，严重破坏经济秩序的，处无期徒刑或者死刑，并处没收财产。

单位犯该罪的，对单位判处罚金，并对其直接负责的主管人员和其他直接责任人员，处3年以下有期徒刑、拘役或者管制；数额较大或者有其他严重情节的，处3年以上、10年以下有期徒刑；数额巨大或者有其他特别严重情节的，处10年以上有期徒刑或者无期徒刑。

(7)非法出售增值税专用发票。非法出售增值税专用发票的，处3年以下有期徒刑、拘役或管制，并处2万元以上、20万元以下罚金；数额较大的，处3年以上、10年以下有期徒刑，并处5万元以上、50万元以下罚金；数额巨大的，处10年以上有期徒刑或者无期徒刑，并处5万元以上、50万元以下罚金或者没收财产。

(8)非法购买增值税专用发票或者购买伪造的增值税专用发票。非法购买增值税专用发票或者购买伪造的增值税专用发票的，处2年以下有期徒刑或者拘役，并处或者单处2万元以上、20万元以下罚金。

(9)伪造、擅自制造或者出售伪造、擅自制造用于骗取退税、抵税的发票。伪造、擅自制造或者出售伪造、擅自制造用于骗取退税、抵税的发票的，处3年以下有期徒刑、拘役或管制，并处2万元以上、20万元以下罚金；数额巨大的，处3年以上、7年以下有期徒刑，并处5万元以上、50万元以下罚金；数额特别巨大的，处7年以上有期徒刑，并处5万元以上、50万元以下罚金或者没收财产。非法出售可以用于骗取出口退税、抵扣税款发票的，按上述规定处罚。

(10)伪造、擅自制造或者出售伪造、擅自制造的其他发票。伪造、擅自制造或者出售伪造、擅自制造其他发票的，处2年以下有期徒刑、拘役或管制，并处或者单处1万元以上、5万元以下罚金，情节严重的，处2年以上、7年以下有期徒刑，并处5万元以上、50万元以下罚金。非法出售其他发票的，按上述规定处罚。

(二)对于征税主体

根据税收征管法和刑法的有关规定，对于征税主体税务机关的行政制裁，包括撤销违法决定、行政赔偿等；对于税务机关工作人员的行政制裁，一般是行政处分，包括警告、记过、记大过、降级、降职、留用察看、开除等。对于征税主体的刑事制裁，也就是对税务机关工作人员税收犯罪刑事制裁，主要是贪污罪、贿赂罪和渎职罪等。其具体规定如下：

对于征税机关和人员，违反法律、行政法规的规定，擅自决定税收的开征、停征或者减税、免税、退税、补税的，应撤销其决定，补征应征未征税款，退还不应征收而征收的税款，并由上级机关追究直接责任人员的行政责任。

对于税务人员利用职务上的便利，收受或者索取纳税人、扣缴义务人财物，未构成犯罪的，给予行政处分；构成犯罪的，按照受贿罪追究刑事责任。

对于税务人员玩忽职守，不征或者少征应征税款，致使税收遭受重大损失者，未构成犯罪的，给予行政处分；构成犯罪的，依法追究刑事责任。

对于税务人员滥用职权，故意刁难纳税人、扣缴义务人的，给予行政处分。

对于税务机关的工作人员徇私舞弊，不征或少征应征税款，致使税收遭受重大损失的，处5年以下有期徒刑或者拘役；造成特别重大损失的，处5年以上有期徒刑。税务机关工作人员违反法律、法规的规定，在办理发售发票、抵扣税款、出口退税工作中，徇私舞弊，致使利益遭受特别重大损失的，处5年以上有期徒刑或者拘役；致使利益遭受重大损失的，处5年以上有期徒刑。

对于共同犯罪的行为。税务人员与纳税人、扣缴义务人勾结，唆使或者协助纳税人、扣缴义务人进行偷税、欠税、抗税、骗税行为的，未构成犯罪者，给予行政处分，构成犯罪的，按照刑法关于共同犯罪的规定处罚。

小　结

本章主要介绍了税务管理、税款征收、税务检查和法律责任等内容。税收征收管理是税务机关根据税收法规对征收活动所实施的组织、指挥、控制和监督，是对纳税人履行纳税义务采用的一种管理、征收和检查行为。

1. 税务管理是税务机关在税收管理中对征纳过程实施的基础性的管理制度和管理行为。

(1)税务登记管理。又称纳税登记，是税务机关对纳税人的开业、变动、以及生产经营范围变化实行法定登记的一项制度，是确定纳税人履行纳税义务的法定手续。

(2)账簿、凭证管理。账簿、凭证是记录和反映纳税人经营活动的基本材料之一，也是税务机关对纳税人、扣缴义务人计征税款以及确认其是否正确履行纳税义务的重要依据。

(3)发票管理。《税收征管法》规定，税务机关是发票的主管机关，负责发票的负责印制、领购、开具、取得、保管、缴销的管理和监制。

(4)纳税申报管理。是纳税人、扣缴义务人按照法律、行政法规规定，在申报期限内就纳税事项向税务机关提出书面申报的一种法定手续。

2. 税款征收是税务机关依照税收法律、法规规定，将纳税人依法应纳的税款以及扣缴义务人代扣代缴、代收代缴的税款通过不同的方式组织征收入库的活动。

3. 税务检查是税务机关以税收法律、行政法规为依据，对纳税人、扣缴义务人履行纳税义务和代扣代缴、代收代缴义务的情况进行的审查监督活动。

4. 法律责任是违法主体因违法行为所应承担的法律后果。

※　思考题

1. 税务登记包括哪几种情况？不同情况下如何办理税务登记？

2. 怎样办理延期纳税？

3. 税款征收的方式有哪几种？从现代社会和未来的发展考虑税款征收应采取什么方式？

※　练习题

一、名词解释

税收征收管理；纳税申报；税款征收制度；税务检查；税收法律责任

二、选择题

1. 因纳税人、扣缴义务人计算错误等失误,未缴或者少缴税款的,税务机关在三年内可以追征税款、滞纳金;有特殊情况的,追征期(　　)。

A. 可以延长到5年　　B. 可以延长到10年

C. 可以延长到15年　　D. 可以不受期限限制

2. 纳税人自结算缴纳税款之日起(　　)内发现的,可以向税务机关要求退还多缴的税款。

A. 1年　　B. 3年　　C. 5年　　D. 10年

3. 税务机关有根据认为从事生产、经营的纳税人有逃避纳税义务行为的,可以在规定的纳税期之前,责令限期缴纳应纳税款;在限期内发现纳税人有明显的转移、隐匿其应纳税的商品、货物以及其他财产或者应纳税的收入的迹象的,税务机关可以(　　)。

A. 采取税收保全措施　　B. 采取强制执行措施

C. 责成担保人缴纳税款　　D. 责成纳税人提供纳税担保

4. 纳税人因有特殊困难,不能按期缴纳税款的,经(　　)批准,可以延期缴纳税款。

A. 省、自治区、直辖市税务局、地方税务局

B. 省、自治区、直辖市税务局

C. 县及县以上税务局、地方税务局

D. 县及县以上税务局

5. 根据税收征收管理的需要,积极推广使用(　　)。纳税人应当按照规定使用,不得损毁。

A. 税控装置　　B. 电子发票　　C. 专用发票　　D. 集中入库

6. (　　)是发票的主管机关,负责发票印制、领购、开具、取得、保管等管理和监督。

A. 财政机关　　B. 税务机关　　C. 工商管理机关　　D. 国务院

7. 从事生产、经营的纳税人自领取营业执照之日起(　　)内,持有关证件,向税务机关申报办理税务登记。

A. 7日　　B. 10日　　C. 15日　　D. 30日

8. 纳税人欠缴应纳税款,采取转移或者隐匿财产的手段,妨碍税务机关追缴欠缴的税款的,由税务机关(　　)。

A. 追缴欠缴的税款

B. 追缴欠缴的滞纳金

C. 处欠缴税款50%以上5倍以下的罚款

D. 依法追究刑事责任

9. 对纳税人未构成犯罪的偷税行为的处罚措施有(　　)。

A. 追缴其不缴或者少缴的税款

B. 追缴其不缴或者少缴的滞纳金

C. 处不缴或者少缴的税款50%以上5倍以下的罚款

D. 依法追究刑事责任

10. 以下行为属于偷税行为的是(　　)。

A. 纳税人不进行纳税申报，不缴或者少缴应纳税款的行为

B. 纳税人在账簿上多列支出或者不列．少列收入，不缴或者少缴应纳税款的行为

C. 纳税人、扣缴义务人编造虚假计税依据的行为

D. 纳税人经税务机关通知申报而拒不申报或者进行虚假的纳税申报，不缴或者少缴应纳税款的行为

11. 可以处不缴或者少缴的税款50%以上5倍以下的罚款的行为有(　　)。

A. 纳税人伪造、变造、隐匿、擅自销毁账簿、记账凭证，不缴或者少缴应纳税款的行为

B. 纳税人在账簿上多列支出或者不列、少列收入，不缴或者少缴应纳税款的行为

C. 纳税人经税务机关通知申报而拒不申报或者进行虚假的纳税申报，不缴或者少缴应纳税款的行为

D. 纳税人、扣缴义务人编造虚假计税依据的行为

12. 纳税人有(　　)行为之一的，由税务机关责令限期改正，可以处2000元以下的罚款；情节严重的，处2000元以上10000元以下的罚款。

A. 未按照规定设置、保管账簿或者保管记账凭证和有关资料的

B. 未按照规定的期限申报纳税的

C. 未按照规定将其全部银行账号向税务机关报告的

D. 未按照规定安装、使用税控装置，或者损毁或者擅自改动税控装置的

13. 税务机关在进行税务检查时，有权(　　)。

A. 询问纳税人、扣缴义务人与纳税或者代扣代缴、代收代缴税款有关的问题和情况

B. 查询从事生产、经营的纳税人、扣缴义务人在银行或者其他金融机构的存款账户

C. 查询案件涉嫌人员的储蓄存款

D. 到纳税人的生产、生活场所和货物存放地检查纳税人应纳税的商品、货物

14. 税务机关可以采取的强制执行措施包括(　　)。

A. 书面通知纳税人开户银行或者其他金融机构冻结纳税人的金额相当于应纳税款的存款；

B. 扣押、查封纳税人的价值相当于应纳税款的商品、货物或者其他财产

C. 书面通知其开户银行或者其他金融机构从其存款中扣缴税款

D. 扣押、查封、依法拍卖或者变卖其价值相当于应纳税款的商品、货物或者其他财产，以拍卖或者变卖所得抵缴税款

15. 欠缴税款的纳税人或者他的法定代表人需要出境的，应当在出境前向税务机关(　　)，否则，税务机关可以通知出境管理机关阻止其出境。

A. 结清应纳税款　　B. 结清滞纳金　　C. 提供担保　　D. 提供保证

三、判断题

1. 纳税人符合延期纳税法定条件的，经省级国税、地税税务局批准，才可延期缴纳。(　　)

2. 纳税人需注销税务登记前，应先向原工商行政管理机关办理注销工商登记。(　　)

3. 欠缴税款的纳税人在处理其不动产或者大额资产之前，应当向税务机关报告。(　　)

4. 因税务机关的责任,致使纳税人、扣缴义务人未缴或者少缴税款的,税务机关在三年内可以要求纳税人、扣缴义务人补缴税款,并可以加收滞纳金。(　　)

四、案例分析

2002 年 3 月 25 日,B 市国税稽查局接到群众举报信,举报 A 市某电线电缆厂自 2001 年 5 月 1 日起到 B 市设立临时销售点,销售本厂生产的产品,取得大量销售收入,未申报纳税。接到举报后,B 市国税稽查局决定立案调查。2002 年 4 月 1 日,由市国税局稽查局三名稽查人员和二名在税务机关协助清理欠税工作的法院工作人员组成检查组,对销售点进行税务稽查。检查发现该销售点未在 B 市办理任何有关税务登记的手续,自 2001 年 7 月 1 日起,由刘某承包经营,销售点未将有关承包经营的情况向税务机关报告。因销售点拒绝提供有关资料,检查组采用核定应纳税额的方法确定该销售点的应纳税额为 50000 元,并认为该纳税人有逃避纳税义务的嫌疑,查封了销售点负责人刘某在 B 市购买的普通住房,因刘某在 B 市别无住所,检查组允许刘某暂时居住被查封的住房。2002 年 4 月 3 日,市稽查局给销售点下达了税务行政处罚通知书和税务处理决定书,对销售点处以应纳税额税额 1 倍的罚款,罚款 50000 元,限销售点在 4 月 10 日前缴清税款、滞纳金、罚款。刘某不服,向 B 市中级人民法院提起税务行政诉讼,法院经审理,裁定撤销税务机关的查封财产行为,撤销税务机关的税务处理决定。(本题中涉及应纳税款的只考虑增值税)

问题与讨论:

1. 销售点存在哪些税收违法行为?
2. 税务机关是否可以对销售点采用核定应纳税额的方式,确定其应纳税额?
3. 被查封的财产是否可以允许纳税人继续使用?
4. 税务机关的执法行为存在哪些不当之处?
5. 法院裁定撤销的主要依据是什么?
6. 提出对销售点的处理意见。

参考文献

[1]贺海涛:《论税制与征管的协调》,载《财政研究》,1999(5)。

[2]李大明:《论税制结构优化与税收征管的关系》,载《财政研究》,1999(6)。

[3]苑新丽:《不同类型税制结构的比较及我国税制结构的选择》,载《税务与经济》,2002(5)。

[4]许善达:《国家税收》,北京,中国税务出版社,1999。

[5]姜秀杰、曹淑杰:《关于税制结构及具体税种改革的探讨》,载《山东经济战略研究》,2002(5)。

[6]《中华人民共和国企业所得税法》,中华人民共和国主席令[2007]第63号令。

[7]《中华人民共和国企业所得税法实施条例》,中华人民共和国国务院令[2007]第512号。

[8]《中华人民共和国营业税暂行条例》,中华人民共和国国务院令[1993]第136号。

[9]《中华人民共和国车船税暂行条例》,中华人民共和国国务院令[2006]第482号。

[10]《中华人民共和国城镇土地使用税暂行条例》,中华人民共和国国务院令[2006]第483号。

[11]《中华人民共和国契税暂行条例》,中华人民共和国国务院令[1997]第224号。

[12]《中华人民共和国税收征收管理法》,中华人民共和国主席令[2001]49号。

[13] 中国注册会计师协会:《注册会计师全国统一考试辅导教材税法》,北京,经济科学出版社,2006。

[14] 宋瑞敏:《财政与税收》,北京,机械工业出版社,2007。

[15] 国家税务总局关于印发《农业产品征税范围注释》,财税字[1995]52号。

[16]《国家税务总局关于房地产开发企业土地增值税清算管理有关问题的通知》,国税发[2006]187号。

[17]《中华人民共和国土地增值税暂行条例》国务院令[1993]第138号。

[18] 单惟婷:《财政与税收》,中国金融出版社。

[19] 周巧红:《新编财政学概论》,清华大学出版社。

[20] [美] 曼昆著、梁小民,译《经济学原理》,北京,北京大学出版社。

[21]安体富、周升业:《财政与金融》,武汉,武汉大学出版社。

[22]李海波:《财政与金融》,上海,立信会计出版社。

[23] 杨艳琳:《现代财政与金融教程》,北京,首都经济贸易大学出版社。

读者反馈意见

亲爱的读者：

感谢您对《财政与税收》的学习和热爱！为了今后能给您提供更优质的服务，请您抽出宝贵时间填写下面意见反馈表，以便我们更好地对本教材做进一步的改进。同时如果您在使用本教材的过程中遇到了什么问题，或者有什么好的建议，也请您来信、来电告诉我们。

地址：北京市丰台区科学城南极星大厦 108 室

电话：010 －61229894 /83794403

电子邮箱：caikai6223@263. net　　QQ：649319527　　QQ：1694299827

网址：WWW. KFHWH. CN

教材名称：《财政与税收》

个人资料：

姓名：______ 年龄：______ 所在院校/专业______

文化程度：______ 通讯地址：______

联系电话：______ 电子信箱：______

您使用本书是作为：□指定教材、□选用教材、□辅导教材

您对封面设计的满意度：

□很满意、□满意、□一般、□不满意　改进建议______

您对本书印刷质量的满意度：

□很满意、□满意、□一般、□不满意　改进建议______

您对本书的总体满意度：

从语言质量角度看：□很满意、□满意、□一般、□不满意

从科技含量角度看：□很满意、□满意、□一般、□不满意

本书最令您满意的是：

□指导明确 □内容充实 □讲解详尽 □实例丰富

您认为本书在哪些地方应进行修改？（可附页）

______

______

您希望本书在哪些方面需进行改进？（可附页）

______

______